# PLANTAS Y HONGOS

# PLANTAS Y HONGOS

**Redactores**  profesora Lynne Boddy, Dr. Chris Clennett,
Wendy Horobin, Dra. Sarah Jose, Jo Locke

**Consultores**  profesora Lynne Boddy, Universidad de Cardiff;
profesora Beverley Glover, Jardín Botánico de la Universidad de Cambridge

**Ilustradores**  Andrew Beckett, Peter Bull, Arran Lewis,
Sofian Moumene y KJA Artists

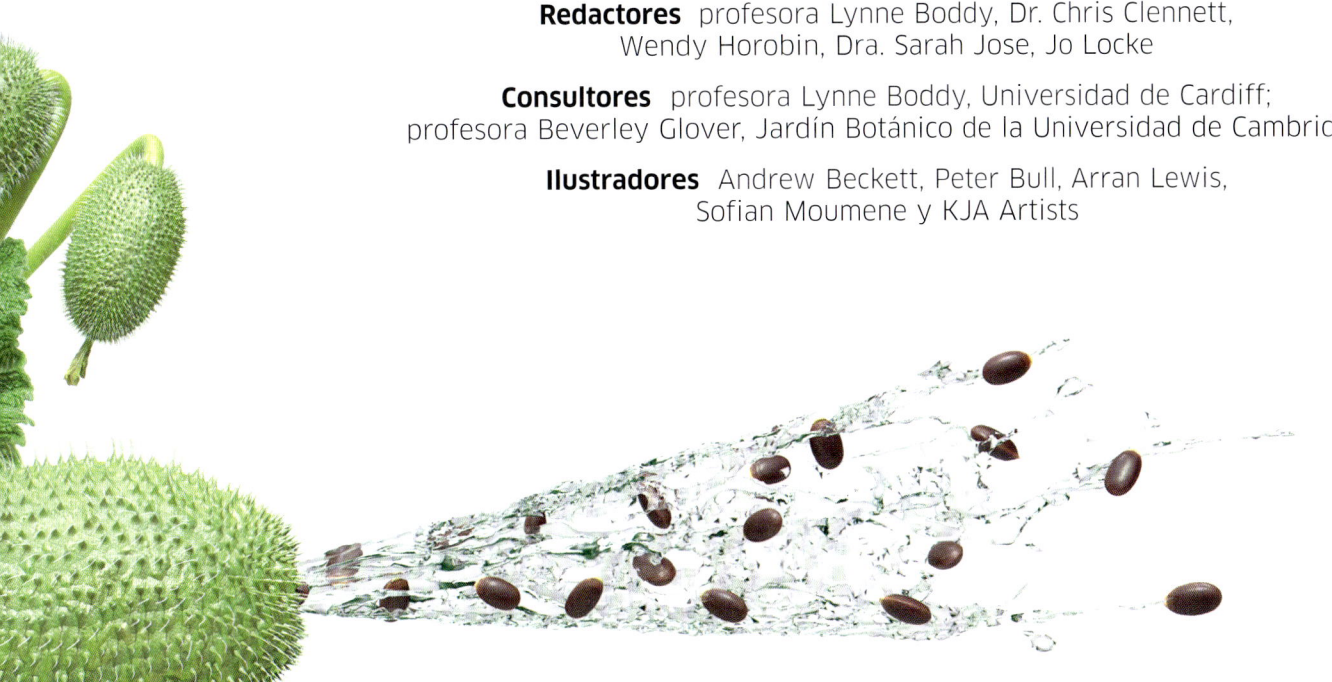
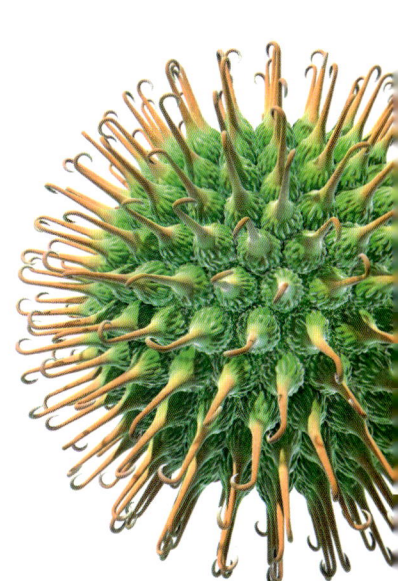

**DK LONDRES**
**Edición sénior** Ben Morgan
**Edición de arte sénior** Emma Clayton
**Edición** Jolyon Goddard, Sarah MacLeod, Jane Simmonds
**Diseño** Tannishtha Chakraborty, Laura Gardner, Tory Gordon-Harris, Clare Joyce, Lynne Moulding, Samantha Richiardi, Smiljka Surla
**Edición ejecutiva** Rachel Fox
**Edición ejecutiva de arte** Owen Peyton Jones
**Edición de producción sénior** Andy Hilliard
**Control de producción** Laura Andrews
**Dirección de desarrollo de diseño de cubierta** Sophia MTT
**Dirección editorial** Andrew Macintyre
**Subdirección editorial** Liz Wheeler
**Dirección de arte** Karen Self
**Dirección de publicaciones** Jonathan Metcalf

**DK DELHI**
**Edición sénior** Rupa Rao
**Edición de arte sénior** Ragini Rawat
**Edición del proyecto** Revati Anand
**Edición** Bipasha Roy
**Asistencia editorial** Arpit Aggarwal
**Ilustración** Aparajita Sen, Diya Varma
**Asistencia en la documentación iconográfica** Geetam Biswas
**Dirección de documentación iconográfica** Taiyaba Khatoon
**Edición ejecutiva** Kingshuk Ghoshal
**Edición ejecutiva de arte** Govind Mittal
**Diseño de maquetación** Rakesh Kumar, Mohammad Rizwan, Anita Yadav
**Dirección de preproducción** Balwant Singh
**Dirección de producción** Pankaj Sharma
**Diseño de cubierta sénior** Suhita Dharamjit
**Coordinación de cubiertas sénior** Priyanka Sharma Saddi
**Dirección creativa DK India** Malavika Talukder

**De la edición en español:**
**Servicios editoriales** Tinta Simpàtica
**Traducción** Ruben Giró Anglada
**Coordinación de proyecto** Cristina Sánchez Bustamante
**Dirección editorial** Elsa Vicente

Publicado originalmente en Gran Bretaña en 2023
por Dorling Kindersley Limited
DK, One Embassy Gardens, 8 Viaduct Gardens,
Londres, SW11 7BW
Parte de Penguin Random House

ISBN: 978-0-5938-4829-6

Impreso y encuadernado en China

**www.dkespañol.com**

Este libro se ha impreso con papel certificado por el Forest Stewardship Council™ como parte del compromiso de DK por un futuro sostenible. Más información: **www.dk.com/uk/information/sustainability**

# CONTENIDOS

## EL REINO VEGETAL

## CRECER Y ALIMENTARSE

**Atención**
Muchas de las plantas y setas silvestres contienen sustancias que pueden ser venenosas o provocar reacciones alérgicas. No debes recolectar plantas ni setas silvestres para comerlas y debes tener cuidado al manipularlas. Si en una doble página del libro ves un símbolo de advertencia, debes tener especial cuidado de no tocar las plantas u hongos mostrados. El libro pretende dar información general sobre plantas y setas, y se ha hecho todo lo posible para garantizar la exactitud de la información. Sin embargo, ni la editorial ni los autores pueden en ningún caso aceptar responsabilidad alguna por pérdidas, lesiones o daños derivados del uso de la información contenida.

**6**   la importancia de plantas y hongos

El oxígeno de las plantas ayuda a filtrar los **nocivos rayos ultravioleta del sol** y que no lleguen a la superficie de la Tierra.

# La importancia de plantas y hongos

**Nuestro planeta es como es gracias a las plantas y los hongos. Sin ellos, nosotros no estaríamos aquí.**

Las plantas empezaron a colonizar la tierra hace 500 millones de años. Los hongos ya lo habían hecho antes. Las plantas y los hongos se aliaron y transformaron el planeta. Hace 380 millones de años, los bosques ya habían conquistado los continentes, ofreciendo alimento y hábitats a los animales. Junto con las algas en el mar, las plantas llenaron de oxígeno la atmósfera, retirando dióxido de carbono. El aire se hizo respirable y proliferó la vida. Hoy dependemos más que nunca de las plantas y los hongos.

**Hábitats**
Las plantas son el hogar de todo tipo de animales, grandes o pequeños. Los hongos también les ayudan en este sentido pudriendo la madera y creando huecos en árboles.

**Materiales renovables**
Las plantas y los hongos nos ofrecen muchos materiales renovables. Usamos madera para construir casas y muebles, y algodón para elaborar telas. También se utilizan hongos para crear envases biodegradables y fabricar agentes químicos industriales.

**Digestión**
Los herbívoros necesitan a los hongos y otros microbios para digerir la comida. El estómago de los herbívoros como el ciervo tiene hongos que descomponen las hojas, y algunas termitas y hormigas los usan para convertir las hojas en alimento.

**Tierra**
Los hongos ayudan a convertir la materia orgánica muerta en tierra. Además de descomponer hojas y madera, ayudan a compactar el suelo, lo que evita que se lo lleven el viento o la lluvia.

**Reciclaje**
Cada año, las plantas de la Tierra crean más de 50000 millones de toneladas de materia orgánica. Para conservar el equilibrio, los hongos descomponen y reciclan una cantidad similar, y liberan nutrientes minerales que pueden utilizar las plantas.

**Fábrica de alimento**
A través de la fotosíntesis, las plantas y las algas captan la energía de la luz del sol y la utilizan para crear el alimento del que dependen el resto de los organismos. De este modo las plantas aportan la energía necesaria para que funcionen todos los ecosistemas.

Un árbol maduro libera cada año el oxígeno necesario para que **diez personas** puedan respirar.

Los primeros organismos que hicieron la fotosíntesis aparecieron hace 3400 millones de años en los océanos.

**7**

**Aire limpio**
Los árboles limpian el aire atrapando el polvo y la contaminación. También reducen el ruido, hacen sombra, ayudan a evitar inundaciones y bajan varios grados la temperatura de las ciudades.

**Clima**
Las plantas y las algas ayudan a regular el clima. Al realizar la fotosíntesis, absorben dióxido de carbono de la atmósfera, y ayudan así a reducir el efecto invernadero.

**Medicinas**
Muchas medicinas proceden de las plantas y los hongos. La aspirina, un analgésico, tiene su origen en la corteza de los sauces, y los antibióticos que contrarrestan todo tipo de infecciones se descubrieron por primera vez en hongos.

**Oxígeno**
El proceso de la fotosíntesis libera oxígeno en el aire, que respiran tanto los humanos como otros animales.

**Biodiversidad**
Existen millones de especies diferentes de plantas y hongos. Esta enorme diversidad mantiene la salud de los ecosistemas, aportando alimento a millones de especies animales y asegurando que los ciclos de nutrientes continúan funcionando con eficiencia.

**Alimento de los hongos**
Muchos animales pequeños dependen de los hongos para alimentarse. Los humanos llevamos siglos usando hongos para hacer pan, queso y vino.

**Micorrizas**
Los hongos son cruciales para el crecimiento de las plantas. Los hongos que habitan en el suelo cooperan con las raíces de las plantas y forman micorrizas. Los hongos aportan agua y minerales a las plantas, y estas, a cambio, les ofrecen azúcares de la fotosíntesis.

# EL REINO VEGETAL

Donde haya agua, luz y aire, casi seguro que crecerán plantas. Los científicos han identificado unos 400 000 tipos de plantas distintas, que van desde diminutas plantas simples, pequeñas como un grano de arroz, hasta los organismos más grandes que jamás han vivido en nuestro planeta.

# ¿Qué es una planta?

**El reino vegetal se compone de cientos de miles de especies, desde los minúsculos musgos hasta las altas secuoyas. Pese a su diversidad, todas comparten características clave.**

Es fácil distinguir las plantas de los animales. Las plantas suelen ser verdes, crecen con las raíces fijas en un punto y crean su propio alimento con la luz del sol (fotosíntesis). Algunos organismos parecen plantas, pero no lo son, como las macroalgas, que solemos llamar plantas marinas. Los científicos definen las plantas como cualquier miembro del grupo de las embriofitas. Las embriofitas viven en tierra firme o han evolucionado a partir de ancestros que habían vivido en tierra firme. Crean alimento en las hojas a través de la fotosíntesis y crecen a partir de embriones que se forman en el interior de sus progenitores, o unidos a ellos.

## CARACTERÍSTICAS

**Cuando piensas en una planta, es probable que te vengan a la cabeza hojas anchas y flores de colores, pero no todas las plantas son así. Para identificar las características que comparten todas las plantas, tenemos que prestar atención y fijarnos en sus células y en la manera en la que se reproducen.**

**Reproducción sexual**
No todas las plantas dan flores o semillas, pero la reproducción sexual siempre crea un embrión que empieza su vida protegido en el interior o unido a la planta madre. Las algas marinas se reproducen de una manera muy diferente.

**Fotosíntesis**
Las plantas usan la energía lumínica para producir moléculas de alimento en un proceso químico denominado fotosíntesis.

**Crecimiento**
Las plantas no dejan de crecer al llegar a la madurez. Continúan desarrollando nuevas ramas y raíces a partir de células madre, que son células capaces de dividirse y formar cualquier otro tipo de célula.

**Inmovilidad**
Las plantas crecen fijas en un punto concreto y no se pueden mover como los animales. No obstante, no todas las plantas tienen raíces. Algunas tienen unas estructuras más simples, en forma de pelos, los rizoides, que sencillamente las fijan al suelo.

**Hojas**
Todas las plantas tienen algún tipo de hoja, aunque es probable que no sean evidentes. En los musgos son minúsculas, y en los cactus se han convertido en espinas para defenderse.

**Pared celular**
Las células vegetales tienen unas características que no encontramos en otros organismos. Una es la dura pared celular, compuesta por celulosa, una sustancia fibrosa.

**CÉLULA VEGETAL**

**Vacuola**
Las células vegetales tienen una reserva de agua, la vacuola, que las mantiene hinchadas para que la planta no se marchite.

**Cloroplasto**
Las células vegetales contienen cloroplastos, unos diminutos cuerpos verdes en cuyo interior tiene lugar la fotosíntesis.

**400 000** número aproximado de especies **vegetales** que ha descubierto la ciencia.

**11**

# ¿ES UNA PLANTA?

La diversidad del mundo natural es asombrosa. Hay organismos que parecen plantas, que crecen y que se alimentan como ellas, pero pertenecen a otros reinos, y también hay plantas que han perdido una parte de las características que las definen.

**No son plantas: corales**
A menudo, los coloridos corales se consideran plantas acuáticas, pero eso es un error, ya que son colonias de minúsculos animales sin cerebro. Muchos tienen algas fotosintéticas viviendo en su interior para que, igual que las plantas, puedan obtener alimento a través de la fotosíntesis.

**Son plantas: piedras vivas**
Las piedras vivas se encuentran en el desierto y se parecen más a una piedra que a una planta. El camuflaje protege su valiosa reserva de agua de los sedientos animales.

**No son plantas: algas**
Las plantas marinas y esa especie de moco verde que ves en las charcas no son plantas, sino algas. Las algas tienen clorofila para realizar la fotosíntesis, pero no pueden vivir fuera del agua y se reproducen de otra manera.

**Son plantas: pipas de indio**
Estas fantasmagóricas plantas blancas no tienen clorofila porque han dejado de realizar la fotosíntesis y se dedican a robar el alimento a otros organismos. A pesar de esto, tienen todas las otras características que definen a las plantas.

**Son plantas: lentejas de agua**
Quizá parece que sean algas, pero las lentejas de agua son realmente las plantas con flor más pequeñas del mundo. Crecen flotando sobre el agua.

**No son plantas: setas**
Aunque las setas son inmóviles y tienen paredes celulares rígidas, no realizan la fotosíntesis. Están más emparentadas con los humanos que con las plantas.

# FOTOSÍNTESIS

Todas las plantas, salvo pocas excepciones, producen alimento con la fotosíntesis. En este proceso, capturan la energía del sol y la utilizan para convertir el dióxido de carbono (del aire) y el agua (normalmente del suelo) en moléculas de azúcar. Este azúcar se puede utilizar a modo de combustible para alimentar otros procesos químicos, o bien emplearlo para crear moléculas más grandes necesarias para crecer.

**ENERGÍA DEL SOL**

**LIBERACIÓN DE OXÍGENO**

**ABSORCIÓN DE DIÓXIDO DE CARBONO**

**ABSORCIÓN DEL AGUA**

# Clasificar las plantas

**Siempre hemos intentado dar sentido al mundo natural poniendo nombre a cada tipo de animal y planta y agrupándolos en familias. La clasificación de las plantas se basa actualmente en su evolución.**

Cada tipo de planta que puede aparearse con otros individuos del mismo tipo, como un manzano o un ranúnculo, se denomina especie. Hay cientos de miles de especies, pero presentan unos patrones que se repiten. Así, las flores de los manzanos se parecen a las de los rosales silvestres, los melocotoneros y los ciruelos, y por eso estas plantas se agrupan en la familia de las rosáceas. En el pasado, las plantas se clasificaban según las características de las flores, pero los científicos actuales estudian la planta entera, incluido su ADN. Estas investigaciones les ayudan a dibujar el árbol genealógico de todo el reino vegetal.

## EL REINO VEGETAL

El reino vegetal es uno de los principales reinos de la vida, junto con el reino animal, el reino de los hongos y varios reinos compuestos sobre todo por organismos microscópicos. Los primeros miembros del reino vegetal aparecieron hace unos 500 millones de años, cuando unos organismos acuáticos conocidos como algas empezaron a vivir en los márgenes entre la tierra firme y el agua. A medida que las plantas fueron evolucionando para vivir fuera del agua, sus descendientes se dividieron en los principales grupos de plantas que conocemos actualmente.

**FUNARIA HYGROMETRICA**

**SCAPANIA, UNA HEPÁTICA**

**Musgos, hepáticas y antoceros**
Las primeras plantas reales eran parientes cercanas de los actuales musgos, hepáticas y antoceros. Estas plantas solo viven en hábitats húmedos porque se reproducen con espermatozoides que nadan por el agua. Se diseminan creando esporas en lugar de semillas, y no tienen raíces ni venas.

**HACE 480 MILLONES DE AÑOS: PRIMERAS PLANTAS TERRESTRES**

**Gimnospermas**
La aparición de las semillas y el polen, que sustituyó a la liberación de espermatozoides en el agua, acabó con la dependencia de las plantas de los hábitats húmedos. Las primeras plantas con semillas fueron las gimnospermas, que producen semillas en el interior de piñas, como las coníferas actuales.

**PIÑA DE ABETO**

**SEMILLAS**

**ABETO**

**HACE 320 MILLONES DE AÑOS: APARECEN LAS SEMILLAS**

**NO SON PLANTAS**

**SON PLANTAS**

**HACE MIL MILLONES DE AÑOS: EVOLUCIONAN LAS ALGAS VERDES**

**Algas verdes**
Las plantas evolucionaron a partir de organismos acuáticos conocidos como algas verdes. Estas formas de vida muy simples usan la clorofila para realizar la fotosíntesis, pero no tienen raíces, hojas, semillas ni flores.

*Closterium* es un alga verde unicelular emparentada con las primeras plantas terrestres.

**HACE 450 MILLONES DE AÑOS: APARECEN VENAS Y RAÍCES**

**MUSGO TERRESTRE, UNA LICOFITA**

Las hojas de los helechos se llaman frondas.

**FRONDA DE HELECHO**

**Helechos y licofitas**
Los helechos y sus parientes licofitas son plantas vasculares, que tienen venas que transportan agua y nutrientes y dan estructura, lo que les permite llegar a tamaños mucho mayores que las plantas no vasculares y sobrevivir en condiciones más secas. Sin embargo, igual que las plantas no vasculares, los helechos y las licofitas necesitan vivir en hábitats húmedos para su reproducción sexual, que depende de que sus espermatozoides puedan nadar.

**HACE 250-150 MILLONES DE AÑOS: APARECEN LAS FLORES**

**Plantas con flor**
Mientras que las gimnospermas dependen del viento para polinizar las piñas, las plantas con flor evolucionaron creando asociaciones con animales polinizadores, como los insectos. La reproducción sexual se tornó mucho más eficiente a medida que las formas, colores y fragancias de las diferentes flores se adaptaban para ajustarse a polinizadores específicos. Gracias en parte a esto, las plantas con flor se convirtieron en el grupo de plantas dominante del planeta.

**FLOR DE MAGNOLIA**

El primer árbol, un pariente cercano de los helechos, vivió **hace 385 millones de años**.

**432** millones de años: edad del **fósil vegetal más antiguo que se conoce**, *Cooksonia barrandei*.

**13**

# NOMBRES CIENTÍFICOS

Como los animales, cada especie vegetal tiene un nombre científico formado por dos partes, además de su nombre común, más habitual. El melocotonero, por ejemplo, es *Prunus persica*. La segunda palabra es exclusiva de cada especie, mientras que la primera es su género, un grupo que incluye especies cercanas, como los albaricoqueros, los nectarinos y los ciruelos. Los géneros similares se agrupan para formar una familia; las familias similares se agrupan para formar un orden, y así sucesivamente.

**Dominio**
Eucariota (organismo de núcleo celular diferenciado)

**Reino**
Plantae (reino vegetal)

**División**
Angiospermas (plantas con flor)

**Clase**
Eudicotas (plantas con flor cuyas semillas tienen dos hojas primigenias)

**Orden**
Rosales (familia de las rosas y familias relacionadas)

**Familia**
Rosaceae (familia de las rosáceas)

**Género**
*Prunus* (melocotones, ciruelas, cerezas y familiares)

**Especie**
*Prunus persica* (melocotonero)

MELOCOTONERO

# OTRAS CATEGORÍAS DE PLANTAS

Mientras que los científicos basan la clasificación de las plantas en la evolución, los jardineros suelen usar otros sistemas, como la forma de las plantas o su longevidad, el tiempo que viven. Muchos de los términos que usan para estas características funcionan por parejas.

Las plantas leñosas, como los árboles, tienen el tallo reforzado con tejido leñoso, al contrario que las plantas herbáceas.

LEÑOSA (FICUS)    HERBÁCEA (MENTA)

Las plantas de hoja caduca pierden sus hojas, normalmente en otoño e invierno, mientras que las de hoja perenne las conservan todo el año.

DE HOJA CADUCA (ARCE)    DE HOJA PERENNE (PINO)

Las plantas anuales completan su ciclo de vida en un año. Las bienales viven dos años, y las perennes, varios años.

ANUAL (CLAVEL DE MORO)    BIENAL (DEDALERA)    PERENNE (VID)

Las plantas monoicas tienen flores macho y hembra separadas en la misma planta, y las plantas dioicas son solo machos o hembras. Las hermafroditas tienen partes macho y hembra en la misma flor.

MONOICA (AVELLANO)    DIOICA (ACEBO)    HERMAFRODITA (CEREZO)

# GRANDES FAMILIAS

Existen más de 600 familias de plantas; la gran mayoría son familias de plantas con flor. Estas son las cinco familias principales.

**Asteráceas (margaritas)**
Los miembros de esta familia tienen flores compuestas que se dividen en pequeñas flores individuales. Muchas flores de jardín pertenecen a ella.

CRISANTEMO

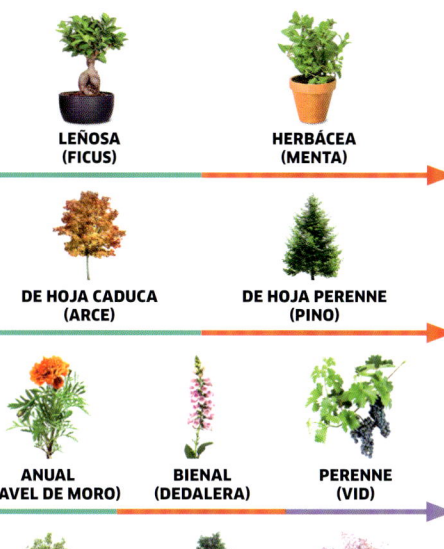

**Rubiáceas (cafetos y galios)**
Estas plantas tropicales y subtropicales incluyen árboles, lianas, hierbas y cafetos.

FLORES DEL CAFETO

ORQUÍDEA CATTLEYA

**Orquidáceas (orquídeas)**
Las flores de las orquídeas son simétricas y producen unas semillas extremadamente diminutas. Muchas orquídeas son epifitas (plantas que crecen sobre otras plantas).

FLORES DEL GUISANTE

**Fabáceas (legumbres)**
Entre las legumbres se encuentran importantes cultivos de alimentos, como los guisantes, las judías y las lentejas. Sus raíces contienen microorganismos que convierten el nitrógeno del aire en minerales de nitrato que utilizan para crecer.

TRIGO

**Poáceas (gramíneas)**
Las gramíneas incluyen cereales de cultivo, como el trigo, el arroz y el maíz, y la hierba más grande del mundo: el bambú. El trigo se cultiva por sus nutritivas semillas, que se muelen para hacer harina y elaborar pan y otros alimentos.

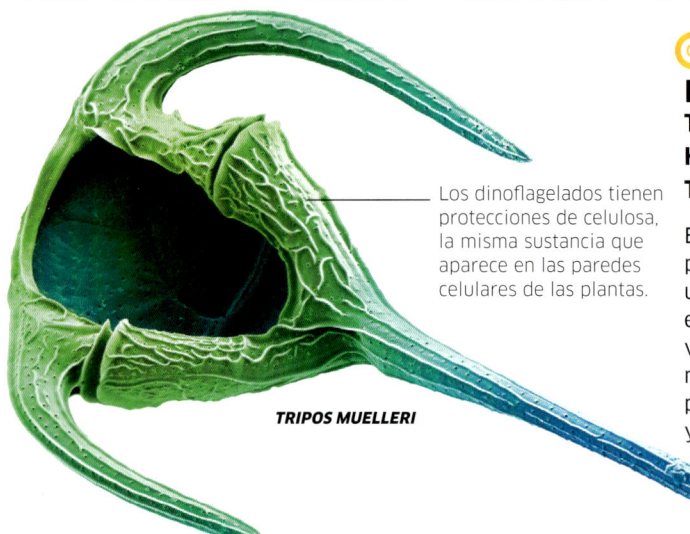

Los dinoflagelados tienen protecciones de celulosa, la misma sustancia que aparece en las paredes celulares de las plantas.

*TRIPOS MUELLERI*

### DINOFLAGELADOS
**Tipo:** fitoplancton
**Hábitat:** agua dulce y marina
**Tamaño:** hasta 2 mm

Estas algas unicelulares deben su nombre al par de colas microscópicas (o flagelos) que utilizan para nadar. Algunos dinoflagelados emiten luz y hacen que el mar tenga un brillo verde azulado de noche. A veces, pueden multiplicarse de manera descontrolada y provocan mareas rojas que tiñen el mar y envenenan a los peces.

### DIATOMEAS
**Tipo:** fitoplancton
**Hábitat:** agua dulce y marina, además de suelos, superficies húmedas y hielo
**Tamaño:** 0,02-0,2 mm

Las diatomeas producen casi la mitad del oxígeno de la atmósfera. El sílice, ingrediente principal del cristal, endurece sus paredes celulares; asumen muchas formas diferentes, algunas incluso parecen joyas diminutas. La mayoría de las diatomeas flotan en el mar, aunque algunas viven en el interior de otros organismos y les aportan alimento.

# Algas y macroalgas

**Es posible que hayas oído que las plantas producen el oxígeno que respiramos, pero casi todo nuestro oxígeno no tiene su origen en las plantas, sino en unos organismos acuáticos conocidos como algas.**

Los científicos utilizan la palabra «alga» para englobar todo tipo de organismos que viven en el agua y pueden crear alimento a través de la fotosíntesis. Las algas son muy diferentes de las plantas terrestres y por eso no forman parte del reino vegetal. La mayoría son células microscópicas que viven flotando en el agua. Deja un vaso de agua en un alféizar soleado y al cabo de unos días aparecerán algas que crearán una turbidez verdosa. Las algas flotantes microscópicas se conocen como fitoplancton y son la base de las cadenas alimentarias de agua dulce y marina. Las macroalgas, a menudo llamadas «plantas marinas» son algas que crecen mucho.

**Pared celular**
Cada especie tiene un diseño único de la pared celular de sílice.

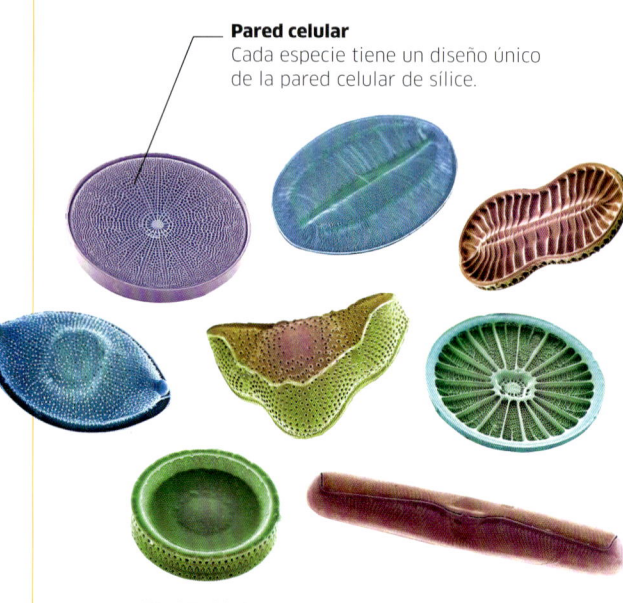

**IMAGEN COLOREADA DE DIATOMEAS CAPTADAS A TRAVÉS DE UN MICROSCOPIO ELECTRÓNICO**

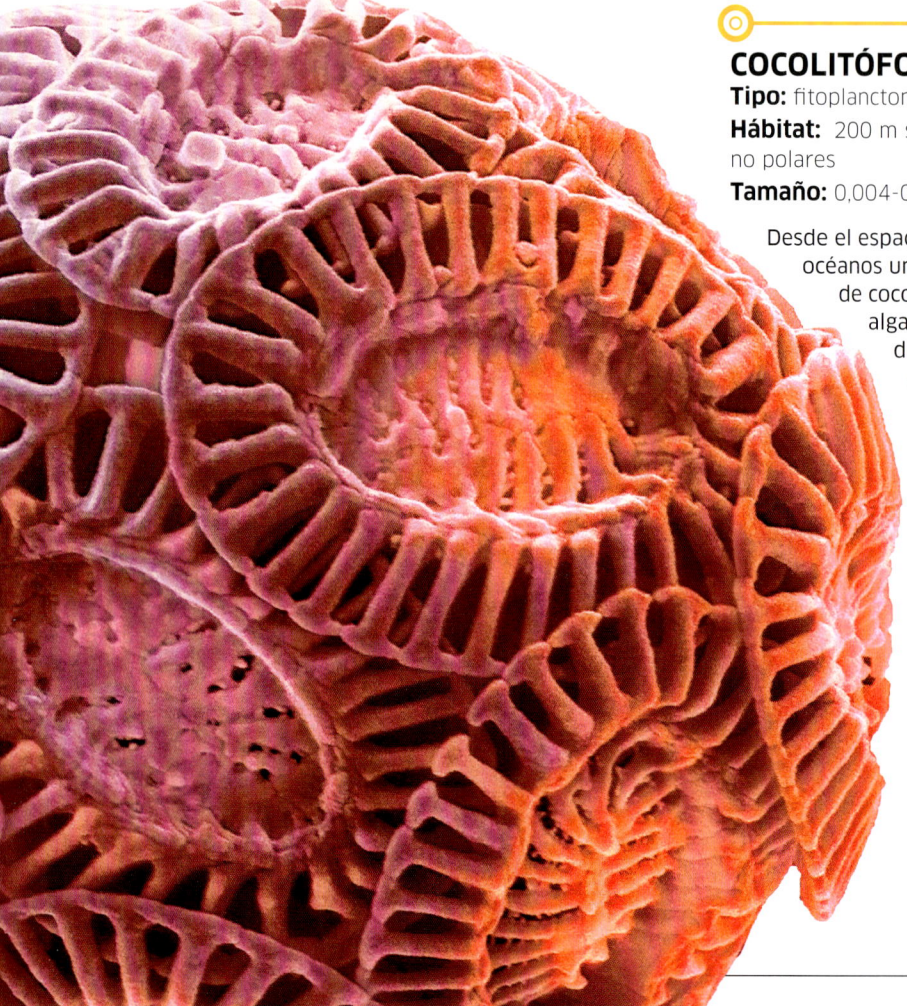

### COCOLITÓFOROS
**Tipo:** fitoplancton
**Hábitat:** 200 m superiores de los océanos no polares
**Tamaño:** 0,004-0,1 mm

Desde el espacio se pueden ver en los océanos unas descomunales nubes de cocolitóforos, un tipo de algas unicelulares. Unos discos ornamentados de carbonato cálcico, los cocolitos, protegen sus células. Cuando los cocolitóforos mueren, sus caparazones caen hasta el lecho marino, donde se acumulan a lo largo de millones de años para formar la caliza.

*EMILIANA HUXLEYI*

### ESPIROGIRA
**Tipo:** fitoplancton
**Hábitat:** hábitats de agua dulce y estancada
**Tamaño:** hasta 0,1 mm de ancho y varios centímetros de largo

Esta alga es visible a simple vista en forma de verdín viscoso flotando en el agua encharcada. Sin embargo, si se inspecciona al microscopio se observa su elaborada estructura. Forma largos hilos de una única célula de ancho; cada célula contiene un cloroplasto verde en forma de espiral.

## CIANOBACTERIAS

**Tipo:** fitoplancton
**Hábitat:** cualquier tipo de hábitat acuático y sobre suelo mojado y rocas húmedas
**Tamaño:** 0,001-0,01 mm

Las cianobacterias son los organismos fotosintéticos más pequeños que se conocen. Aunque a veces se les llame algas verde azuladas, no son algas y forman parte de un dominio de la vida muy diferente: las bacterias. Pese a ello, se les considera fitoplancton y son una parte muy importante de las cadenas alimentarias marinas.

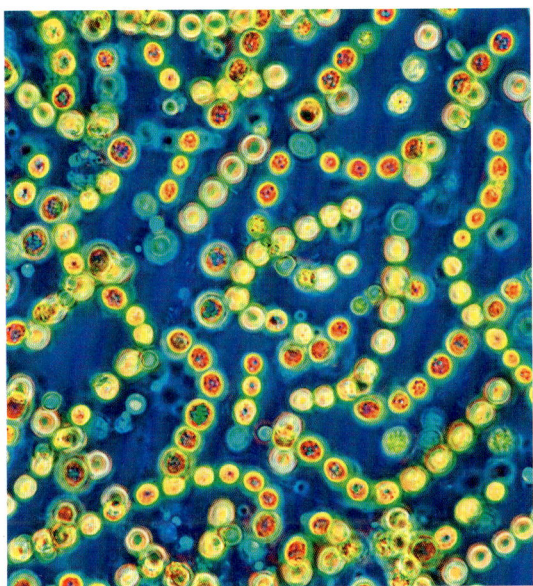

## PYROPIA

**Tipo:** alga roja (planta marina)
**Hábitat:** orillas de océanos templados
**Tamaño:** hasta 50 cm

Las finas y delicadas frondas de esta macroalga se utilizan para elaborar las hojas de nori que envuelven el sushi. Tiene un aspecto parecido al de la lechuga de mar, pero es roja porque sus cloroplastos utilizan pigmentos rojos, además de la clorofila, para capturar la luz del sol al realizar la fotosíntesis.

El sushi se envuelve con *Pyropia.*

*PYROPIA LEUCOSTICTA*

## EUGLENA

**Tipo:** fitoplancton
**Hábitat:** charcas, lagos, suelo húmedo y agua salada
**Tamaño:** hasta 0,5 mm

Esta alga unicelular desconcertó a los primeros biólogos porque parecía estar a medio camino entre una planta y un animal. *Euglena* contiene cloroplastos y puede realizar la fotosíntesis, pero también nada usando su flagelo, y sobrevive en aguas oscuras ingiriendo alimento.

## ROBLE DE MAR

**Tipo:** alga parda (planta marina)
**Hábitat:** orillas templadas y polares
**Tamaño:** hasta 1,5 m

Sus vesículas llenas de aire mantienen verticales las frondas de esta flexible macroalga cuando la marea alta las sumerge, y así puede continuar absorbiendo la luz del sol. Tiene una estructura similar a unas raíces en la base que la fija a las rocas para que las olas no se la lleven. Las algas pardas como el roble de mar son muy habituales en playas de roca de partes frescas del mundo.

Vesícula

*FUCUS VESICULOSUS*

Estas láminas que parecen hojas tan solo tienen dos células de grosor, lo que da a la lechuga de mar un aspecto translúcido.

*ULVA LACTUCA*

## LECHUGA DE MAR

**Tipo:** alga verde (planta marina)
**Hábitat:** orilla oceánica
**Tamaño:** hasta 60 cm

La lechuga de mar es una planta marina comestible de color verde vivo que se aferra a las rocas a través de una minúscula fijación en forma de disco. Las algas verdes como la lechuga de mar utilizan los mismos tipos de clorofila que las plantas para capturar la luz para la fotosíntesis.

**16** el reino vegetal ○ **MUSGOS Y HEPÁTICAS**

Las esporas de musgo son minúsculas; a menudo su anchura **no supera los 0,05 mm**.

## POHLIA NUTANS
*Pohlia nutans*
**Localización:** en los siete continentes
**Tamaño:** hasta 8 cm de alto

Este musgo crece en suelo cenagoso, sobre rocas y troncos en descomposición, hábitats con poca tierra para que proliferen otras plantas. Sus cápsulas de esporas crecen en tallos de color rojo vivo. Liberan sus microscópicas esporas al viento como si fueran minúsculos saleros.

Cápsula de esporas en forma de grano de arroz

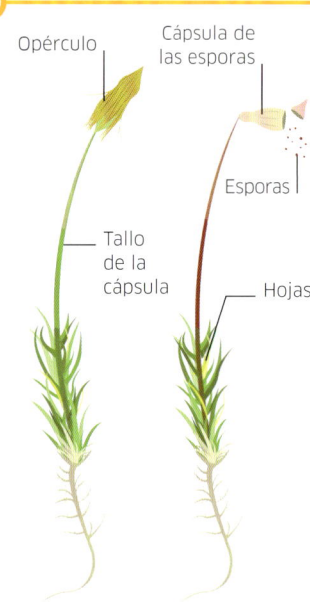

Opérculo

Cápsula de las esporas

Esporas

Tallo de la cápsula

Hojas

**MUSGO DE PELO**

Cápsulas de esporas marrones rojizas

### MUSGO DE PELO
*Polytrichum*
**Localización:** Asia, Europa y Norteamérica
**Tamaño:** hasta 30 cm de alto

Este musgo común forma grandes cojines repletos de oscuras hojas puntiagudas. Las hojas se repliegan contra el tallo en condiciones secas y se abren con la humedad. Las cápsulas de esporas rojizas se desarrollan en las puntas de los altos tallos. Cada cápsula está protegida por una estructura conocida como opérculo; en estos musgos parece un gorro de baño.

## Ciclo de vida del musgo
El ciclo de vida de los musgos y las hepáticas alterna entre dos tipos de planta diferentes: uno que produce células sexuales y otro que produce esporas. Este fenómeno se conoce como alternancia de generaciones, y lo hacen todas las plantas, aunque no siempre salta a la vista. En musgos y hepáticas, una generación crece a partir de la otra, lo que hace que parezcan una única planta.

# Musgos y hepáticas

**Los musgos y hepáticas son las plantas más simples y antiguas de la Tierra; aparecieron hace unos 480 millones de años. Estas pequeñas plantas han cambiado relativamente poco desde entonces.**

Los musgos y las hepáticas no tienen raíces reales ni venas para transportar el agua, por eso la mayoría solo viven en hábitats húmedos, son pequeños y forman agrupaciones o cojines. Aun así, pueden ser excepcionalmente resistentes. No producen flores ni proliferan elaborando semillas, sino que conquistan nuevos hábitats liberando unas minúsculas partículas unicelulares denominadas esporas.

Cápsula de las esporas

El viento esparce las esporas.

La cápsula de las esporas y su tallo forman una planta diferenciada, un esporofito, que produce esporas.

La espora se convierte en una nueva planta con órganos sexuales masculinos y femeninos.

El esperma (células masculinas) nada hasta los óvulos femeninos y los fecunda; estos se convierten en nuevos esporofitos.

Órgano sexual masculino

Óvulo femenino

**CICLO DE VIDA DE MUSGOS Y HEPÁTICAS**

### HEPÁTICA DE LAS FUENTES
*Marchantia polymorpha*
**Localización:** Europa
**Tamaño:** hasta 10 cm de ancho, con las estructuras que contienen las esporas de hasta 2 cm de alto

Las hepáticas deben su nombre a que muchas tienen forma plana con lóbulos en forma de hoja que recuerdan a los lóbulos del hígado humano. Otras especies de hepáticas tienen un aspecto muy parecido a los musgos, aunque solo son parientes lejanos.

Las estructuras esféricas contienen minúsculas yemas que pueden convertirse en nuevas plantas.

El cuerpo plano y estirado se denomina talo.

Existen helechos en todos los continentes, **salvo en la Antártida**.

**Actualmente hay más de 10 000** especies de helechos.

# Helechos

**Como los musgos y las hepáticas, los helechos fabrican esporas y nunca dan flores ni semillas, pero tienen algunas características propias, como las raíces o las venas, lo que les permite crecer más y desarrollar hojas grandes y a menudo divididas (frondas).**

Los helechos son un antiguo grupo de plantas que apareció por primera vez hace unos 400 millones de años. Algunos crecen como un árbol y otros son pequeños y viven en lugares con sombra. Pueden vivir en lugares más secos que los musgos y las hepáticas, pero para reproducirse necesitan unas condiciones húmedas, porque, igual que los musgos y las hepáticas, los helechos liberan espermatozoides que nadan por el agua para encontrar células femeninas.

**Enrollado**
Las frondas jóvenes se abren en forma de espiral. Se conocen como báculos.

### CULANTRILLO DE CANADÁ
*Adiantum pedatum*
**Localización:** Norteamérica
**Tamaño:** hasta 50 cm de alto

Este pequeño helecho tiene unos finos tallos negros que parecen pelos. Las frondas se dividen en lóbulos que crean una cascada que parece que esté compuesta por cientos de minúsculas hojas. Crece bien en interiores y es una planta muy popular en el hogar.

### HELECHO ARBÓREO
*Dicksonia antarctica*
**Localización:** Nueva Zelanda
**Tamaño:** hasta 3 m de alto

Los helechos arbóreos eran habituales en la era de los dinosaurios, pero hoy solo se encuentran en húmedas selvas tropicales o subtropicales. El helecho arbóreo desarrolla una especie de tronco compuesto por sus raíces. Crece lentamente, su altura tan solo aumenta de 2 a 6 cm por año. Como el tronco es de raíces, se puede cortar, y la parte superior volverá a crecer si se planta.

### HELECHO MACHO
*Dryopteris filix-mas*
**Localización:** Asia, Europa y Norteamérica
**Tamaño:** hasta 1,5 m de alto

En primavera, un anillo de nuevas frondas brota del centro de la planta; cada yema en espiral se desenrolla hasta formar la fronda.

### HELECHO CUERNO DE CIERVO
*Platycerium bifurcatum*
**Localización:** Australia
**Tamaño:** frondas de hasta 1 m de largo

Crecen en los árboles. Son epífitos, lo que significa que se desarrollan sobre los árboles. Tienen dos tipos de fronda: unas en forma de corazón, que realizan la fotosíntesis, y otras más grandes, que crean esporas y tienen forma de cuernos de ciervo.

## Ciclo de vida del helecho

Los helechos tienen un ciclo de vida que implica dos plantas diferentes. La planta principal crea esporas. Cuando una espora germina, crece y se convierte en una minúscula planta (un gametofito) de aspecto parecido a una hepática. Esta planta produce células sexuales masculinas y femeninas. Las células masculinas nadan por el agua superficial para llegar a las células femeninas. Cuando se unen, se crea la primera fronda de un nuevo helecho y el ciclo vuelve a empezar.

Las esporas se crean en cápsulas bajo las frondas

Cápsula de las esporas

Las esporas se liberan al aire

La espora germina

La planta gametofita crea células sexuales

Las células sexuales se unen

Crece un nuevo helecho

# Cápsulas de esporas

**Al final del verano aparecen unas filas de bultos marrones por debajo de las hojas. Cada uno de ellos es un racimo de minúsculas cápsulas redondas de esporas.**

Los helechos lanzan al aire unas partículas unicelulares llamadas esporas que desarrollan en unas cápsulas, los esporangios; cada esporangio contiene 64 esporas y tiene una cadena de células alrededor (en naranja en la imagen) que actúa como un muelle. Cuando las esporas maduran, el muelle se va secando, con lo que se desenrolla y rompe la cápsula. Finalmente, al secarse del todo, vuelve de golpe a su forma curvada y proyecta lejos las esporas.

Hay coníferas en **todos los continentes,
salvo en la Antártida**.

El hemisferio norte de la Tierra cuenta con
**6 millones de km² de bosques de coníferas**.

# Coníferas

**Las coníferas son plantas que producen semillas en el interior de piñas. Su nombre en latín significa «que lleva piñas». No tienen flores ni frutos, y casi todos son árboles de hoja perenne con hojas en forma de aguja.**

Las coníferas cubren enormes extensiones de las frías tierras del hemisferio norte, donde forman una franja continua de bosque alrededor del globo, desde Alaska hasta Canadá, Escandinavia y Rusia. Las coníferas también proliferan en montañas y desiertos. Son plantas robustas y cuentan con muchas características que les ayudan a soportar duras condiciones, desde un anticongelante natural en las células hasta la cobertura impermeable en las agujas para conservar el agua.

## SECUOYA GIGANTE

*Sequoiadendron giganteum*

**Localización:** montañas de Sierra Nevada, California, Estados Unidos

**Altura:** hasta 85 m

La secuoya gigante está entre los árboles más altos y longevos del mundo; puede llegar a vivir más de 3000 años. De joven tiene forma triangular. Con el paso de los años, va perdiendo las ramas inferiores y desarrolla un alto tronco protegido por una rojiza corteza ignífuga.

**Piñas ovaladas**
Las piñas hembra tienen forma de huevo y pueden crecer hasta una longitud de 7 cm.

## CIPRÉS COMÚN

*Cupressus sempervirens*

**Localización:** países mediterráneos y Asia occidental

**Altura:** hasta 35 m

Es muy habitual ver esta esbelta conífera en los países mediterráneos como Grecia, donde destaca en las laderas de las colinas. Su fragante madera se usaba para crear puertas de iglesias e instrumentos musicales.

**Grupos de piñas**
Las pequeñas piñas redondas crecen en grupos entre el follaje de hoja perenne.

Conífera madura

La piña hembra produce óvulos

La piña macho libera polen

Piña macho

Semillas liberadas de la piña madura

Las semillas se desarrollan en el interior de la piña

Óvulos polinizados por el polen

## Ciclo de vida de una conífera

Las coníferas se reproducen produciendo semillas, pero tienen piñas en lugar de flores. Las piñas pueden ser macho o hembra. Las piñas macho liberan polen, una sustancia que parece polvo y que el viento dispersa por las piñas hembra. Fecunda las células femeninas en el interior de los óvulos, que se convierten en semillas.

**116 m** es la altura del **árbol vivo más alto del mundo**, una secuoya roja de California, Estados Unidos.

**21**

## PINO SILVESTRE
*Pinus sylvestris*

**Localización:** Asia y Europa
**Altura:** hasta 35 m

Esta es la única conífera autóctona de la Gran Bretaña; la especie también es común por toda Europa y Asia. Normalmente tiene una corteza entre naranja y roja, y parejas de agujas de color verde azulado. Sus piñas tardan hasta tres años en madurar; pasan del verde al marrón en el proceso.

### Una aguja por dentro
Una capa de cera impermeable recubre las agujas del pino para que conserven el agua. Los vasos de transporte para el agua y el azúcar pasan por el medio. Los vasos más pequeños transportan la resina, una sustancia pegajosa que sella heridas y repele insectos.

Capa de cera impermeable

Canal de resina

Cilindro central con los vasos de transporte

Estoma (poro)

Semilla

### Una piña por dentro
Las piñas hembra son un conjunto de escamas ordenadas en espiral. La parte superior de cada escama contiene una semilla desnuda (sin protección).

### Piñas de pino
Las piñas hembra producen las semillas tras la fecundación.

### Agujas de pino
Como la mayoría de las coníferas, el pino silvestre tiene hojas en forma de aguja. Su forma estrecha ayuda a reducir la pérdida de agua y evita que se acumule nieve encima.

### Corteza gruesa
La corteza es entre verde y gris, mientras que las ramas más jóvenes de la copa son más rojizas.

## ARAUCARIA
*Araucaria araucana*

**Localización:** laderas bajas de los Andes
**Altura:** hasta 30 m

Esta conífera sudamericana se aferra a la vida entre ríos de lava volcánica en Argentina y Chile. Sus hojas son unas agujas muy afiladas.

El tronco y las ramas están repletos de hojas puntiagudas.

## KAURI
*Agathis australis*

**Localización:** Isla Norte de Nueva Zelanda
**Altura:** hasta 50 m

El kauri de Nueva Zelanda es una de las coníferas más grandes del mundo. Su tronco puede medir 5 m de ancho. Se parece poco a las otras coníferas, ya que tiene las hojas planas y las piñas redondas, que se parten cuando esparcen las semillas.

### Hojas correosas
Sus hojas planas, gruesas y correosas, pueden alcanzar hasta 7 cm.

### Piñas redondas
Las piñas tardan hasta 20 meses en madurar y poder liberar las semillas aladas.

**PIÑA HEMBRA DE KAURI**

## PINO DE WOLLEMI
*Wollemia nobilis*

**Localización:** parque nacional Wollemi, Australia
**Altura:** hasta 40 m

Confinado en contados valles de Australia, el pino de Wollemi no fue descubierto hasta 1994. Es casi idéntico a los fósiles de coníferas que vivieron durante el periodo cretácico, hace unos 100 millones de años.

### Piñas colgantes
Las piñas macho cuelgan del árbol como amentos.

22

Las plantas con flor aparecieron por primera vez hace unos **130 millones de años**.

La flor de chocolate **huele realmente a chocolate**.

**ROSAL SILVESTRE**

**Estambres**
Por lo general, las flores tienen un conjunto central de estambres ordenados en espiral.

**Cinco pétalos**
Las flores suelen presentar simetría radial; cada ejemplar tiene cinco pétalos.

## FAMILIA DE LAS ROSÁCEAS
*Rosaceae*

**Localización:** todo el mundo, sobre todo en el hemisferio norte
**Número de especies:** casi 5000

Esta familia incluye una infinidad de plantas aparentemente diferentes, desde el manzano y el melocotonero hasta la fresa y muchas flores de jardín. A todas las unen las flores regulares de cinco pétalos. La manera de guardar las semillas puede ser muy variable, desde los brillantes escaramujos rojos del rosal silvestre hasta las frutas comestibles, los frutos secos y las semillas secas y con ganchos.

## FAMILIA DE LAS LAMIÁCEAS
*Lamiaceae*

**Localización:** todo el mundo
**Número de especies:** unas 7000

De esta familia son las hierbas culinarias: menta, albahaca, romero, tomillo, orégano o salvia. Su sabor aromático proviene de los aceites que segregan los pelos que tienen en las hojas para evitar que los animales se las coman.

**Pétalos soldados**
Las flores de esta familia tienen los pétalos soldados y una prominencia en la que se pueden apoyar los insectos grandes, como las abejas.

**SALVIA**

# Plantas con flores

**Más del 75 por ciento de las especies vegetales son plantas con flor. Estas plantas se reproducen sexualmente con flores, semillas y frutos.**

Las plantas con flor aparecieron cuando aún había dinosaurios. Las primeras flores se parecían un poco a las piñas de las coníferas, pero con colores vivos para atraer a los escarabajos. Hacer que los insectos transportaran el polen de flor en flor supuso un gran paso adelante en la evolución de las plantas y provocó una explosión en el número de especies. Hoy en día existen unas 370 000 especies de plantas con flor, divididas en más de 400 familias. Estas son las familias más grandes.

## FAMILIA DE LAS FABÁCEAS
*Fabaceae*

**Localización:** por todo el mundo
**Número de especies:** unas 20 000

Las flores de las plantas de esta familia desarrollan unas vainas con semillas en su interior. Suelen tener cinco pétalos, uno grande y vertical y los otros formando una plataforma de aterrizaje para los insectos polinizadores. Un insecto visitante queda lleno de polvo de polen por debajo cuando su peso hace bajar la plataforma.

Un abejorro común visita una flor de almorta.

**ALMORTA**

**VAINA DE GUISANTES**

## FAMILIA DE LAS BRASICÁCEAS
*Brassicaceae*

**Localización:** por todo el mundo
**Número de especies:** unas 4000

Esta familia contiene muchas de las plantas que comemos bajo la etiqueta de verdura, como la col, la coliflor y el brócoli. Las flores suelen desarrollar vainas con semillas ricas en aceites; algunas forman parte de cultivos, como la colza y la mostaza.

Los cuatro pétalos dan forma de cruz a sus flores.

**COL SILVESTRE**

## FAMILIA DE LAS APIÁCEAS
*Apiaceae*

**Localización:** por todo el mundo
**Número de especies:** más de 3500

La mayoría de los miembros de la familia de las apiáceas son pequeñas plantas no leñosas con grandes grupos de flores en forma de paraguas (umbelas). Esta familia contiene plantas comestibles, como el apio y las zanahorias, y también otras muy venenosas, como la cicuta.

Grupo de flores en forma de paraguas con floretes

**ZANAHORIA SILVESTRE**

# FAMILIA DE LAS ASTERÁCEAS
*Asteraceae*

**Localización:** todo el mundo
**Número de especies:** más de 32000

La forma de estrella de sus flores hace fácil reconocer a las plantas de esta familia. Todas tienen una flor hecha de cientos o miles de minúsculas flores individuales. Juntas parecen una flor grande que atrae a los polinizadores desde lejos. Muchas son pequeñas plantas anuales, mientras que otras viven mucho tiempo, y unas pocas especies son árboles.

Las partes exteriores parecen pétalos, pero son minúsculas flores enteras.

**MARGARITA**

Las florecillas centrales forman un disco compacto.

# FAMILIA DE LAS ORQUIDÁCEAS
*Orchidaceae*

**Localización:** todo el mundo
**Número de especies:** unas 28000

Las orquídeas componen una de las familias más grandes de las plantas con flor. Muchas son epifitas, lo que significa que crecen sobre los árboles; también existe un gran número que habitan en el suelo, con un bulbo que almacena nutrientes. Tienen las flores complejas y a menudo solo atraen a un polinizador.

**Falsa avispa**
La orquídea espejo de Venus imita un tipo de avispa hembra para atraer a las avispas macho.

**ORQUÍDEA ESPEJO DE VENUS**

**Pista de aterrizaje**
Los polinizadores aterrizan en la parte inferior de la flor de la orquídea, el labelo.

# FAMILIA DE LAS LILIÁCEAS
*Liliaceae*

**Localización:** por todo el mundo
**Número de especies:** unas 600

Las plantas de la familia de las liliáceas tienen bulbos bajo tierra con reservas de alimento para los inviernos fríos o los veranos cálidos y secos. Los lirios tienen lo que parecen seis pétalos, pero de hecho solo tres son pétalos, ya que los otros tres son sépalos del mismo aspecto que los pétalos. Llevamos miles de años cultivando lirios y tulipanes por sus flores.

Estambres largos y prominentes

Los tres pétalos internos son los únicos reales.

Hojas con venas paralelas y sin ramificaciones

**LIRIO ROSADO**

# FAMILIA DE LAS POÁCEAS
*Poaceae*

**Localización:** todo el mundo
**Número de especies:** unas 12000

Las flores de las poáceas, o gramíneas, no tienen pétalos y se valen del viento para que su polen llegue a otras plantas. En muchas gramíneas, los puntos vegetativos (los meristemos) se encuentran en la base de la planta, y por eso las hojas continúan creciendo aunque los animales se coman las puntas. Esto es una ventaja para las gramíneas sobre otras plantas en hábitats con animales rumiantes.

**Caña**
Las nuevas ramas (cañas) crecen desde la base.

**HOLCO LANUDO**

# FAMILIA DE LAS RUBIÁCEAS
*Rubiaceae*

**Localización:** sobre todo tropical o subtropical
**Número de especies:** unas 13500

Los miembros de la familia de las rubiáceas tienen las hojas en pares opuestos y con ramilletes compuestos por muchas florecillas minúsculas. La familia incluye muchas especies tropicales, como el cafeto. Las especies templadas incluyen el galio y el amor de hortelano, cuyas hojas y semillas pegajosas se suelen enganchar a las botas de los excursionistas e, igual que los granos de café, contienen cafeína.

**CUAJALECHE**

## ABEDUL COMÚN
*Betula pendula*

**Localización:** Europa, Norteamérica y Asia occidental

**Tamaño:** 30 m de altura, 10 m de copa

Estos robustos árboles crecen a gran velocidad y pueden soportar inviernos muy crudos, por lo que pueden proliferar en países más fríos y en las montañas. Tienen la corteza muy clara, entre blanca y gris, dura y flexible, y se puede pelar en tiras, que en Norteamérica se usaban tradicionalmente para hacer canoas.

**HOJA**

**Corteza blanca**
La corteza es lisa y blanca con motas negras.

## CASTAÑO DE INDIAS
*Aesculus hippocastanum*

**Localización:** originario de la península balcánica, introducido y naturalizado en Europa y partes de Norteamérica

**Tamaño:** 30 m de altura, 15 m de copa

Este gran árbol se suele plantar en parques por su majestuosa forma redondeada y los racimos de grandes flores blancas rosadas que brotan en primavera. En otoño, estas flores se convierten en unos frutos erizados que contienen castañas de Indias. Tiene las hojas palmadas (en forma de mano), cada una con 5-7 grandes hojuelas.

**CASTAÑA DE INDIAS**

**HOJA PALMADA**

# Árboles de hoja ancha

**Estos árboles tienen las hojas anchas y planas, al contrario que las agujas de las coníferas. Dominan muchos bosques del mundo, desde las selvas tropicales hasta las masas boscosas de hoja caduca en países más fríos.**

Los árboles de hoja ancha no ocupan una única rama del árbol genealógico de las plantas, sino que las especies de muchas familias de plantas diferentes crecen lo suficiente para que se les describa como árboles. Todas estas especies diversas tienen varias cosas en común: las hojas anchas para capturar mucha luz del sol y un tronco leñoso para sostener la copa de hojas a gran altura.

## HAYA COMÚN
*Fagus sylvatica*

**Localización:** Europa

**Tamaño:** 40 m de altura, 20 m de copa

Igual que el roble, su pariente cercano, las hayas florecen en primavera, antes de que abran sus hojas; las flores macho y hembra crecen en amentos separados. Tiene el tronco liso y grisáceo, y las hojas de una característica forma ovalada y con los bordes serrados. Pocas flores silvestres crecen bajo las hayas, ya que su densa copa de hojas no deja que llegue mucha luz del sol al suelo.

Sus duros frutos secos, denominados hayucos, son una fuente de alimento para los animales en otoño.

**HAYUCO**

## BANIANO
*Ficus benghalensis*

**Localización:** sur de Asia

**Tamaño:** 30 m de altura, 100 m de copa

El baniano es una higuera tropical de Asia. Empieza su vida en forma de semilla que germina en las alturas de otro árbol. Sus raíces aéreas crecen hasta el suelo y después se convierten en leñosos troncos que sostienen al baniano mientras aplasta a su huésped. Los banianos van creciendo a lo ancho a medida que las raíces colgantes forman más troncos sin parar. Si nos fijamos en el tamaño de su copa, son los árboles más grandes del mundo.

**Raíces aéreas**
Las raíces cuelgan de las ramas y se aferran al suelo para sostener la ancha copa.

El corcho del alcornoque se puede extraer **más de 15 veces** en toda su vida.

El mayor bosque de árboles de hoja ancha es la **selva tropical amazónica**, en Sudamérica.

**25**

**Bellotas**
Los frutos de los robles se conocen como bellotas y cambian de color al madurar: pasan del verde al marrón. La bellota está compuesta por una cúpula rugosa que contiene una semilla grande.

# EUCALIPTO ROJO
*Eucalyptus camaldulensis*

**Localización:** interior de Australia y lugares con clima parecido

**Tamaño:** 50 m de altura, 35 m de copa

Los árboles de hoja ancha más habituales en Australia son los eucaliptos. Sus estrechas hojas plateadas contienen aceites de potente olor para ahuyentar a los herbívoros que se las quieran comer. El eucalipto rojo de hoja perenne crece en las orillas de los ríos, donde aves como el perico soberbio encuentran cobijo y lugares para nidificar.

**Aceites antisépticos**
Los aceites de las hojas tienen propiedades antisépticas y se utilizan para elaborar jabón y otros productos de limpieza.

**HOJAS**

# ALCORNOQUE
*Quercus suber*

**Localización:** sudoeste de Europa, alrededor del Mediterráneo

**Tamaño:** 20 m de altura, 20 m de copa

Este roble de hoja perenne crece en países calurosos y secos. Tiene una gruesa corteza resistente al fuego que se ha usado durante siglos para elaborar tapones de botella. Su corteza se extrae de manera sostenible retirando capas finas una vez cada diez años y dejando que se regenere.

**Corteza muy rugosa**
La corteza incombustible se hace más gruesa y esponjosa a medida que el árbol va creciendo.

**26** el reino animal ○ CACTUS Y SUCULENTAS

Los cactus pueden vivir **cientos de años** en estado silvestre.

## SAGUARO
*Carnegiea gigantea*
**Localización:** sudoeste de Estados Unidos y Sonora en México
**Altura:** hasta 16 m

Los saguaros llegan a crecer como un árbol a lo alto, y tienen unos tallos estriados que se pueden expandir para guardar reservas de agua. Las flores salen arriba del todo, muy al alcance de los murciélagos polinizadores. Como la mayoría de los cactus, los polinizan de noche.

**Sin prisa**
Los saguaros no sacan ramas hasta que no llegan más o menos a los 75 años de edad.

## CACTUS ERIZO
*Echinocactus grusonii*
**Localización:** México central
**Altura:** hasta 1 m

El cactus erizo debe su nombre a su forma redondeada y llena de pinchos. Sus densas espinas protegen su carne de los herbívoros y atrapan aire alrededor de la planta para reducir la evaporación. En momentos de esplendor hace brotar chillonas flores amarillas por la parte superior.

**Estrías verticales**
Con sus estrías verticales, se expande o contrae según absorba o consuma agua.

# Cactus y suculentas

**Las plantas que almacenan agua para sobrevivir en el desierto se conocen como suculentas. Las más famosas son los cactus, que son una única familia botánica autóctona de América.**

En lugares con poca lluvia, las plantas deben capturar y almacenar tanta agua como sea posible, y lo logran con un tallo hinchado, una gran raíz o unas hojas carnosas. Los cactus almacenan agua en sus tallos y, en lugar de hojas, tienen espinas puntiagudas para protegerse. Muchas plantas del desierto también tienen grandes sistemas de raíces para llegar al agua, además de características especiales para conservarla y así poder sobrevivir hasta la siguiente lluvia.

## CANDELABRO
*Euphorbia abyssinica*
**Localización:** noreste de África
**Altura:** hasta 10 m

En los desiertos africanos, las plantas de la familia de las euforbias han evolucionado características parecidas a las de los cactus de los desiertos americanos. La euforbia candelabro parece un saguaro cuando es joven, pero cuando madura cambia y toma forma de árbol. Sus gruesos tallos almacenan agua y producen una venenosa savia blanca para ahuyentar a los animales.

**Flores**
En las estrías de los tallos creen florecitas amarillas.

## CACTUS CACAHUETE
*Echinopsis chamaecereus*
**Localización:** Argentina
**Altura:** hasta 30 cm

No todos los cactus viven en el desierto. Algunos crecen en las ramas de los árboles de la selva tropical, y otros, como el cactus cacahuete, proliferan en las laderas rocosas de las montañas. Los tallos suculentos de esta especie se arrastran por el suelo y forman un felpudo, eso sí, cubierto de espinas afiladas como agujas.

Un saguaro puede contener **hasta 3800 litros** de agua.

Se conocen hasta **2000 especies de cactus**, todas autóctonas de Norteamérica, América Central o Sudamérica.

**27**

## AGAVE AMARILLO
*Agave americana*

**Localización:** México y sur de Estados Unidos

**Altura:** hasta 3 m

En inglés se conoce como la planta del siglo, porque se creía erróneamente que sacaba flor una vez cada cien años. De hecho, la alta espiga de flores brota de la roseta de gruesas hojas con pinchos en los bordes cuando la planta tiene entre 10 y 30 años. Tras producir sus semillas, el agave amarillo muere.

## PAMPAJARITO
*Sedum acre*

**Localización:** Europa

**Altura:** hasta 2 cm

En lugar de crecer en desiertos, esta suculenta se ha adaptado a la vida en viejas paredes de piedra, playas de guijarros y otros lugares de suelo seco y rocoso. Almacena agua en las pequeñas hojas carnosas que cubren sus tallos rastreros. Sus hojas tienen un sabor picante como el de la pimienta.

**Grupos de flores**
Las flores de cinco pétalos crecen en pequeños grupos.

## PIEDRA VIVA
*Lithops pseudotruncatella*

**Localización:** África meridional

**Altura:** hasta 2 cm

Esta suculenta almacena agua en un par de hojas gruesas camufladas como si fueran piedras, para que los animales no las distingan. En primavera saca unas preciosas flores amarillas para atraer a los polinizadores de las abiertas llanuras de piedra.

**Flor única**
Una sola flor aparece en la separación entre las hojas cuando la planta llega a la madurez.

## DEDOS DE BEBÉ
*Fenestraria rhopalophylla*

**Localización:** África meridional

**Longitud:** hojas de hasta 4 cm de alto

En estado silvestre, esta planta crece casi enterrada por completo en terrenos arenosos; solo es visible la parte superior de sus carnosas hojas. La ventana transparente de la parte superior de cada hoja deja que la luz llegue a las células verdes de su interior, donde tiene lugar la fotosíntesis.

## FLOR CARROÑA GIGANTE
*Stapelia gigantea*

**Localización:** África meridional

**Altura:** hasta 20 cm

Los tallos en los que esta suculenta africana almacena agua se parecen a los de un cactus. En otoño da unas grandes flores en forma de estrella, que apestan a carne putrefacta para atraer a las moscardas de la carne, encargadas de polinizarla. Tras la fecundación, las flores se convierten en largas vainas de semillas que se lleva el viento.

**Parece carne**
El estampado púrpura de las flores de la planta imita la carne.

### CENTENO
*Lolium perenne*

**Localización:** Asia, Europa, norte de África; muy cultivada en todo el mundo

**Altura:** hasta 1 m, hojas de unos 10 cm de longitud

El centeno, una gramínea típica, vuelve a crecer tras cortarla. Sus hojas planas parten de la base y contienen unas afiladas partículas de sílice para que los rumiantes no se las coman.

**Grupo de flores**
Los racimos de 4-14 florecillas se agrupan y forman una espiguilla.

# Gramíneas y juncias

**Las gramíneas, como las juncias, son plantas con flor; sin embargo, no les hace falta tener unas flores muy vistosas, ya que el viento es el encargado de polinizarlas.**

Las gramíneas aparecieron al extinguirse los dinosaurios. Evolucionaron para sobrevivir al insaciable apetito de los grandes mamíferos herbívoros que ocuparon el lugar de aquellos. Sus hojas en forma de cuchilla crecen a partir de células de división rápida de la base de la planta, lo que hace que las gramíneas puedan volver a crecer con fuerza aunque un animal las coma en parte. Las gramíneas cubren un tercio del suelo del mundo, y producen más de la mitad de nuestro alimento. Las juncias se parecen a ellas, pero forman una familia separada y se encuentran sobre todo en hábitats más húmedos.

### BAMBÚ NEGRO
*Phyllostachys nigra*

**Localización:** China

**Altura:** hasta 25 m, hojas de hasta 13 cm de longitud

El bambú negro, alto y de rápido crecimiento, es uno de los alimentos preferidos del panda gigante. Los tallos de bambú son huecos y contienen pocos nutrientes, por eso los pandas tienen que comer hasta 35 kg al día. Al contrario que la mayoría de las gramíneas, el bambú tan solo florece una vez en su vida, y después la planta entera muere.

### PAPIRO
*Cyperus papyrus*

**Localización:** África, Asia

**Altura:** hasta 5 m

Esta juncia es una planta tropical que necesita calor y mucha agua. Se la puede encontrar en ciénagas o en las orillas de los ríos, con grupos redondeados de brotes y flores en la parte superior de los tallos altos. Los antiguos egipcios usaban su fibra para elaborar velas de barco y otros elementos de uso diario. El más importante era un tipo de papel grueso que se podía utilizar para escribir y conservar registros. Por eso el papiro se cultivó tanto en el antiguo Egipto.

### CAÑA DE AZÚCAR
*Saccharum officinarum*

**Localización:** India, sudeste asiático; actualmente cultivada por todo el mundo, especialmente en el Caribe

**Altura:** hasta 6 m, hojas de hasta 1,5 m de longitud

La caña de azúcar es una gran gramínea parecida al bambú que almacena azúcar en su tallo. Se cultiva extensivamente porque es el origen principal del azúcar blanco, que se fabrica moliendo los tallos para extraer el jugo, que después se hierve hasta convertirlo en jarabe y se enfría para que forme cristales.

# Palmeras

**Casi todas las palmeras son plantas tropicales de hojas perennes divididas en frondas. Aunque muchas son árboles, son parientes de las gramíneas.**

Su nombre se debe a la forma de sus hojas, que a veces crecen en forma de mano abierta, aunque a menudo recuerda más a una pluma, con sus hojuelas a ambos lados del pírgano central. Al contrario que las plantas leñosas, sus tallos no se hacen más anchos con la edad, por lo que tienden a ser altas y finas, con un tronco desnudo y una corona de frondas en su parte superior. Otros tipos crecen en forma de arbustos o como trepadoras en selvas.

## PALMERA DATILERA
*Phoenix dactylifera*

**Localización:** norte de África, Oriente Medio; actualmente se cultiva en Asia y América

**Altura:** hasta 30 m, hojas de hasta 6 m de longitud

Las duras bases fibrosas de las hojas de esta planta del desierto se quedan unidas al tronco a medida que crece, lo que le da un aspecto rugoso, parecido a una piña. La palmera datilera, una de las primeras plantas en cultivarse, lleva miles de años creciendo en los oasis de desiertos de Oriente Medio. Los dátiles dulces y pegajosos que produce ayudaban a los intrépidos que cruzaban el desierto en camello.

**Hojas impermeables**
Las hojas tienen una capa cerosa e impermeable para conservar el agua.

## COCOTERO
*Cocos nucifera*

**Localización:** probablemente original del sudeste asiático y Australasia; actualmente por todas las regiones tropicales del mundo

**Altura:** hasta 30 m, hojas de hasta 6 m de longitud

El cocotero crece en playas tropicales. Su fruto flota en el mar y tiene una gruesa corteza fibrosa que evita que el agua salada llegue a la única semilla (coco) que tiene en el interior. Las corrientes pueden llevar a la deriva a los cocos de una playa a otra y así la planta coloniza varias islas tropicales.

## PALMA ACEITERA
*Elaeis guineensis*

**Localización:** África, sudeste asiático

**Altura:** hasta 20 m, hojas de hasta 5 m de longitud

Sus frutos son del tamaño de una ciruela y están llenos de un aceite que se emplea desde la alimentación hasta la cosmética o los combustibles. Se cultiva en grandes plantaciones del sudeste asiático que antes ocupaban selvas tropicales. La proliferación de este cultivo ha provocado el declive de muchas especies que habitaban en la selva tropical, como el orangután.

**NUEZ DE LA PALMA ACEITERA**

**PLANTACIÓN DE PALMA ACEITERA**

## PALMERA CHINA DE ABANICO
*Trachycarpus fortunei*

**Localización:** China, Japón y sudeste asiático; plantada en todo el mundo

**Altura:** hasta 30 m, hojas de hasta 1,8 m de longitud

No todas las palmeras son tropicales. Una de las especies que tolera mejor el frío es la palmera de abanico, capaz de resistir temperaturas de hasta -20 °C. Es una popular planta de jardín en Europa; en Suiza ha proliferado en la naturaleza.

**30** el reino vegetal ∘ **TREPADORAS Y RASTRERAS**

La vid es una planta trepadora que se ha cultivado durante **más de 8000 años**.

# Trepadoras y rastreras

**Las trepadoras y rastreras incluyen muchas plantas diferentes, que tienen, como mínimo, una cosa en común: se encaraman a otros objetos para llegar a la luz.**

Todas las plantas trepadoras tienen el mismo objetivo: conseguir la máxima luz del sol posible sin perder tiempo ni energía haciendo crecer un grueso tallo leñoso para sostenerse. No tienen problemas en pisar otras plantas o arrastrarse por el suelo y agarrarse con ganchos, ventosas y tallos que se enroscan. Echan brotes que, con el sentido del tacto, exploran el entorno y crecen rápidamente, a menudo aplastando a otras plantas.

**Vaina**
Las vainas aparecen tras la polinización de las flores.

**Zarcillos**
Los zarcillos, sensibles al tacto, penden en pequeñas espirales hasta encontrar otras plantas.

## GUISANTE
*Pisum sativum*
**Localización:** autóctono del Mediterráneo; actualmente se cultiva en todo el mundo
**Longitud:** hasta 1,5 m

El guisante utiliza unas extensiones de las hojas que parecen hilos, los zarcillos, para agarrarse a las otras plantas. Estos zarcillos crecen desde las hojas más exteriores y se balancean lentamente en el aire hasta que tocan un tallo, momento en el que lo rodean y lo aprietan. Los guisantes se han seleccionado durante siglos hasta ser la planta de cultivo que comemos hoy.

**Atrapado**
Tras hacer contacto, el zarcillo se enrolla con firmeza alrededor del soporte.

## PARRA VIRGEN
*Parthenocissus quinquefolia*
**Localización:** autóctona de Norteamérica; plantada en todo el mundo como ornamental
**Longitud:** hasta 30 m

La parra virgen usa unos zarcillos equipados con puntas pegadizas para trepar por troncos de árbol, rocas y paredes. A veces se planta al lado de edificios, que acaba cubriendo con su denso follaje. Las hojas se vuelven rojas en otoño antes de caer.

## PALMA DE RATÁN
*Calamus*
**Localización:** Asia y África tropical
**Longitud:** hasta 200 m

Las palmas de ratán avanzan por las selvas tropicales usando anillos de afiladas espinas para pegarse a otras plantas. Hay cientos de especies y algunas tienen las espinas tan afiladas que pueden perforar la suela de un zapato. Los tallos de los ratanes se aprovechan para crear muebles.

Existen como mínimo cinco especies de plantas trepadoras que crecen **a una velocidad pasmosa**.

## BUGANVILLA
*Bougainvillea spectabilis*

**Localización:** autóctona de Sudamérica; plantada en todo el mundo

**Longitud:** hasta 12 m

Esta espectacular planta tiene unas grandes espinas curvadas que se aferran a otras plantas o rocas para encaramarse hacia la luz del sol, donde abren sus minúsculas flores blancas, cada una rodeada por tres brácteas (hojas modificadas) de color rosa chillón.

**Espinas curvadas**
Las afiladas espinas se enganchan a todo tipo de superficies, lo que permite a los tallos crecer hasta los 12 m de largo.

## GLICINIA
*Wisteria sinensis*

**Localización:** autóctona de China; actualmente muy plantada en países templados como ornamental

**Longitud:** hasta 30 m

Las largas lianas leñosas de la glicinia se enrollan a otras plantas, lo que le permite encaramarse a árboles y alcanzar una altura fenomenal. Es una planta de jardín popular; a menudo se instalan cables en paredes cercanas para que se encarame y cree un espectáculo de flores en primavera.

**Jardín colgante**
Las aromáticas flores de la glicinia cuelgan de sus lianas en racimos densos.

**Brácteas que parecen pétalos**
Unas coloridas brácteas rodean y protegen las pequeñas flores tubulares del interior.

## UÑA DE GATO
*Dolichandra unguis-cati*

**Localización:** autóctona de Sudamérica y América Central, invasora en Australia, el sur de África y Asia

**Longitud:** hasta 30 m

La uña de gato tiene unos zarcillos en forma de pequeños garfios que se aferran a cualquier cosa que toquen, mientras que sus raíces aéreas mantienen a los tallos en su lugar. Con esta combinación, la planta crece con agresividad por encima de otros arbustos y árboles para llegar a la luz del sol.

## LUFA EGIPCIA
*Luffa aegyptiaca*

**Localización:** sur de Asia; actualmente muy cultivada en climas tropicales

**Longitud:** hasta 3 m

La lufa, un pariente de los pepinos y los calabacines, es una trepadora indómita. Sus zarcillos en espiral se mueven con brío para que la planta llegue a la luz del sol, gracias a la cual se desarrollarán sus flores y frutos. Estos se pueden comer cuando son tiernos.

**Esponja natural**
El fruto de la lufa se puede secar para elaborar una especie de esponja para exfoliar la piel.

**FRUTO DE LA LUFA**

## NENÚFAR AMARILLO
*Nuphar lutea*

**Localización:** partes de Europa, partes de Norteamérica y Asia occidental

**Tamaño:** hojas de hasta 40 cm de ancho

Las hojas y tallos del nenúfar amarillo contienen espacios de aire que, además de ayudar a flotar, también transportan oxígeno hasta las raíces que tiene enterradas en el barro profundo. Casi toda la planta muere cada invierno, pero los rizomas (los tallos subterráneos) sobreviven hasta la primavera, a no ser que se los coman los alces o los castores. Las flores aparecen a los tres años de edad de la planta; las semillas se dispersan por la superficie del agua.

**Hojas flotantes**
Las grandes hojas ovaladas flotan en la superficie para capturar tanta luz solar como sea posible.

## HIERBA CINTA
*Vallisneria spiralis*

**Localización:** hábitats de agua dulce en climas cálidos tropicales y subtropicales

**Tamaño:** hojas de hasta 1 m de largo

Las alargadas hojas onduladas de la hierba cinta forman exuberantes prados acuáticos en charcas y lagos. Las flores macho y hembra crecen en plantas separadas. Las flores macho se desenganchan y flotan hasta la superficie para liberar el polen. Las flores hembra suben en largos tallos en espiral que vuelven a bajar tras la polinización.

# Plantas acuáticas

**Aunque la mayoría de las plantas viven en tierra firme, algunas se han adaptado para estar, parcial o totalmente, sumergidas bajo el agua.**

Las plantas acuáticas se enfrentan a unos retos diferentes a los de las plantas que viven en tierra firme. La luz del sol es más débil bajo el agua, por lo que las plantas acuáticas suelen tener hojas flotantes para asegurarse de que reciban suficiente luz. El agua ya ayuda a sostenerse, por lo que no es necesario tener tallos leñosos. No obstante, las corrientes potentes pueden arrastrar a las plantas si no están bien ancladas, y los tallos tienen que ser más flexibles para adaptarse al movimiento del agua. Muchas plantas acuáticas dependen de insectos voladores para que las polinicen y, por lo tanto, deben sacar sus flores por encima del nivel del agua.

## VICTORIA REGIA
*Victoria amazonica*

**Localización:** Sudamérica

**Tamaño:** hojas de hasta 3 m de ancho, tallos de hasta 7 m

Los nenúfares más grandes del mundo tienen unas gigantescas hojas flotantes capaces de soportar el peso de una persona. Las hojas crecen muy rápidamente desde las yemas, cada día pueden aumentar hasta 50 cm de ancho y desplazar a otras plantas competidoras. Igual de espectaculares son sus flores, enormes y con aroma a piña. Son blancas cuando se abren, se cierran para atrapar a los escarabajos polinizadores y se tornan rosas antes de abrirse de nuevo.

**Arrugas por debajo**
Las burbujas de aire que suben por el agua quedan atrapadas en una red de arrugas en la cara inferior de la hoja, que flota así.

A pesar de vivir en el agua, **las plantas marinas se clasifican como algas** y no como plantas acuáticas.

La aldrovanda es una **planta acuática carnívora** que usa trampas para atrapar insectos como la venus atrapamoscas.

**33**

# RANÚNCULO ACUÁTICO
*Ranunculus peltatus*

**Localización:** Asia, Europa y norte de África

**Tamaño:** brotes de hasta 2 m

Este pariente cercano del ranúnculo terrestre crece en arroyos y charcas. Tiene dos tipos de hojas diferentes: las hojas bajo el agua son plumadas para dejar que el agua pase a través, y las hojas redondas que flotan en la superficie.

**Flores prominentes**
Las grandes flores blancas sobresalen mucho del agua para atraer a las abejas.

Hojas flotantes redondeadas

Hojas plumadas bajo el agua

# OREJA DE AGUA
*Salvinia auriculata*

**Localización:** México y Sudamérica tropical; introducida en África y Europa

**Tamaño:** hojas de 3-5 cm de largo

La oreja de agua es un helecho flotante. Sus hojas crecen en grupos de tres, una cuelga en el agua como si fuera una raíz y las otras dos se mantienen sobre la superficie gracias a unos pelos que repelen el agua. Como muchas plantas acuáticas tropicales, prolifera con rapidez y puede detener cursos de agua.

# MORDISCO DE RANA
*Hydrocharis morsus-ranae*

**Localización:** partes de Europa y oeste de Asia; invasora en Norteamérica

**Tamaño:** hojas de 3-5 cm de ancho

El mordisco de rana es como un nenúfar pequeño. En invierno descansa en forma de yema en el fondo de las charcas, y en primavera flota en la superficie, donde abre sus hojas redondas. Las raíces cuelgan por debajo y no tocan el suelo. El mordisco de rana se reproduce asexualmente clonándose. Prolifera rápidamente por el agua y se considera una peste invasora en los Grandes Lagos de Norteamérica.

Las flores con tres pétalos blancos aparecen en verano.

# POSIDONIA
*Posidonia oceanica*

**Localización:** norte de África y sur de Europa

**Tamaño:** hojas estrechas de hasta 1 m de largo

Las posidonias son las únicas plantas con flor que crecen en el mar. Viven completamente sumergidas en las aguas costeras poco profundas, donde forman ricas praderas. Los ecosistemas de esta planta ofrecen alimento y cobijo a muchos animales, desde peces, gambas y cangrejos hasta tortugas y manatís. No obstante, son muy sensibles a la actividad humana y cada año se pierde un 1,5 por ciento de estas plantas de todo el mundo.

# JACINTO DE AGUA
*Pontederia crassipes*

**Localización:** autóctono de Sudamérica, pero invasor de muchos cursos de agua tropicales

**Tamaño:** hojas de 10-20 cm de ancho

El jacinto de agua aprovecha sus tallos llenos de aire para flotar en la superficie de charcas, lagos y ríos con las raíces colgando sueltas. Prolifera a gran velocidad clonándose y puede detener ríos y cubrir descomunales áreas de lagos. Esta planta antiguamente se cultivaba por sus flores malva, y se ha introducido en muchos países, donde se ha convertido en un gran problema.

# Victoria regia

**Las hojas indivisas más grandes del mundo  son las de la victoria regia de Sudamérica. Sus venas le dan robustez y le permiten alcanzar ese gran tamaño.**

El dorso de sus hojas tiene una trama de venas cubiertas de espinas para ahuyentar a los animales. Las venas parten del centro y están unidas por nervios transversales que crean cavidades para atrapar el aire. El resultado es una estructura llena de aire capaz de soportar el peso de un adulto, pero solo si está desplegada: el tejido es fino y se rompe con facilidad.

# CRECER Y ALIMENTARSE

Todos los organismos necesitan alimento, que les aporta la energía para que sus células vivan y la materia prima para crecer. Los animales obtienen su alimento comiendo otros organismos, pero las plantas crean su propio alimento con solo tres ingredientes: agua, aire y la energía de la luz solar.

# Cómo funcionan las plantas

**Las plantas utilizan la fotosíntesis para transformar la energía de la luz del sol en la energía química de los alimentos.**

La mayoría de las plantas tienen necesidades simples: aire, agua, luz del sol y algunos elementos esenciales. Con todo ello, pueden sintetizar miles de diferentes moléculas orgánicas y fabricar las células que necesitan para crecer. Igual que todos los seres vivos, las plantas se enfrentan a retos continuos en su lucha por sobrevivir y reproducirse. Deben crecer y adaptarse a su entorno, cambiar con las estaciones, superar sequías, olas de calor y climas gélidos, y defenderse de animales hambrientos. Y todo esto lo hacen sin que parezca que se muevan o realicen el más mínimo esfuerzo.

## ALIMENTO Y ENERGÍA

Los organismos vivos necesitan alimento, que les proporciona energía para las reacciones químicas del interior de las células. Los alimentos también aportan la materia prima necesaria para crear nuevas células cuando un organismo crece. Los animales y los hongos obtienen su alimento a partir de otros organismos o material en descomposición; las plantas, en cambio, lo crean con la fotosíntesis. También liberan la energía de los alimentos de la misma manera que los animales: a través de la respiración.

### Fotosíntesis

La fotosíntesis usa la energía de la luz solar para crear glucosa, un azúcar, a partir de dióxido de carbono y agua, y libera oxígeno como producto residual. La fotosíntesis solo tiene lugar durante el día y requiere un aporte constante de agua y dióxido de carbono.

Agua    Glucosa

$$6H_2O + 6CO_2 + \text{LUZ SOLAR} \longrightarrow C_6H_{12}O_6 + 6O_2$$

Dióxido de carbono    Oxígeno

### Respiración

La respiración es lo contrario a la fotosíntesis, pues descompone las moléculas de glucosa para liberar energía. Produce dos residuos: dióxido de carbono y agua. La respiración tiene lugar en todos los animales y las plantas, y requiere un suministro constante de oxígeno.

Glucosa    Dióxido de carbono

$$C_6H_{12}O_6 + 6O_2 \longrightarrow 6CO_2 + 6H_2O + \text{ENERGÍA}$$

Oxígeno    Agua

## USO DEL AZÚCAR

La glucosa creada a través de la fotosíntesis se puede aprovechar de varias maneras. Una parte se utiliza directamente para alimentar reacciones químicas que precisan de energía, pero la mayor parte se convierte en otras sustancias.

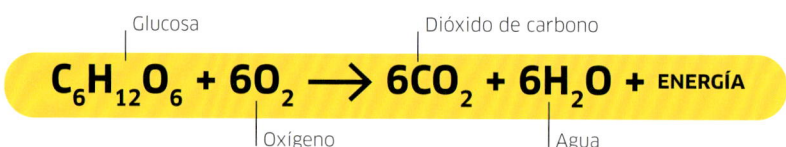

**Celulosa**
Algunas moléculas de glucosa se unen en complejas cadenas para formar la celulosa, una sustancia fibrosa que componen las paredes celulares.

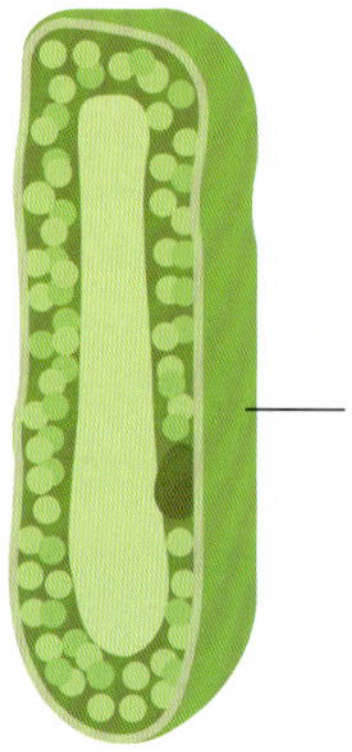

Pared celular

**Energía**
Las mitocondrias, unas minúsculas estructuras que todas las células tienen en su interior, liberan la energía química de la glucosa.

**Almidón**
El almidón se crea con el exceso de glucosa. Está compuesto por cadenas de moléculas de glucosa y se almacena en hojas, raíces y órganos de reserva, como las patatas.

**Grasas y aceites**
La glucosa también se puede utilizar para crear grasas y aceites, que ocupan menos espacio que el almidón y sirven como reserva de energía en las semillas.

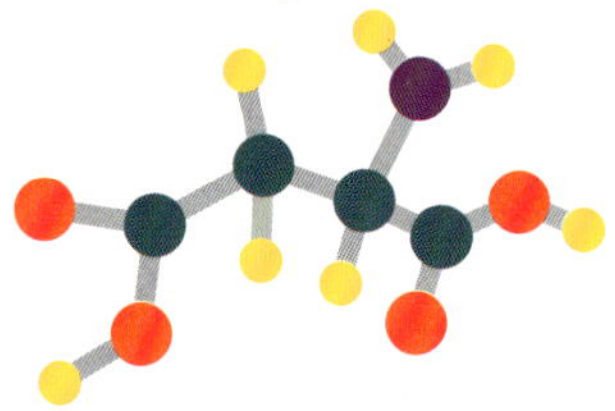

**Aminoácidos**
Las plantas combinan la glucosa con el nitrógeno de los minerales del suelo para crear aminoácidos, que son las piezas básicas para crear todas las proteínas.

**Sacarosa**
Parte de la glucosa se utiliza para elaborar el azúcar sacarosa, que se transporta por los vasos del floema a otras partes de la planta que necesiten energía.

Las plantas pueden saber **qué hora es** a partir de su nivel de azúcar.

Una célula vegetal típica tiene **10-100 cloroplastos**.

**39**

# CÓMO CRECEN LAS PLANTAS

A diferencia de los animales, que alcanzan un tamaño concreto y se convierten en adultos, las plantas crecen continuamente. Para ello van añadiendo unidades repetidas; cada una cuenta con una yema capaz de formar una nueva unidad. Si una parte se rompe, o alguien se la come, vuelve a crecer. Unas células especiales (células madre) que están por toda la planta generan nuevas raíces, brotes, hojas o flores, según sea necesario. En invierno muchas plantas dejan morir todo lo que queda por encima del suelo para volver a crecer al llegar la primavera.

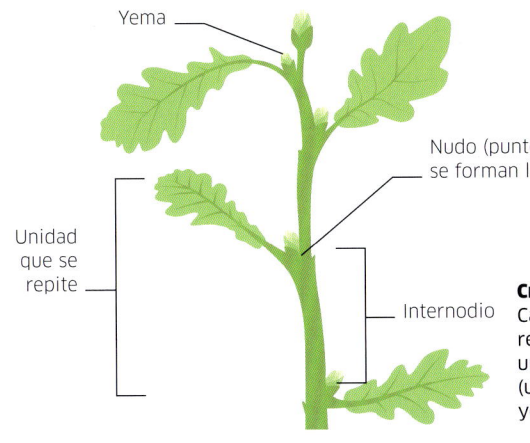

Yema

Nudo (punto en el que se forman las yemas)

Unidad que se repite

Internodio

**Crecimiento**
Cada unidad que se repite consiste en un tramo de tallo (un internodio), una yema y una hoja.

## Velocidad de crecimiento

La velocidad a la que crecen las plantas varía enormemente y depende de la estación, del clima y del tipo de planta. En lugares muy secos o fríos, las plantas pueden crecer a una velocidad increíblemente lenta, pero quizá sobreviven cientos o incluso miles de años. Otras plantas crecen muy deprisa, pero viven poco tiempo.

**Cactus**
En los desiertos, los cactus llegan a crecer solo 1 cm por año, por la falta de agua y nutrientes.

**Alcantarea**
La planta que crece más lenta es la alcantarea de Bolivia, Sudamérica. Florece a los 80 años de edad, y a continuación muere.

**Espárrago**
La esparraguera puede tardar hasta seis años en crecer desde que se planta su semilla.

**Kudzu**
La liana de kudzu, en Asia oriental, crece a una velocidad de 30 cm al día.

**Bambú**
La planta de crecimiento más rápido es un tipo de bambú. Puede crecer 4 cm de alto en tan solo una hora.

# ELEMENTOS ESENCIALES

Además de necesitar agua y dióxido de carbono, las plantas precisan pequeñas cantidades de algunos elementos para elaborar proteínas y otras sustancias orgánicas esenciales. Obtienen estos elementos del suelo.

Potasio puro en un recipiente de cristal sin aire

**Potasio**
Este elemento ayuda a las plantas a transportar alimento y agua. También refuerza las paredes celulares y ayuda a las plantas a retener agua en momentos de sequía.

Cristales de azufre

Gas de nitrógeno puro en una esfera de cristal

Cristales púrpura de apatito, un mineral rico en fósforo

**Azufre**
Este elemento se utiliza para crear proteínas. Ayuda en la formación de semillas y a resistir enfermedades, y mejora la supervivencia durante el invierno.

**Nitrógeno**
El nitrógeno es vital para el crecimiento. Las plantas utilizan el nitrógeno para elaborar proteínas, ADN y clorofila.

Cobre natural

**Cobre**
El cobre es necesario para que las plantas creen proteínas y crezcan. Su carencia puede provocar enfermedades.

**Hierro**
Este metal se utiliza para crear clorofila y ayudar al funcionamiento de las enzimas y la división celular. Su carencia hace que las hojas se tornen amarillas y haya menos frutos.

**Fósforo**
El fósforo es importante durante el primer crecimiento de las plantas. Promueve el desarrollo de las raíces, la floración y la maduración de los frutos.

**Magnesio**
Las plantas necesitan el magnesio para elaborar la clorofila. Sin magnesio no pueden realizar la fotosíntesis.

**40**  crecer y alimentarse ○ **NACE UNA PLANTA**

Las semillas de lechuga germinan en dos días, pero las del lirio de agua pueden tardar **hasta seis meses**.

# Nace una planta

**Para llegar a ser una planta, la semilla debe sufrir muchos cambios. La primera etapa es convertirse en una plántula, lo que ya requiere contar con unas condiciones idóneas.**

La semilla contiene todo lo que necesita una planta nueva para empezar la vida. Tiene una cáscara para evitar que se seque, un embrión que es el principio de una nueva planta, y una reserva de alimento para que el embrión pueda crecer. Incluso con todo esto, la semilla todavía necesita agua y oxígeno para germinar, y luz y calor para crecer. Hasta entonces, continúa viva pero durmiente (inactiva).

## Una semilla por dentro

Cada semilla cuenta con una reserva de alimento para poder crecer antes de recibir luz. Algunas tienen un área de reserva de alimento conocida como endospermo, mientras que otras tienen estas reservas en uno o dos grandes lóbulos conocidos como cotiledones, que se convierten en simples hojas redondeadas («hojas embrionarias»). Cuanto mayor sea la reserva, más rápido se desarrolla la planta joven. La semilla también contiene el rejo (radículo, o raíz principal); un hipocótilo (tallo), y una plúmula (el brote con las primeras hojas verdaderas).

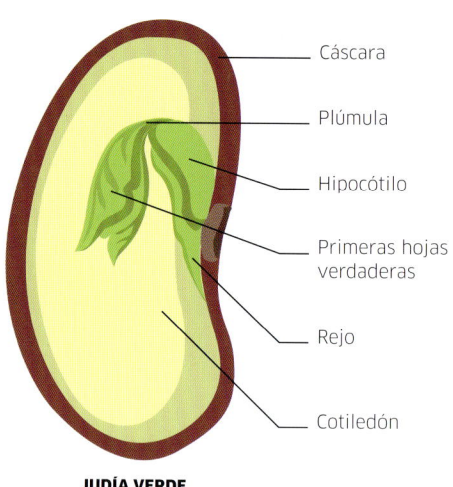

Cáscara

Plúmula

Hipocótilo

Primeras hojas verdaderas

Rejo

Cotiledón

**JUDÍA VERDE**

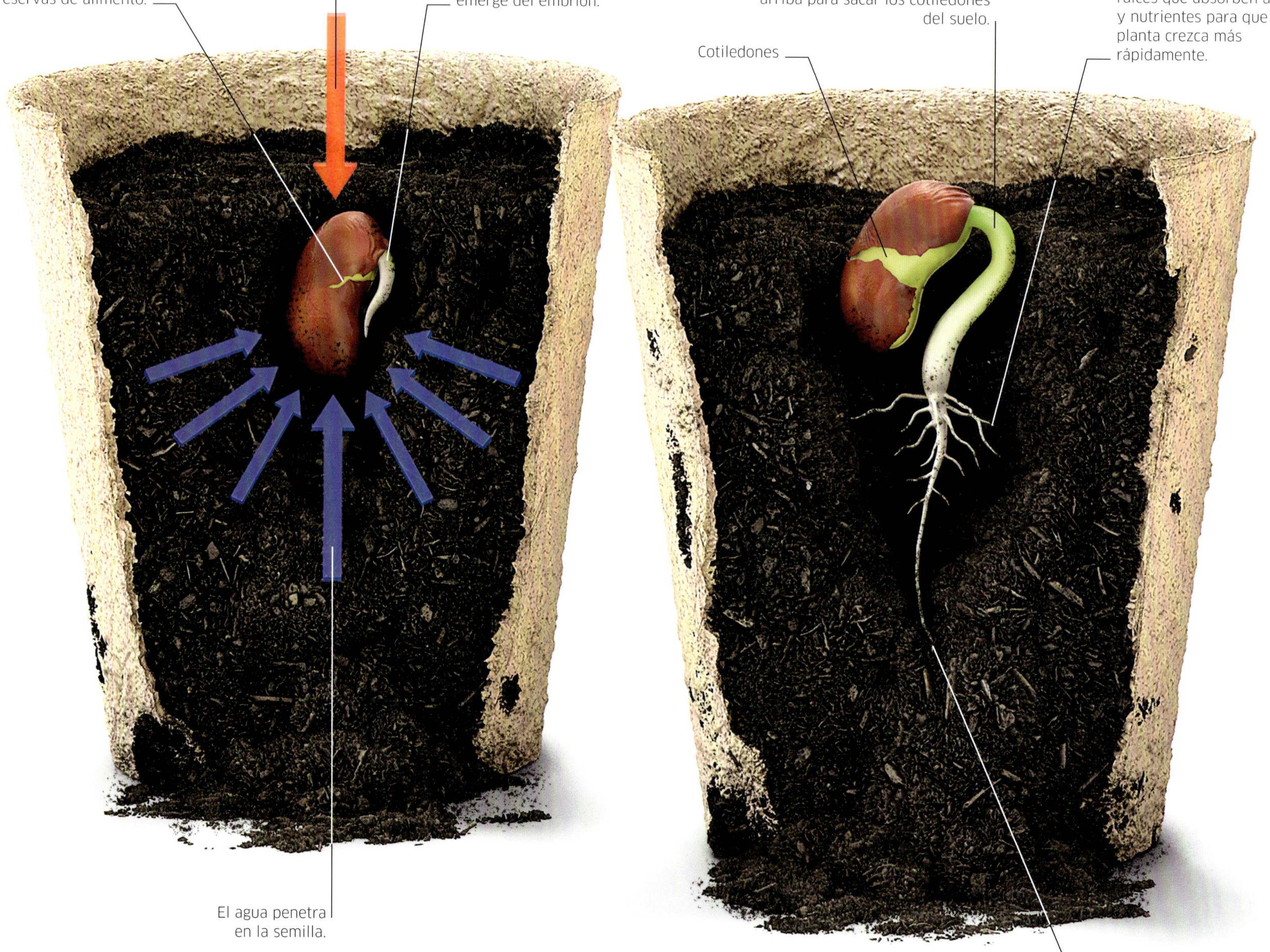

---

La cáscara se hincha y se parte al absorber agua, que penetra en las reservas de alimento.

Las células del embrión se multiplican y crecen al penetrar el oxígeno en la semilla.

El rejo (raíz principal) emerge del embrión.

El hipocótilo adopta una forma de gancho y hace presión hacia arriba para sacar los cotiledones del suelo.

Las raicillas del rejo crecen hasta ser nuevas raíces que absorben agua y nutrientes para que la planta crezca más rápidamente.

Cotiledones

El agua penetra en la semilla.

**1 Desarrollo del embrión**
El agua se filtra en la cáscara y empieza a estimular al embrión del interior para que empiece su desarrollo. Activa unos procesos químicos que modifican la reserva de hidratos de carbono, proteínas y aceites para que puedan usarse para el crecimiento.

**2 Primeras raíces**
El rejo ejerce presión en el terreno y fija la nueva planta en su lugar. Simultáneamente, la plúmula (brote) rompe la cáscara y empuja para salir de la tierra.

El rejo crece y se aleja de la luz siguiendo la gravedad; así la joven raíz queda a una mayor profundidad.

Las semillas de la persoonia de hojas largas, de Australia, germinarán con más facilidad si algún emú se las ha **comido y las ha expulsado en sus excrementos**.

41

## Etapas de la germinación

El proceso por el que una semilla, como esta judía verde, se convierte en una planta nueva se conoce como germinación. A las semillas solo les hacen falta tres cosas para germinar: agua, oxígeno y calor. Cuando las primeras hojas aparecen, la planta joven también necesita luz.

El nuevo crecimiento avanza a partir de la punta del brote.

Primer par de hojas verdaderas

La cáscara se cae cuando los cotiledones salen del suelo.

Primeras hojas verdaderas

Cotiledón

Hipocótilo

Pecíolo

Tallo

Los cotiledones se marchitan al agotarse la reserva de alimento de su interior.

### 4 Crecimiento de la plántula
Las nuevas hojas aparecen en el punto vegetativo de la parte superior del brote. A medida que crecen, la plántula empieza a conseguir más alimento a través de la fotosíntesis que de los cotiledones, que se marchitan y se caen.

Las raíces crecen hacia las profundidades buscando agua y nutrientes.

### 3 Primeras hojas verdaderas
Emergen las primeras hojas verdaderas cuando la plúmula se separa de los cotiledones. Crecen rápidamente gracias a la reserva de alimento de los cotiledones.

### Inactividad
Las semillas pueden estar durmientes (inactivas, pero vivas) durante meses o incluso años antes de germinar. Muchas permanecen durmientes durante el invierno, hasta que la temperatura y el nivel de luz aumentan en primavera. En algunos casos tienen que vivir un periodo de frío para que se produzca la germinación. Algunas semillas no crecerán hasta que hayan pasado por el intestino de algún animal o sufrido los estragos del fuego. Gracias a la capacidad de las semillas de estar inactivas, los científicos pueden conservar especies vegetales raras en bancos de semillas. El Banco Mundial de Semillas de Svalbard, Noruega (derecha) conserva semillas de más de un millón de variedades de cultivo a temperaturas bajo cero a modo de reserva para proteger la diversidad en el suministro de alimentos del planeta.

# Meristemos

**Nosotros dejamos de crecer a los 18 años, pero las plantas nunca dejan de hacerlo. Pueden producir nuevos tejidos, órganos e incluso clones enteros en cualquier momento.**

Las nuevas partes de una planta crecen a partir de células madre, células no especializadas capaces de dividirse y producir cualquier tipo de célula, como las de tallos, hojas, raíces o flores. Aparecen en unas regiones conocidas como meristemos, que se hallan en el interior de las yemas, en las puntas de los brotes y las raíces, y en las áreas de crecimiento de los tallos. El meristemo tiene la capacidad de convertirse en una nueva planta completa; así es como se pueden reproducir plantas por esquejes.

## Una yema por dentro

En otoño, los árboles de hoja caduca como los plátanos dejan de crecer y pierden las hojas. En la punta de cada ramita se forma una yema alrededor del meristemo. En el interior de la yema se desarrollan unas minúsculas hojas y flores apretujadas en capas. En primavera, la yema se abre y las hojas se despliegan y empiezan a crecer rápidamente.

## Pinzado

En muchas plantas, el meristemo superior libera unas sustancias químicas que se conocen como hormonas y que inhiben los meristemos de las yemas laterales para que no se conviertan en ramas. A veces, los jardineros «pinzan» la yema superior para estimular el crecimiento de las yemas laterales y obtener una planta más frondosa.

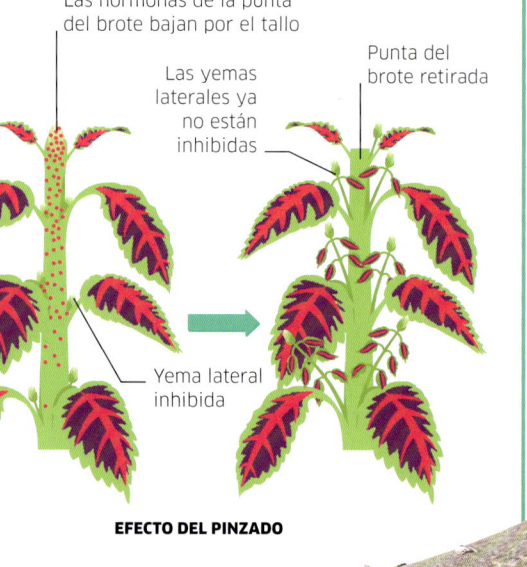

Las hormonas de la punta del brote bajan por el tallo

Las yemas laterales ya no están inhibidas

Punta del brote retirada

Yema lateral inhibida

**EFECTO DEL PINZADO**

**Escamas de la yema**
Una cubierta de escamas apretadas protege las hojas primigenias del interior. Las escamas se caen al abrirse la yema.

**Hojas primigenias**
Las hojas poco desarrolladas se envuelven las unas a las otras como las capas de hojas de los repollos.

**Inflorescencia**
Esta yema contiene los inicios de las flores que emergerán después de que se abran las hojas.

**Médula**
La yema tiene un tipo de tejido blando y esponjoso en la base, la médula, que le ayuda a sostenerse.

Cada año **crece un nuevo anillo** de madera en el tronco de los árboles gracias al tejido del meristemo que tienen bajo la corteza.

Los repollos y las coles de Bruselas son **gigantescas yemas de hojas**.

**43**

**1 Se abre la yema**
El clima más cálido y los días más largos estimulan la apertura de las yemas cuando llega la primavera. Las hojas de su interior se hinchan con el agua y separan las escamas.

**2 Salen las hojas**
Las hojas se abren camino para salir de la yema y emerger a la plena luz del sol. Empiezan a realizar la fotosíntesis, lo que les permite crecer más rápido.

Cabezuela

**3 Emergen las flores**
Los ramilletes con cientos de minúsculas flores verde amarillas emergen poco después que las hojas. Los insectos polinizarán las flores ricas en néctar.

**4 Las hojas se abren**
Las hojas en crecimiento se abren para captar más luz del sol y acelerar el crecimiento del árbol.

## Ubicaciones de los meristemos

La mayoría de las plantas tienen los meristemos en las puntas de los brotes y las raíces, y en el tallo. En estas imágenes al microscopio, las células de los meristemos se han tintado con color para que sea más fácil distinguirlas.

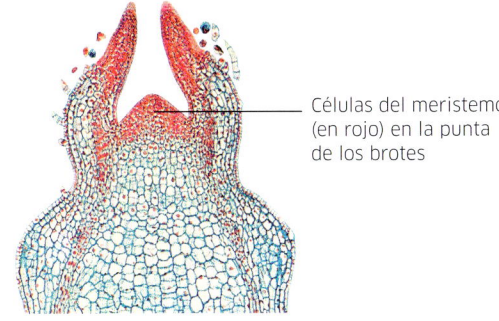

Células del meristemo (en rojo) en la punta de los brotes

**Puntas de los brotes**
Los meristemos de las puntas de los brotes y el interior de las yemas se conocen como meristemos apicales de los brotes. Están repletos de minúsculas células redondas que se dividen repetidamente. Las células pueden convertirse en hojas, yemas, ramas y flores.

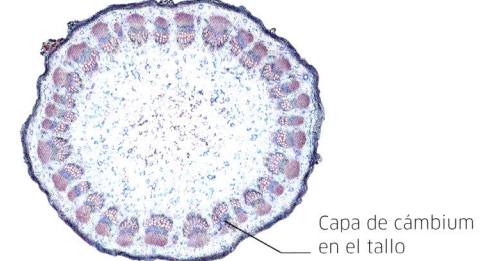

Capa de cámbium en el tallo

**En el tallo**
Los tallos de plantas y troncos de árbol se hacen más anchos con la edad gracias a un anillo de tejido meristemático denominado cámbium.

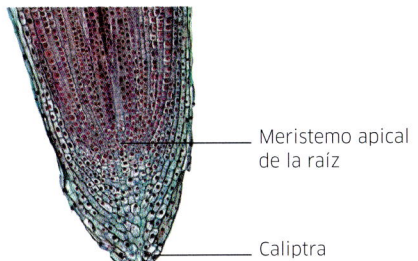

Meristemo apical de la raíz

Caliptra

**Puntas de las raíces**
Justo por debajo de las puntas de las raíces hay unas zonas de crecimiento conocidas como meristemos apicales de las raíces. Aquí, las células de división rápida alargan la raíz y hacen que gane profundidad. El meristemo de la raíz está protegido por una zona de células duras conocida como la caliptra.

## Cómo funciona el fototropismo

Las auxinas son hormonas de crecimiento que controlan la forma en que las plantas responden a la luz. Hacen que las células crezcan más rápido y que sus paredes se estiren más. Se producen en las puntas vegetativas de las plantas y bajan por todo el brote, pero se alejan de la luz y se concentran en la cara oscura.

**1. Crece recto**
Si la luz llega por arriba, las auxinas se reparten de manera uniforme. El brote crece a la misma velocidad por ambos lados y, por lo tanto, crece hacia arriba.

**2. Respuesta a la luz**
Cuando la luz llega por un lado, las auxinas se dirigen al lado contrario del brote.

**3. El brote se dobla**
Las células del lado oscuro crecen más rápidamente y hacen que el brote se doble hacia la luz.

**Segundo doblez**
Aquí la luz más potente llega por encima. La parte inferior del tallo crece más rápidamente y hace que el tallo se doble hacia arriba.

**Primer doblez**
Aquí la luz más potente llega por la derecha. Por eso la parte izquierda del tallo crece más rápidamente y dobla el tallo.

**Aparición de las hojas**
Cuando el brote llega a la luz del sol, el tallo deja de alargarse y aparecen las hojas.

**Respuesta a la gravedad**
Las raíces detectan la atracción de la gravedad. La raíz principal responde a la gravedad creciendo recta hacia abajo.

**Crecimiento vertical**
Tras germinar, la plántula crece directamente hacia arriba siguiendo la débil fuente de luz que queda encima.

Las cabezuelas de los **girasoles jóvenes siguen el sol** de este a oeste a medida que avanza el día.

En la baja gravedad de la Estación Espacial, las plantas crecen con las **raíces apuntando hacia la tierra** y los brotes creciendo hacia arriba.

**45**

# Respuesta al cambio

**Las plantas no se están quietas en el suelo y punto. Siempre se mueven, crecen, cambian y reaccionan al exterior, pero a menudo lo hacen tan lentamente que no nos damos cuenta.**

Fíjate en un guisante o una judía creciendo durante meses y verás cómo reaccionan al entorno. Tras crecer a toda velocidad hacia arriba en busca de luz, abre sus hojas al sol, saca zarcillos para encaramarse y saca flores y frutos en los momentos perfectos del año antes de inactivarse con la llegada del invierno. Varios aspectos ambientales, como la luz, la gravedad, la temperatura, el agua y el tacto, provocan estos cambios.

## Respuesta a la luz

Las semillas suelen germinar en lugares oscuros o a la sombra. Gracias a sus reservas de alimento incorporadas, crecen rápidamente buscando la luz del sol para poder empezar a realizar la fotosíntesis. Las plantas utilizan un truco sencillo para crecer hacia la luz: si tiene un lado del tallo más oscuro que el otro, el lado oscuro crece más rápido. Así el tallo se dobla para alejarse de la sombra y dirigirse hacia la luz. El cambio de crecimiento en respuesta a la luz recibe el nombre de fototropismo. Los brotes tienen fototropismo positivo, ya que crecen hacia la luz, mientras que las raíces tienen fototropismo negativo y crecen para alejarse de ella.

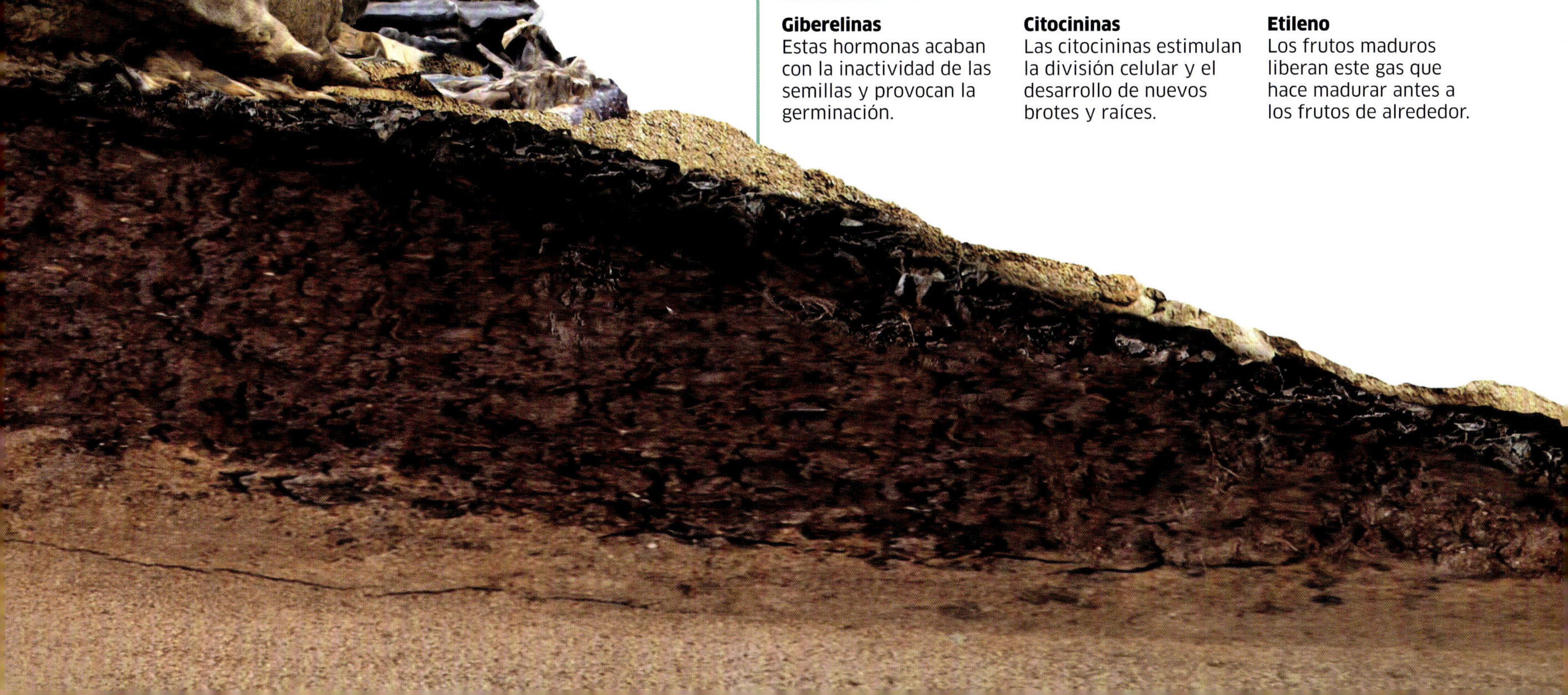

## Tropismos

Las respuestas a los factores físicos como la luz, la gravedad, el tacto y el agua se conocen como tropismos. Todas estas cosas pueden cambiar la dirección del crecimiento.

**Geotropismo**
La reacción a la fuerza de gravedad se llama geotropismo. Las raíces crecen siguiendo la atracción de la gravedad (geotropismo positivo), pero los brotes crecen en el sentido contrario (geotropismo negativo).

**Hidrotropismo**
La reacción al agua se llama hidrotropismo. Las raíces crecen hacia áreas con una mayor humedad (hidrotropismo positivo).

**Tigmotropismo**
La reacción al tacto recibe el nombre de tigmotropismo. Muchas plantas trepadoras tienen zarcillos sensibles al tacto que buscan objetos sólidos y después se enrollan a todo lo que tocan.

## Hormonas vegetales

Como los animales, las plantas elaboran hormonas, unas sustancias químicas que cambian y controlan cómo crecen y se desarrollan.

**Giberelinas**
Estas hormonas acaban con la inactividad de las semillas y provocan la germinación.

**Citocininas**
Las citocininas estimulan la división celular y el desarrollo de nuevos brotes y raíces.

**Etileno**
Los frutos maduros liberan este gas que hace madurar antes a los frutos de alrededor.

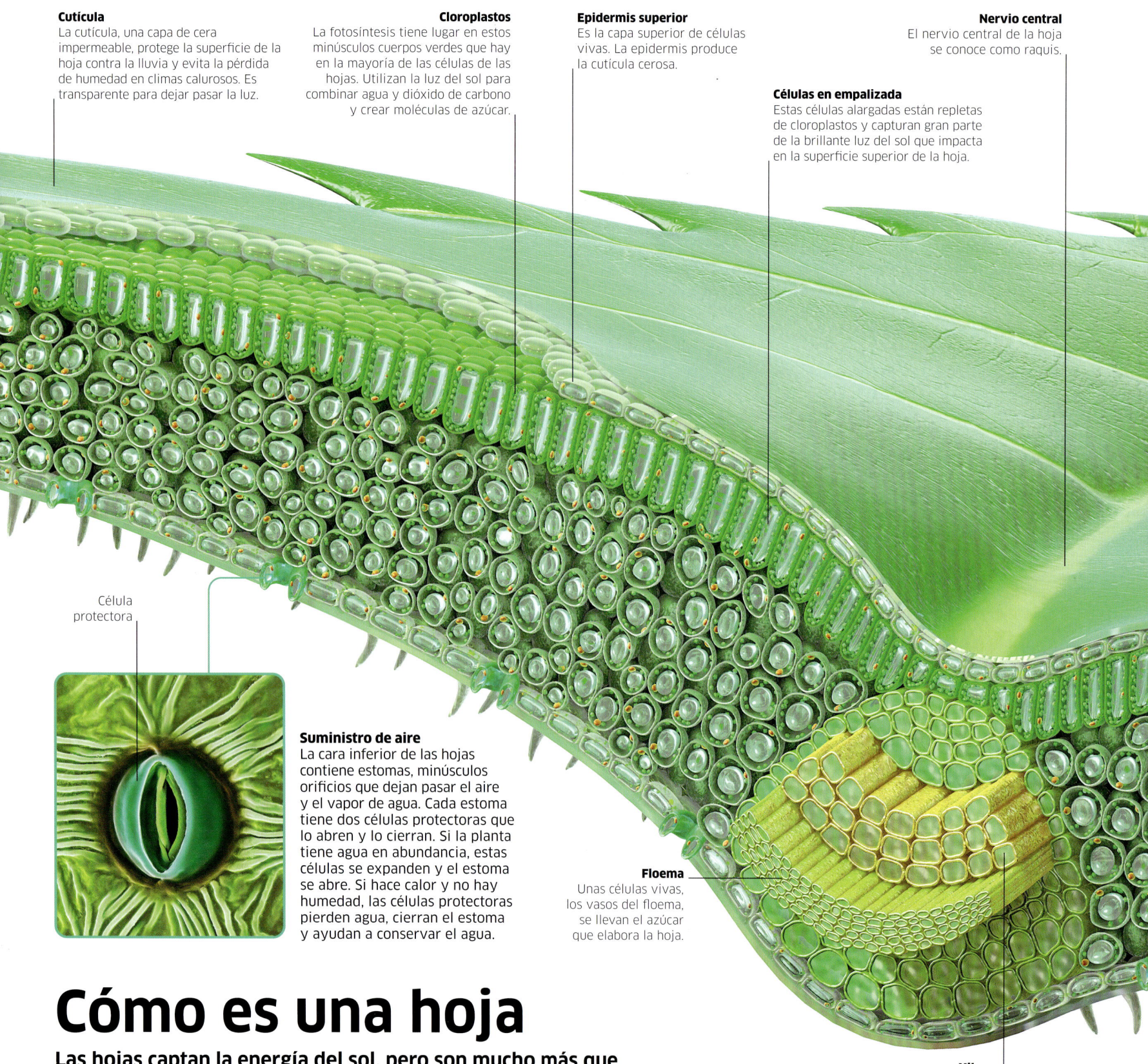

**Cutícula**
La cutícula, una capa de cera impermeable, protege la superficie de la hoja contra la lluvia y evita la pérdida de humedad en climas calurosos. Es transparente para dejar pasar la luz.

**Cloroplastos**
La fotosíntesis tiene lugar en estos minúsculos cuerpos verdes que hay en la mayoría de las células de las hojas. Utilizan la luz del sol para combinar agua y dióxido de carbono y crear moléculas de azúcar.

**Epidermis superior**
Es la capa superior de células vivas. La epidermis produce la cutícula cerosa.

**Nervio central**
El nervio central de la hoja se conoce como raquis.

**Células en empalizada**
Estas células alargadas están repletas de cloroplastos y capturan gran parte de la brillante luz del sol que impacta en la superficie superior de la hoja.

Célula protectora

**Suministro de aire**
La cara inferior de las hojas contiene estomas, minúsculos orificios que dejan pasar el aire y el vapor de agua. Cada estoma tiene dos células protectoras que lo abren y lo cierran. Si la planta tiene agua en abundancia, estas células se expanden y el estoma se abre. Si hace calor y no hay humedad, las células protectoras pierden agua, cierran el estoma y ayudan a conservar el agua.

**Floema**
Unas células vivas, los vasos del floema, se llevan el azúcar que elabora la hoja.

**Xilema**
Los vasos del xilema, unas células muertas en forma de tubo, llevan el agua de las raíces.

# Cómo es una hoja

**Las hojas captan la energía del sol, pero son mucho más que meras placas solares. Utilizan la luz para elaborar el alimento de la planta con aire y agua a través del proceso de la fotosíntesis.**

Las hojas tienen formas y tamaños diferentes para adaptarse a todos los entornos. Pueden ser anchas y planas, finas como agujas, gruesas y carnosas, o duras y escamosas. La enorme mayoría son verdes, pero también existen hojas amarillas, blancas, rojas, marrones o con una mezcla de colores (variegadas). Casi todas las hojas tienen las mismas partes básicas. Un tallo conocido como pecíolo une la hoja a la planta. La parte más ancha de una hoja es la lámina, y por el medio y de punta a punta de la hoja está el nervio central. De este nervio central parten nervios que proporcionan agua a la hoja.

## Estructura de una hoja

La hoja típica tiene dos capas protectoras, una superior y otra inferior, de lo que se conocen como células epidérmicas. Entre ambas capas hay otras dos capas de células, cuya función principal es realizar la fotosíntesis. Todas las células de una hoja pueden realizar la fotosíntesis, pero las capas superiores lo hacen mejor, ya que reciben la luz más brillante.

## Formas de las hojas

Los jardineros y los botánicos (estudiosos de las plantas) tienen nombres especiales para denominar las hojas según su forma. Así, una hoja compuesta está formada por un grupo de pequeñas hojuelas unidas a un tallo, mientras que una hoja simple tiene un solo pecíolo.

**SIMPLE**

**COMPUESTA**

**PALMADA (EN FORMA DE MANO)**

**LANCEOLADA**

**CORDADA**

**ORBICULAR**

**Pecíolo**
El tallo que une la hoja a la planta principal se conoce como pecíolo.

**Nervio**
Una red de nervios recorre el interior de las hojas para suministrar agua y minerales esenciales, y llevarse los azúcares. Estos nervios hacen las veces de esqueleto, junto con el nervio central.

**Mesófilo esponjoso**
Estas células están poco apretadas y tienen espacios de aire entre ellas, lo que permite que el aire circule por el interior de la hoja y puedan salir el vapor de agua y los gases residuales.

**Tricomas**
Los tricomas, unas estructuras con forma de pelos sobre las hojas y los tallos, protegen a la planta de los herbívoros. También ayudan a reducir la evaporación y aíslan en caso de helada.

**Epidermis inferior**
Es la capa inferior de células vivas. El envés de la hoja suele ser más delicado que el haz, ya que su cutícula es más fina.

**48** crecer y alimentarse ○ **CÉLULAS VEGETALES**

La típica célula vegetal tiene una longitud de entre una **décima** y **una centésima** de milímetro.

# Células vegetales

**Las células vegetales se parecen a las de los animales, pero tienen más elementos, como una pared celular gruesa, una reserva de líquido y los cloroplastos para la fotosíntesis.**

Las plantas deben parte de su fortaleza estructural a la constitución de sus células. Cada célula tiene una gran vacuola central que almacena líquido y la mantiene hinchada. La rígida pared exterior conserva la forma de la célula y evita que se rompa cuando la vacuola crece. Igual que todas las células vivas, las vegetales contienen unas estructuras diminutas, los orgánulos, que realizan funciones concretas, desde almacenar genes o fabricar proteínas hasta captar la luz del sol. Las células de las diferentes partes de la planta tienen formas, tamaños y funciones distintas. Las de las hojas están repletas de cloroplastos para la fotosíntesis, mientras que otras se especializan en distribuir los recursos por toda la planta o almacenar las reservas de energía.

## Celulosa

Las paredes de las células vegetales son de celulosa. La celulosa es un polímero, lo que significa que está compuesto por moléculas de largas cadenas que se repiten; en este caso, moléculas de azúcar. La celulosa es dura y muy difícil de digerir. Los animales no pueden digerirla sin la ayuda de microorganismos consumidores de la celulosa en sus intestinos. En los humanos, la celulosa sin digerir forma fibra dietética, que es buena para nuestra salud.

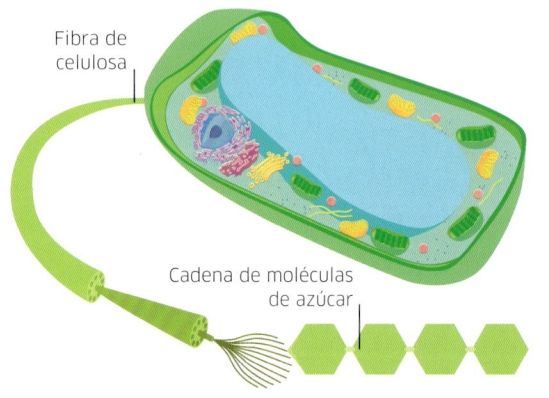

Fibra de celulosa

Cadena de moléculas de azúcar

Pared celular

**Membrana celular**
Bajo la pared celular hay una membrana fina que controla qué sustancias entran o salen de la célula.

**Retículo endoplásmico**
Este sistema de conductos y láminas de membrana forma una red por toda la célula. Transporta sustancias grandes, como las proteínas que crean los ribosomas.

**Núcleo**
Este gran orgánulo es el centro de control de la célula. Almacena una copia completa de todos los genes de la planta en forma de moléculas de ADN. Los genes controlan cómo funciona cada célula.

## Presión del agua

Las vacuolas de las células vegetales contienen una solución de azúcares y sales que absorben el agua a través de un proceso conocido como osmosis. Cuando no llueve, las células no obtienen agua suficiente y sus vacuolas se encogen. Como resultado, las células se ablandan y también se encogen ligeramente, lo que hace que toda la planta se marchite.

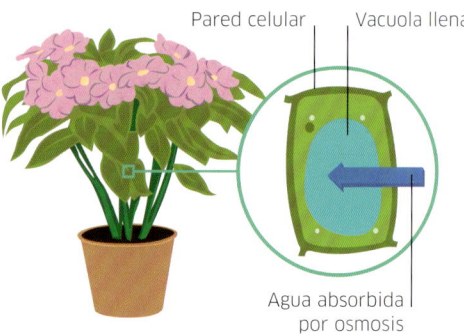

Pared celular    Vacuola llena

Agua absorbida por osmosis

**Planta sana**
Cuando una planta tiene suficiente agua, las vacuolas de la célula absorben agua por osmosis. Se expanden, ejercen presión contra las paredes celulares y hacen que las células se hinchen y se pongan firmes (turgentes).

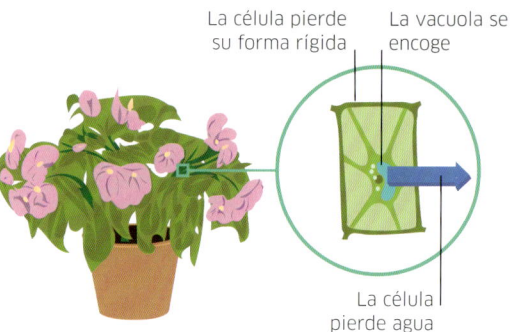

La célula pierde su forma rígida    La vacuola se encoge

La célula pierde agua

**Planta marchita**
Si las vacuolas pierden agua, se encogen y dejan de ejercer presión en el interior de las paredes celulares. Las células se ponen blandas (flácidas), pierden su rigidez, y la planta se marchita.

**Aparato de Golgi**
Este conjunto de membranas plegadas ayuda a producir sustancias complejas, como las piezas necesarias para la pared celular. Los materiales se aíslan en pequeñas burbujas para llegar a cualquier otro lugar de la célula.

**95** por ciento: células de cualquier árbol que están **muertas**.

**99** por ciento: porcentaje de **celulosa** del algodón purificado.

Tanto los cloroplastos como las mitocondrias tienen **ADN y genes propios**.

**49**

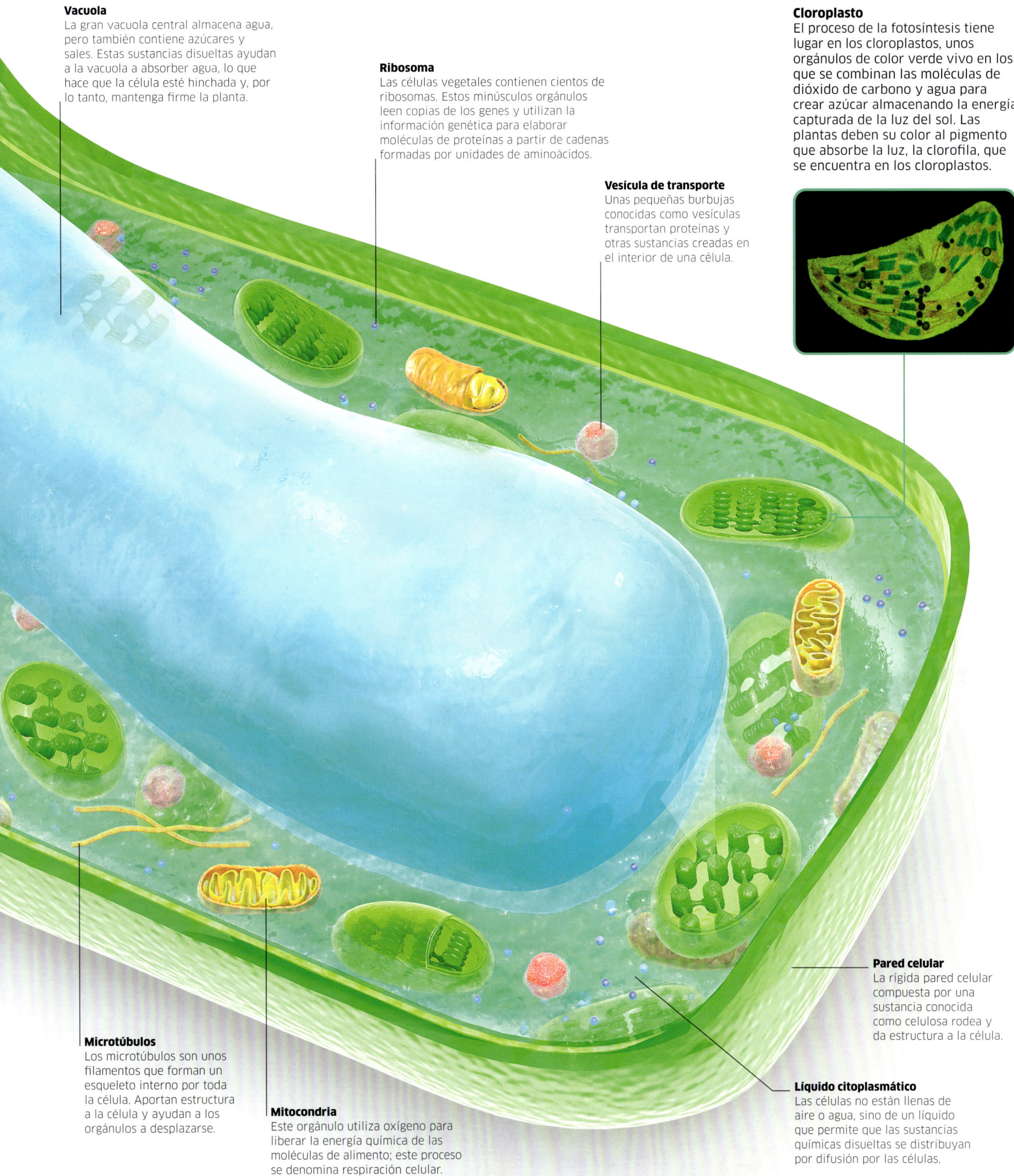

**Vacuola**
La gran vacuola central almacena agua, pero también contiene azúcares y sales. Estas sustancias disueltas ayudan a la vacuola a absorber agua, lo que hace que la célula esté hinchada y, por lo tanto, mantenga firme la planta.

**Ribosoma**
Las células vegetales contienen cientos de ribosomas. Estos minúsculos orgánulos leen copias de los genes y utilizan la información genética para elaborar moléculas de proteínas a partir de cadenas formadas por unidades de aminoácidos.

**Vesícula de transporte**
Unas pequeñas burbujas conocidas como vesículas transportan proteínas y otras sustancias creadas en el interior de una célula.

**Cloroplasto**
El proceso de la fotosíntesis tiene lugar en los cloroplastos, unos orgánulos de color verde vivo en los que se combinan las moléculas de dióxido de carbono y agua para crear azúcar almacenando la energía capturada de la luz del sol. Las plantas deben su color al pigmento que absorbe la luz, la clorofila, que se encuentra en los cloroplastos.

**Microtúbulos**
Los microtúbulos son unos filamentos que forman un esqueleto interno por toda la célula. Aportan estructura a la célula y ayudan a los orgánulos a desplazarse.

**Mitocondria**
Este orgánulo utiliza oxígeno para liberar la energía química de las moléculas de alimento; este proceso se denomina respiración celular. En las células animales sucede exactamente el mismo proceso.

**Pared celular**
La rígida pared celular compuesta por una sustancia conocida como celulosa rodea y da estructura a la célula.

**Líquido citoplasmático**
Las células no están llenas de aire o agua, sino de un líquido que permite que las sustancias químicas disueltas se distribuyan por difusión por las células.

**50** crecer y alimentarse ○ **FOTOSÍNTESIS**

La fotosíntesis produce todo el oxígeno de la atmósfera de la Tierra **que hace que el aire sea respirable**.

# Fotosíntesis

**Mediante la fotosíntesis, las plantas usan la energía de la luz del sol para producir alimento. Es un proceso crucial para la vida en la Tierra, pues aporta la energía de la que dependen casi todas las redes alimentarias.**

La fotosíntesis tiene lugar principalmente en las hojas. Solo hacen falta tres ingredientes: agua del suelo, dióxido de carbono del aire y luz del sol. La energía del sol se usa para combinar las moléculas de agua y dióxido de carbono en unas moléculas de azúcar más complejas y con mucha energía, como la glucosa. Estas moléculas sirven para construir cualquier parte de la planta.

## Un cloroplasto por dentro

Las reacciones químicas de la fotosíntesis tienen lugar en los cloroplastos, unos minúsculos cuerpos verdes del interior de las células. El cloroplasto tiene unas pilas de discos conocidos como tilacoides. Son verdes porque están envueltos en el pigmento que captura la luz, la clorofila. En la primera fase de la fotosíntesis, los tilacoides usan la luz del sol para dividir las moléculas de agua ($H_2O$) en átomos de oxígeno e hidrógeno. En la segunda, la usan para combinar los átomos de hidrógeno con dióxido de carbono ($CO_2$) y crear azúcar ($C_6H_{12}O_6$).

**LUZ**

**DIÓXIDO DE CARBONO**

Cada molécula de dióxido de carbono tiene dos átomos de oxígeno y uno de carbono.

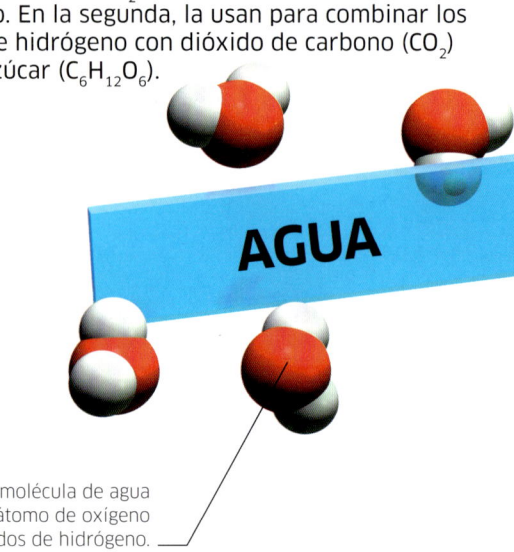

**AGUA**

Cada molécula de agua tiene un átomo de oxígeno y dos de hidrógeno.

## Proceso químico

Esta ecuación química resume lo que pasa durante la fotosíntesis. El agua y el dióxido de carbono se combinan para crear glucosa (un tipo de azúcar), y se produce oxígeno como residuo.

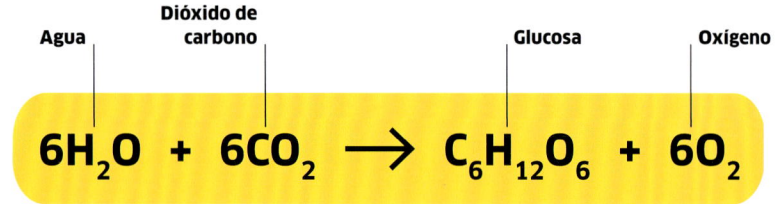

Agua  Dióxido de carbono  Glucosa  Oxígeno

$$6H_2O + 6CO_2 \rightarrow C_6H_{12}O_6 + 6O_2$$

## Fotosíntesis o respiración

La fotosíntesis almacena energía química creando moléculas de azúcar. La respiración, que tiene lugar en animales y también en plantas, hace lo contrario: descompone moléculas de azúcar para liberar energía; este proceso también produce residuos: dióxido de carbono y agua. Tanto la fotosíntesis como la respiración tienen lugar durante el día. Por la noche solo se produce la respiración.

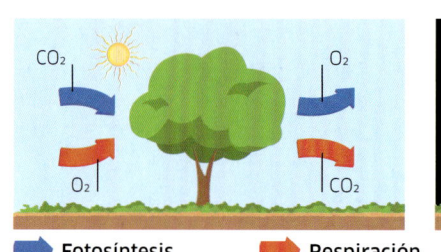

▶ Fotosíntesis    ▶ Respiración

**Los cloroplastos tienen sus propios genes y se pueden dividir igual que los microorganismos para crear nuevos cloroplastos.**

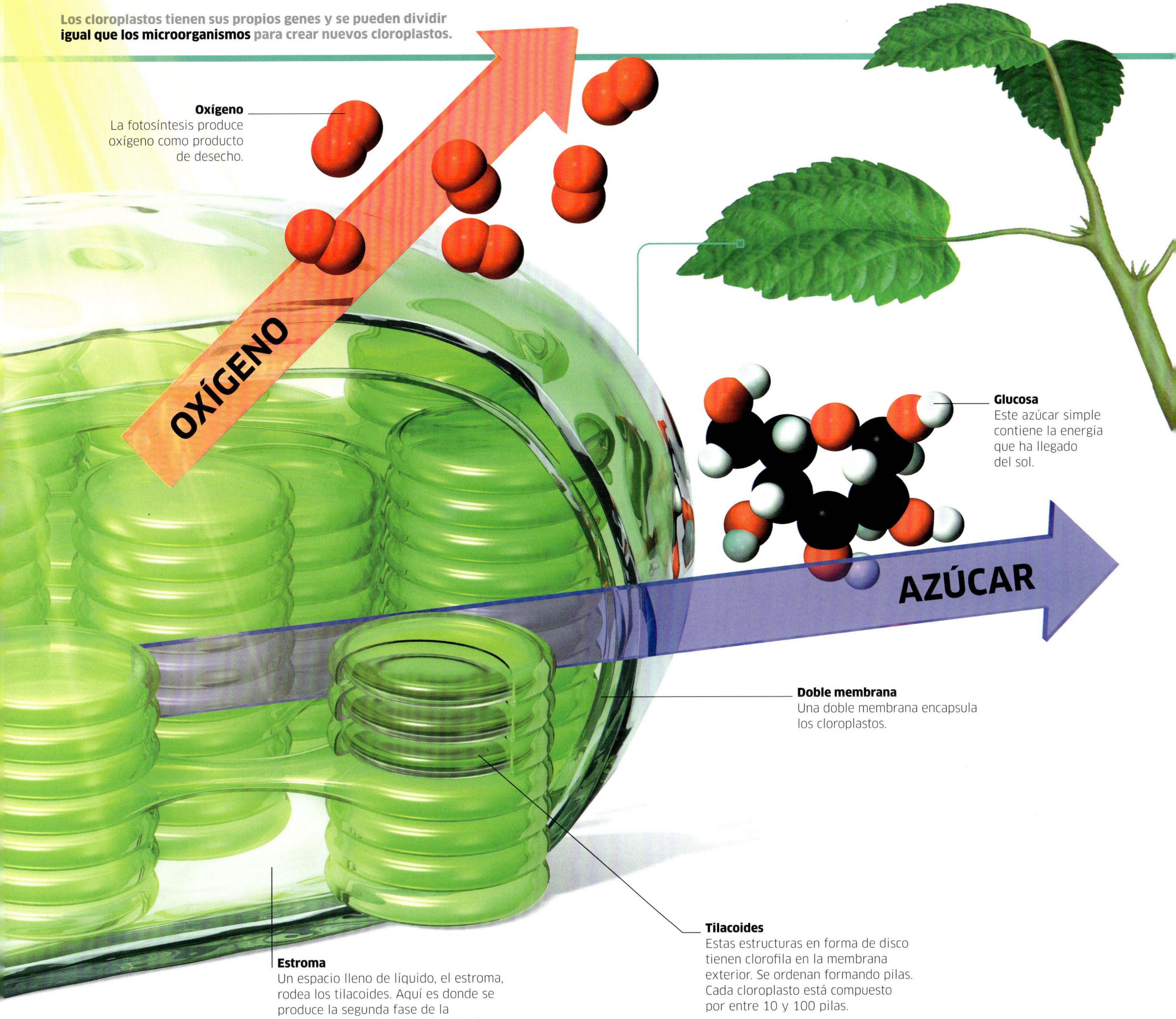

**Oxígeno**
La fotosíntesis produce oxígeno como producto de desecho.

OXÍGENO

**Glucosa**
Este azúcar simple contiene la energía que ha llegado del sol.

AZÚCAR

**Doble membrana**
Una doble membrana encapsula los cloroplastos.

**Tilacoides**
Estas estructuras en forma de disco tienen clorofila en la membrana exterior. Se ordenan formando pilas. Cada cloroplasto está compuesto por entre 10 y 100 pilas.

**Estroma**
Un espacio lleno de líquido, el estroma, rodea los tilacoides. Aquí es donde se produce la segunda fase de la fotosíntesis (la creación del azúcar).

## Factores que afectan a la fotosíntesis

Una planta con las hojas más grandes y más clorofila puede atrapar más energía, pero el entorno de la planta también puede acelerar o frenar la fotosíntesis.

**Luz**
Una luz más brillante se traduce en más energía que puede absorber la planta.

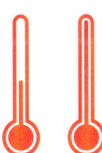

**Temperatura**
Unas condiciones cálidas hacen que las reacciones de la fotosíntesis se produzcan a una mayor velocidad.

**CO₂**
Una mayor cantidad de dióxido de carbono en el aire acelera la fotosíntesis.

## Invernaderos comerciales

Al cultivar plantas en un invernadero, los agricultores pueden elevar la temperatura y el nivel de dióxido de carbono, dos factores que aumentan la velocidad de la fotosíntesis. Las plantas crecen más deprisa y se pueden cultivar durante todo el año.

# Cómo es un tallo

**Igual que nuestro cuerpo tiene un sistema de venas y arterias para llevar sustancias vitales a los órganos, las plantas cuentan con un sistema de transporte para distribuir agua y nutrientes a donde haga falta.**

El tallo de cualquier planta contiene dos grupos diferentes de tubos de transporte. Un conjunto de tubos, el xilema, hace subir agua y minerales disueltos por el tallo, desde las raíces hacia las hojas. El segundo conjunto, el floema, se lleva los azúcares y nutrientes de las hojas para utilizarlos en cualquier otro punto. Tanto el xilema como el floema están compuestos por células alargadas unidas de extremo a extremo. Se ordenan una al lado de otra en unas estructuras denominadas haces vasculares.

### Xilema

En las plantas con flor, las células del xilema no tienen paredes al final y, por lo tanto, forman unos tubos huecos continuos. Una sustancia leñosa, la lignina, refuerza sus paredes, a menudo en espiral. Las células del xilema mueren tras su formación, pero siguen transportando agua.

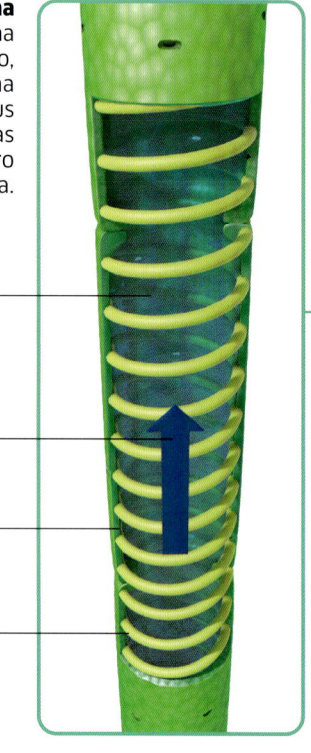

El líquido del interior de los tubos de transporte de la planta se conoce como savia.

En el xilema, la savia avanza en una única dirección.

Las células del xilema no tienen paredes al final.

Los anillos de lignina hacen que los tubos del xilema sean rígidos y ayudan a que el tallo pueda soportar el peso de la planta.

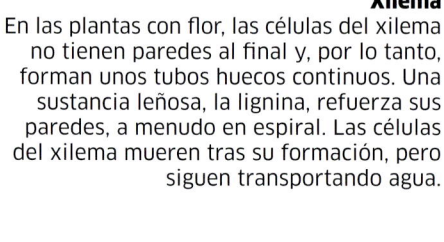

**TOMATERO**

### Capa de cámbium

Entre el xilema y el floema se encuentra una capa de células de cámbium. Estas células se dividen de manera constante y crean xilema nuevo en un lado y floema nuevo en el otro. De esta manera, los sistemas de transporte crecen con la planta.

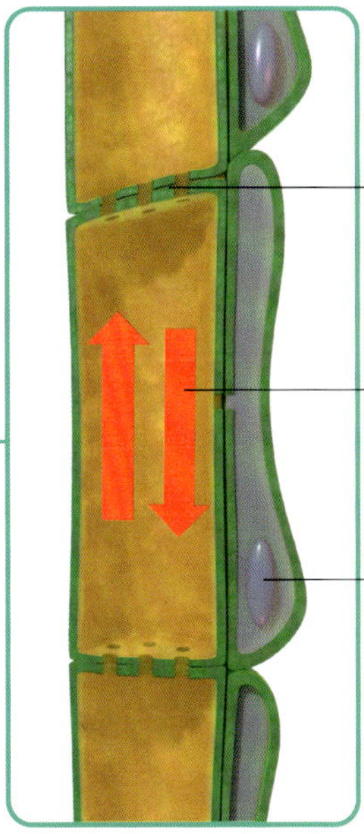

Las células del floema tienen hoyos en las paredes del extremo.

En el floema, la savia avanza en ambas direcciones.

Célula compañera

## Floema

Los tubos del floema están compuestos por células vivas con una suerte de coladero en los extremos. Cada célula del floema tiene una o más células compañeras a su lado que le aportan la energía necesaria para desplazar el líquido a través de la célula.

## Estructura de haz

En el tallo, el floema queda en la parte exterior de un haz vascular, y el xilema en la parte interior.

## Haces vasculares

Los haces vasculares de las diferentes partes de una planta se ordenan de varias formas. En las hojas forman nervios, con el xilema en la parte superior. En las raíces se encuentran en el centro, reforzando el núcleo de la raíz y ayudando a fijarlo en el terreno.

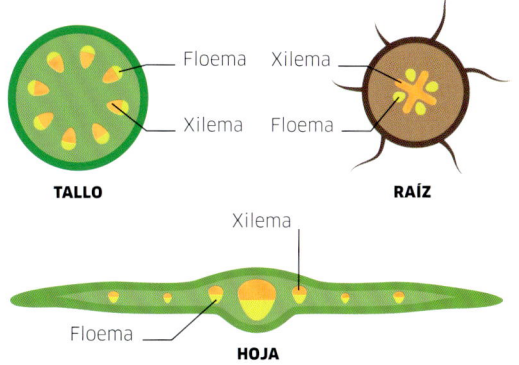

Floema    Xilema

Xilema    Floema

**TALLO**    **RAÍZ**

Xilema

Floema

**HOJA**

## Transpiración

La transpiración es el movimiento del agua por el interior de la planta. Unos minúsculos orificios en la superficie de las hojas, los estomas, dejan que el agua se evapore. La pérdida de agua hace subir una columna continua de agua por el xilema que, a su vez, absorbe agua del suelo hacia las raíces.

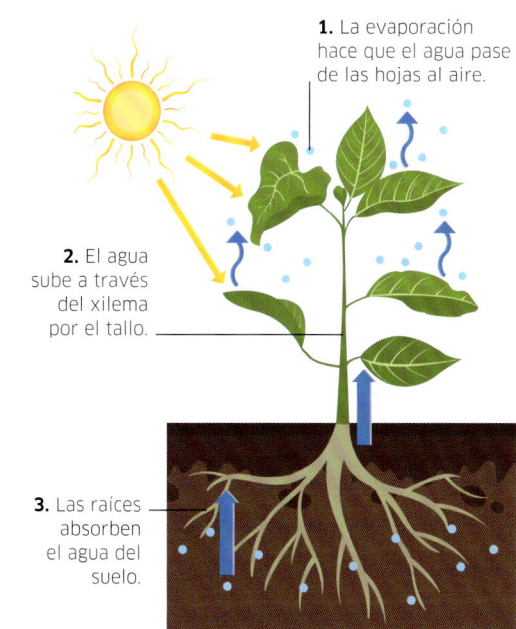

**1.** La evaporación hace que el agua pase de las hojas al aire.

**2.** El agua sube a través del xilema por el tallo.

**3.** Las raíces absorben el agua del suelo.

## Savia azucarada

La savia azucarada de los tubos del floema es una rica fuente de alimento para los insectos, como estos pulgones. Perforan los tallos de las plantas con sus bocas en forma de aguja y se beben el dulce líquido del floema. Nosotros también comemos savia del floema: la savia dulce de los arces se utiliza para elaborar sirope.

**PULGONES BEBIENDO SAVIA DEL FLOEMA**

**SAVIA COSECHADA DE UN ARCE**

# Presión radical

**A primera hora, algunas plantas presentan gotitas de agua en el borde de las hojas. No se trata de rocío, sino de agua que ha subido de las raíces.**

Para seguir vivas, las plantas deben llevar agua continuamente de las raíces a las hojas. La fuerza principal que mantiene este flujo es la evaporación por las hojas. Pero hay otra fuerza en juego: la presión radical. Por la noche, cuando el aire es más fresco y húmedo, se frena la evaporación, pero la presión radical sigue empujando el agua y se abren los poros de los nervios de las hojas para que salga el exceso de agua.

**56** crecer y alimentarse ◦ **CÓMO ES UN TRONCO**

**El edificio de madera más antiguo del mundo** es Hōryū-ji, un templo budista de 1300 años de antigüedad en Japón.

### Anillos de los árboles

El tronco solo crece por fuera, cerca de la corteza y en forma de círculo, y eso crea los anillos de crecimiento, claros en primavera y verano (cuando hay grandes tubos del xilema para llevar más agua) y oscuros en otoño (cuando se frena el crecimiento y los tubos son más pequeños). Cada par de anillos indica el crecimiento de un año. Contarlos permite saber la edad del árbol.

Crecimiento del primer año

Anillos más anchos en años cálidos y húmedos, cuando el árbol crece más.

Crecimiento más reciente

**ANILLOS DE LOS ÁRBOLES**

### Datación por los anillos

El estudio de los anillos permite a los arqueólogos calcular la edad de edificios que contengan madera. Aunque la madera de los antiguos edificios provenga de árboles que murieron hace tiempo, los arqueólogos pueden encontrar patrones coincidentes en anillos de árboles, tanto en maderas más jóvenes como en árboles vivos. Así crean una cronología de anillos de árboles que se remonta a siglos atrás.

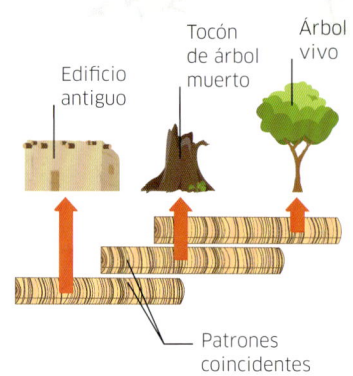

Edificio antiguo

Tocón de árbol muerto

Árbol vivo

Patrones coincidentes

### Madera dura y blanda

Las coníferas de crecimiento rápido, como el pino, tienen una madera menos densa y más ligera, que se conoce como madera blanda. Los árboles de hoja ancha y crecimiento lento, como la caoba, tienden a tener maderas más densas y oscuras que se conocen como madera dura, o también madera noble.

Actualmente la caoba es un árbol protegido, pero su madera noble tradicionalmente se utilizaba para crear ornamentos, instrumentos musicales y muebles elegantes.

El pino y su ligera madera blanda se usa para fabricar muebles en masa.

### El fuerte roble

Los robles son famosos por la robustez de la densa madera que producen. Durante siglos se utilizaron vigas de roble para crear los armazones de barcos y grandes edificios, como las iglesias. Su madera se continúa utilizando hoy en día para levantar edificios, así como para elaborar muebles macizos.

**Corteza**
La corteza de los árboles se compone de dos capas: una capa exterior muerta, el corcho, y una capa interior viva, el floema. El corcho es muy duro porque protege al árbol, y contiene una sustancia impermeable para aislarlo de la humedad. Unas minúsculas aberturas, las lenticelas, dejan penetrar el aire para que llegue a las células vivas del interior.

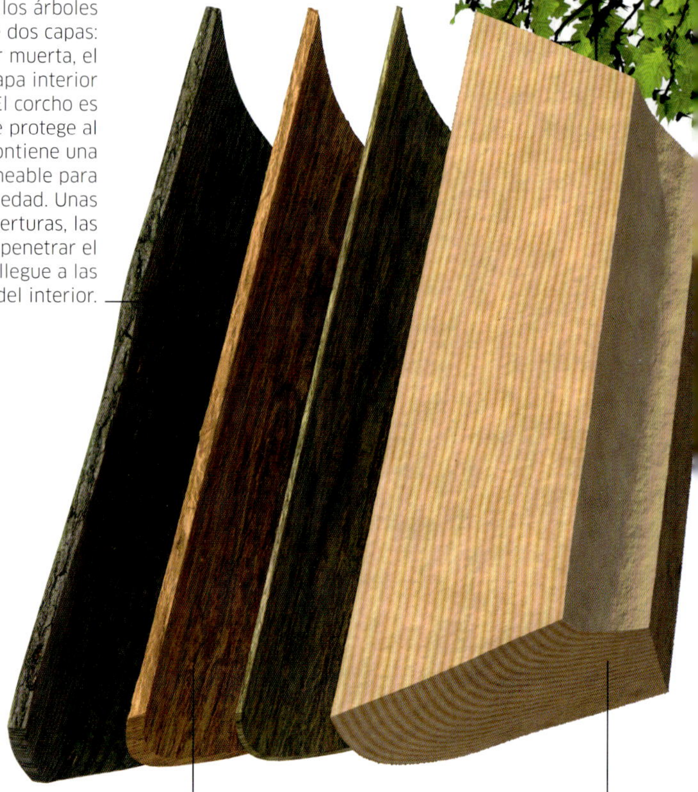

# Cómo es un tronco

**El inmenso peso de la copa de un árbol reposa sobre su tronco leñoso. Además de dar cobijo a aves, insectos y otros animales, los troncos de árbol nos ofrecen madera para crear cosas.**

El alto tronco de un árbol mantiene a sus hojas en las alturas, donde pueden realizar la fotosíntesis a la brillante luz del sol. Para que las hojas continúen trabajando, el tronco tiene que dejar que el agua y los nutrientes se muevan libremente entre las raíces y la copa, a veces separadas por más de 100 m de distancia. Para hacerlo, el tronco cuenta con una estructura que crece año tras año, mientras el árbol pasa de ser una pequeña plántula a convertirse en un descomunal gigante.

**Floema**
Los azúcares suben y bajan por el tronco a través de los tubos del floema. En otoño, el floema transporta los azúcares y las sustancias químicas de las hojas a las raíces, donde se conservan hasta la primavera.

**Albura**
Esta capa transporta agua y minerales de las raíces a la copa. Está compuesta por unas largas células huecas conocidas como tubos del xilema, que al principio están vivos, pero mueren cuando la lignina, la sustancia que da su firmeza a la madera, hace más gruesas las paredes celulares.

**99** por ciento: células del tronco de cualquier árbol que están **muertas**.

La madera de Seahenge, un antiguo monumento de la costa de Norfolk, en Inglaterra, tiene **4000 años de antigüedad**.

**57**

**Ataque animal**
Cuando el corcho envejece, se debilita, lo que aprovechan los carpinteros, los escarabajos y otros animales para llegar a la blanda madera viva del interior y crear huecos o túneles para vivir dentro.

**Nudo**
Cuando el tronco crece de forma gradual sobre los restos de una rama muerta, se forma una cicatriz redondeada conocida como nudo. Los nudos aparecen en los objetos de madera en forma de círculos con el centro oscuro.

**Radios medulares**
Las franjas de células que parten del centro se conocen como radios medulares. Gracias a estas células, el agua y los nutrientes se pueden mover de lado por el tronco del árbol, en lugar de solo arriba y abajo.

**Duramen**
El centro del tronco está ocupado por el duramen, la madera más dura del árbol, compuesta por los tubos viejos del xilema ahora taponados por la lignina. La lignina les da la robustez suficiente para mantener al árbol de pie, pero ya no pueden transportar agua.

**Cámbium vascular**
Esta estrecha capa está compuesta por células que se dividen activamente para crear nuevos tubos del floema y el xilema. Aquí es por donde crece el árbol.

# Cómo es una raíz

**Las raíces son la parte subterránea de las plantas. Su principal tarea es absorber agua y minerales, pero también aportan sujeción y mantienen firmemente a las plantas en el suelo.**

Al contrario que los animales, las plantas no pueden ir de un lugar a otro para encontrar agua u otros recursos, sino que deben absorber todo lo que necesitan del suelo y el aire. Las raíces crecen de manera continua, avanzando por el suelo y absorbiendo minerales de manera activa gracias a los capilares de las raíces. Todo esto requiere energía, por eso las raíces dependen de que baje un suministro constante de azúcar de las hojas, además de oxígeno del aire para que puedan respirar. Como necesitan aire, gran parte de las raíces de las plantas suelen estar cerca de la superficie del terreno.

**Tallo vertical**
La raíz primaria fija y mantiene recto el tallo principal.

## Sistemas radiculares

La mayoría de las plantas tienen una gran raíz primaria que absorbe agua y las mantiene derechas. Otras plantas, como las gramíneas, producen un amasijo de raíces superficiales que absorben rápidamente el agua de una gran área.

**Raíz primaria**
La raíz primaria crece recta hacia abajo, y tiene ramificaciones laterales para absorber agua.

**Raíces fibrosas**
Forman una densa red superficial de minúsculas raíces fibrosas, sin raíz principal.

**Raíz primaria**
La gruesa raíz primaria crece recta hacia abajo, mientras que las raíces laterales crecen en diagonal para ampliar el alcance del sistema radicular hacia un área de suelo más ancha.

## Agua y minerales

Para las raíces, absorber agua es más fácil que absorber minerales. El agua pasa de un área de gran concentración (como el suelo) a un área de menor concentración (el interior de las raíces) de manera natural. En los minerales, en cambio, pasa lo contrario: están menos concentradas en el suelo que en las raíces, pero las plantas todavía necesitan más. Se absorben mediante un proceso conocido como transporte activo, que consume energía.

**Crecimiento de la raíz**
Las puntas de las raíces son las únicas partes que crecen y absorben agua y minerales de manera activa.

RAÍZ EXTERNA      RAÍZ INTERNA

Agua

Minerales          Energía

**623 km** medía el **sistema radicular más largo conocido**; pertenecía a una planta gramínea de centeno.

**122 m** alcanza la **raíz más profunda que se conoce**, de una higuera de las cuevas Echo, en Sudáfrica.

**59**

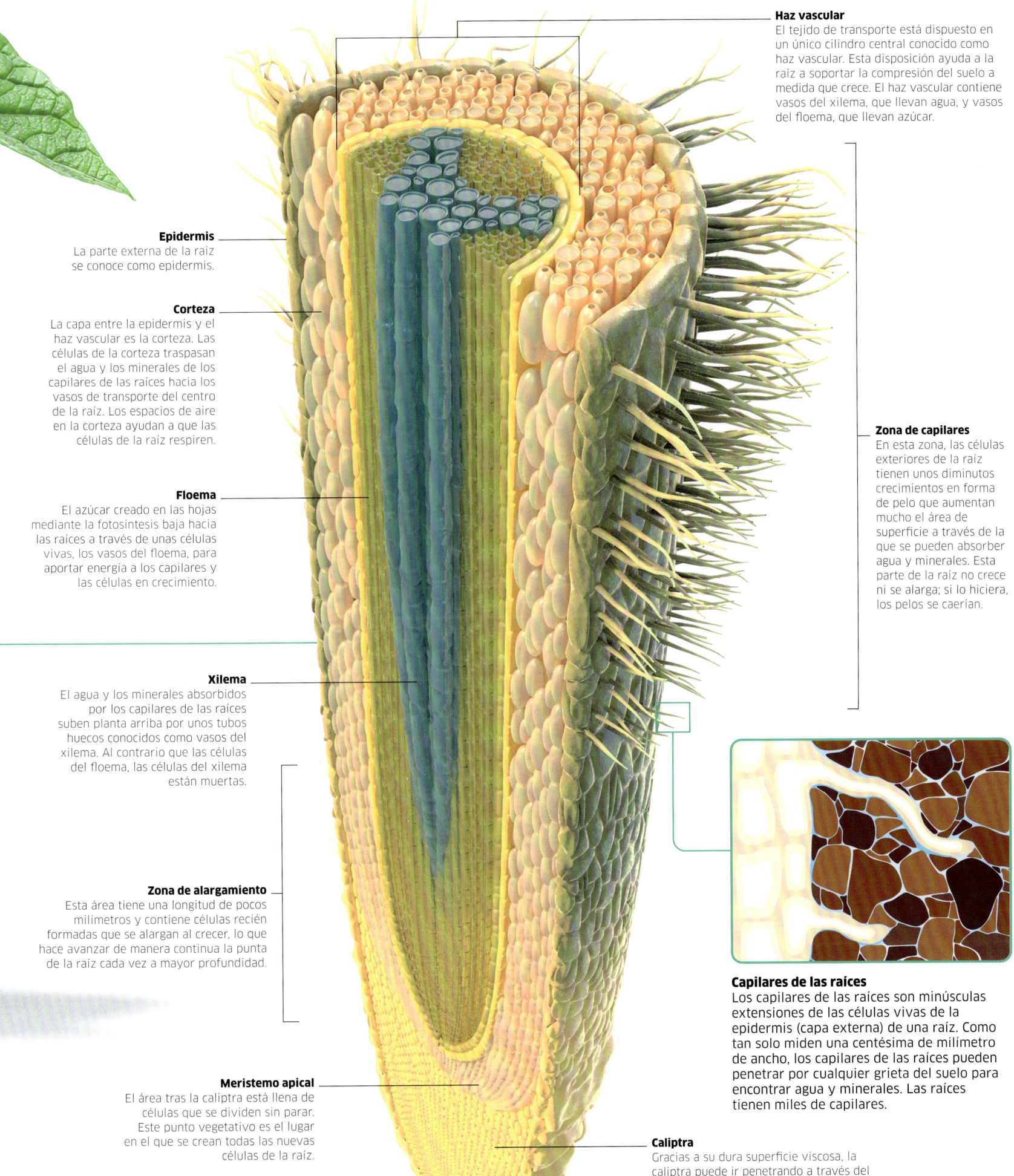

**Haz vascular**
El tejido de transporte está dispuesto en un único cilindro central conocido como haz vascular. Esta disposición ayuda a la raíz a soportar la compresión del suelo a medida que crece. El haz vascular contiene vasos del xilema, que llevan agua, y vasos del floema, que llevan azúcar.

**Epidermis**
La parte externa de la raíz se conoce como epidermis.

**Corteza**
La capa entre la epidermis y el haz vascular es la corteza. Las células de la corteza traspasan el agua y los minerales de los capilares de las raíces hacia los vasos de transporte del centro de la raíz. Los espacios de aire en la corteza ayudan a que las células de la raíz respiren.

**Floema**
El azúcar creado en las hojas mediante la fotosíntesis baja hacia las raíces a través de unas células vivas, los vasos del floema, para aportar energía a los capilares y las células en crecimiento.

**Zona de capilares**
En esta zona, las células exteriores de la raíz tienen unos diminutos crecimientos en forma de pelo que aumentan mucho el área de superficie a través de la que se pueden absorber agua y minerales. Esta parte de la raíz no crece ni se alarga; si lo hiciera, los pelos se caerían.

**Xilema**
El agua y los minerales absorbidos por los capilares de las raíces suben planta arriba por unos tubos huecos conocidos como vasos del xilema. Al contrario que las células del floema, las células del xilema están muertas.

**Zona de alargamiento**
Esta área tiene una longitud de pocos milímetros y contiene células recién formadas que se alargan al crecer, lo que hace avanzar de manera continua la punta de la raíz cada vez a mayor profundidad.

**Capilares de las raíces**
Los capilares de las raíces son minúsculas extensiones de las células vivas de la epidermis (capa externa) de una raíz. Como tan solo miden una centésima de milímetro de ancho, los capilares de las raíces pueden penetrar por cualquier grieta del suelo para encontrar agua y minerales. Las raíces tienen miles de capilares.

**Meristemo apical**
El área tras la caliptra está llena de células que se dividen sin parar. Este punto vegetativo es el lugar en el que se crean todas las nuevas células de la raíz.

**Caliptra**
Gracias a su dura superficie viscosa, la caliptra puede ir penetrando a través del suelo. Las células de la punta se estropean y son sustituidas por las nuevas células que se forman en el interior.

# Almacenamiento

**Algunas plantas resisten largas estaciones frías o secas, en las que no pueden crecer. Para ello guardan alimento en órganos ocultos bajo tierra, a salvo de los herbívoros y la meteorología.**

Bulbos, cormos, tubérculos, rizomas y raíces tuberosas son tipos de órganos de almacenamiento. Están compuestos por hojas, raíces o tallos especializados que se hinchan de reservas de almidón, un hidrato de carbono elaborado uniendo moléculas de azúcar para formar grandes cadenas. Estos órganos de reserva pueden permanecer inactivos durante meses antes de volver a la vida cuando se dan las condiciones idóneas para crecer. La reserva de nutrientes puede inducir un desarrollo rápido y dar a las plantas una ventaja inicial frente a la competencia cuando llega el momento de crecer.

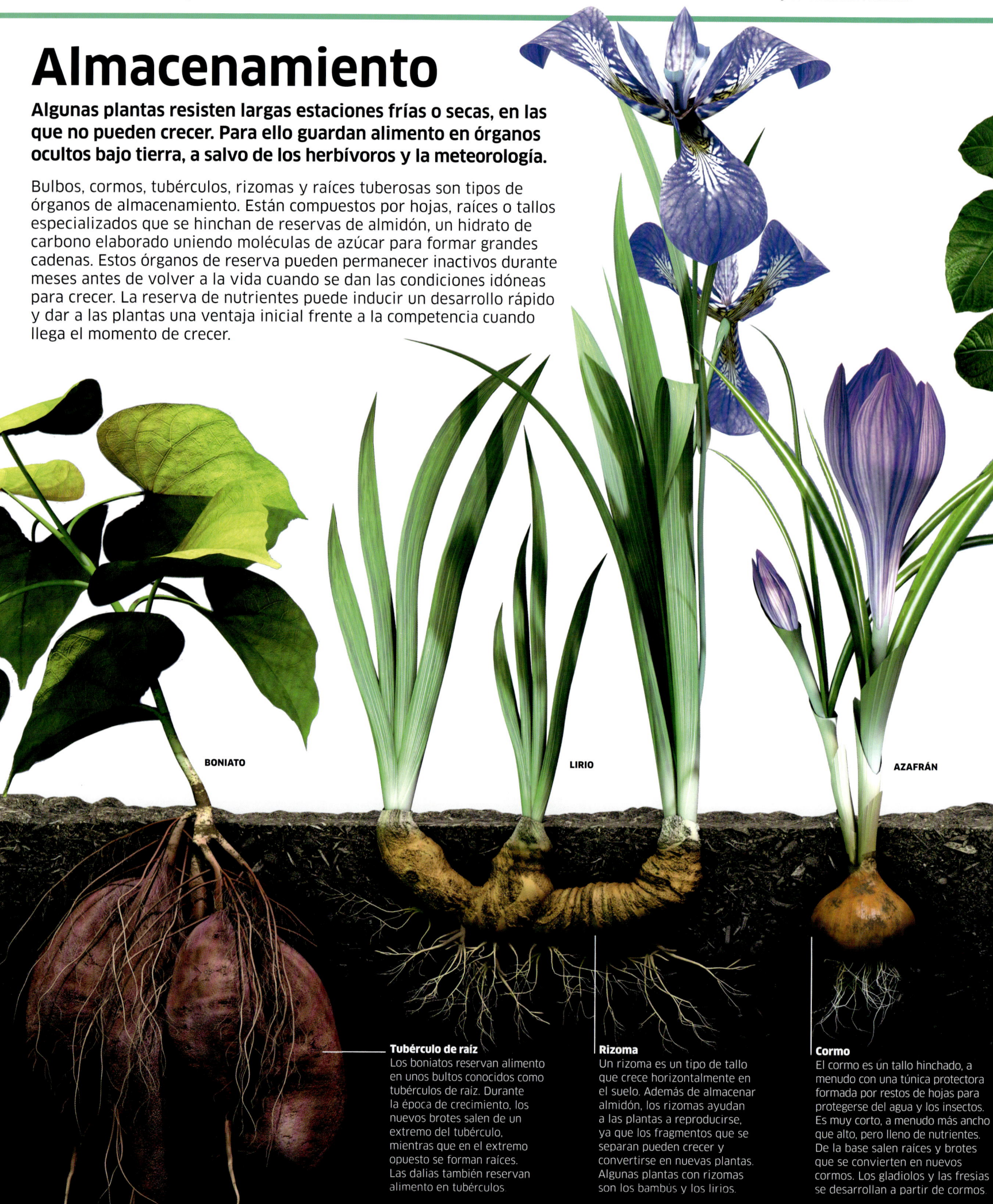

BONIATO

LIRIO

AZAFRÁN

**Tubérculo de raíz**
Los boniatos reservan alimento en unos bultos conocidos como tubérculos de raíz. Durante la época de crecimiento, los nuevos brotes salen de un extremo del tubérculo, mientras que en el extremo opuesto se forman raíces. Las dalias también reservan alimento en tubérculos

**Rizoma**
Un rizoma es un tipo de tallo que crece horizontalmente en el suelo. Además de almacenar almidón, los rizomas ayudan a las plantas a reproducirse, ya que los fragmentos que se separan pueden crecer y convertirse en nuevas plantas. Algunas plantas con rizomas son los bambús y los lirios.

**Cormo**
El cormo es un tallo hinchado, a menudo con una túnica protectora formada por restos de hojas para protegerse del agua y los insectos. Es muy corto, a menudo más ancho que alto, pero lleno de nutrientes. De la base salen raíces y brotes que se convierten en nuevos cormos. Los gladiolos y las fresias se desarrollan a partir de cormos.

**8500** millones de **bulbos de flores se producen anualmente** en los Países Bajos.

**61**

## Tulipomanía

En el siglo XVII, los tulipanes cobraron una popularidad extrema en los Países Bajos, pero las variedades con franjas, más buscadas, costaban de cultivar y la oferta de bulbos era limitada. Los precios se dispararon y ello provocó que las variedades raras fueran aún más buscadas, y aumentó su demanda, lo que hizo subir más aún los precios. En el momento álgido de la tulipomanía, por algunos bulbos se pagaba el equivalente a más de diez veces los ingresos anuales de una persona normal.

**Tulipán Semper Augustus**
El bulbo más valioso de la historia produjo esta flor de tulipán rayada.

**PATATA**

**CEBOLLA**

**ZANAHORIA**

**Reserva de almidón**
Las células de las patatas contienen unos minúsculos granos, los leucoplastos, llenos de almidón. Una patata nueva contiene un 15 por ciento de almidón. Gran parte del resto de su peso es agua.

**Túnica**
La túnica es la piel del bulbo, y se compone de hojas secas.

**Capa**
Cada capa es la base hinchada de una hoja.

**Platillo**
Éste tallo plano produce el nuevo crecimiento.

**Tubérculo de tallo**
Las patatas parecen raíces hinchadas, pero realmente son tallos. Los ojos son yemas que se convertirán en brotes la temporada siguiente. Las patatas y los ñames reservan alimento en forma de tubérculos de tallo.

**Raíz tuberosa**
La raíz tuberosa o primaria es la raíz vertical principal de una planta. Muchas plantas con raíces tuberosas como órganos de reserva se cultivan como hortalizas: zanahorias, rábanos, nabos y remolachas.

**Bulbo**
Los bulbos son anillos concéntricos de bases de hojas hinchadas. Crecen desde el platillo, que es un tallo muy corto. Las hojas de la siguiente temporada, e incluso las flores, se desarrollan en el interior del bulbo antes de que se inactive. Tulipanes, campanillas de invierno y narcisos crecen a partir de bulbos.

# REPRODUCCIÓN

Las plantas se reproducen de formas muy diversas. Algunas utilizan flores para reproducirse sexualmente y crean frutos para dispersar las semillas. Otras proliferan esparciendo millones de unas diminutas partículas conocidas como esporas, y muchas tienen la capacidad de hacer clones de sí mismas.

**64** reproducción ○ **EL CICLO DE LA VIDA**

**90** por ciento: plántulas **muertas a los dos meses** de germinar.

# El ciclo de la vida

**Todos los seres vivos pasan por una secuencia de cambios conocida como ciclo de vida. Crecen y se desarrollan hasta llegar a madurar para reproducirse, y al final mueren.**

El ciclo de vida de las plantas empieza con una semilla o una partícula unicelular conocida como espora. Germina y crece hasta que tiene la energía y recursos suficientes para reproducirse. La mayoría de las plantas se pueden reproducir de dos maneras diferentes: sexualmente, que requiere dos progenitores, y asexualmente, que no los requiere. En algunas plantas, conocidas como anuales, el ciclo de vida solo dura un año. Las plantas con un ciclo de vida de dos años se denominan bienales, y las que viven varios años son perennes.

## LONGEVIDAD DE UNA PLANTA

Las plantas pueden vivir mucho gracias a su capacidad de regenerar las partes que se les estropean. Aun así, su esperanza de vida varía muchísimo. Algunas mueren tras la floración, mientras que otras pueden vivir miles de años. La planta individual más antigua del mundo es un pino longevo de California, con una edad aproximada de 4900 años. Las plantas que se reproducen clonándose pueden sobrevivir más tiempo en forma de colonias. La colonia de clones más antigua es un grupo de álamos de Utah que hará unos 80 000 años que empezó su vida en forma de semilla.

## PLANTAS SIN SEMILLAS

Los helechos y los musgos no sacan flores, frutos ni semillas, sino que crecen a partir de esporas. Su ciclo de vida varía entre dos tipos de planta muy diferentes en un proceso que se conoce como alternancia de generaciones. Una planta produce esporas y se denomina esporofito, mientras que la otra produce células sexuales (gametos) y recibe el nombre de gametofito. Las células sexuales masculinas (espermatozoides) nadan por el agua para encontrar células sexuales femeninas; por eso los helechos y los musgos solo viven en hábitats húmedos.

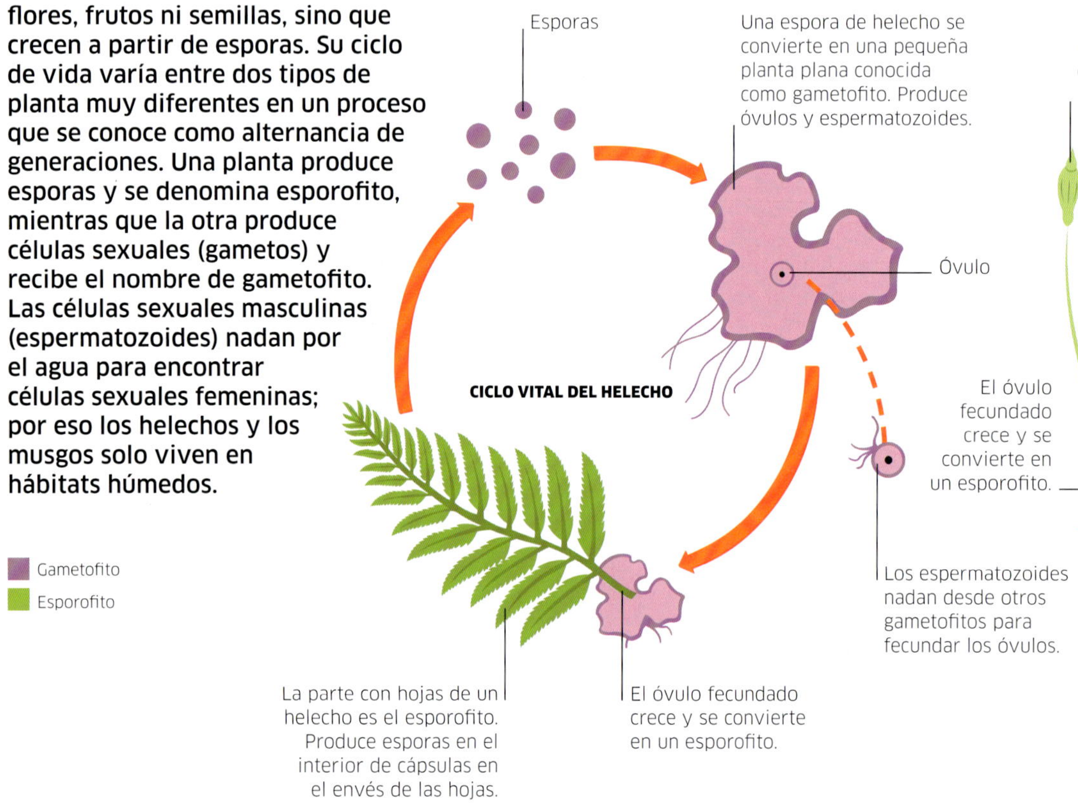

🟪 Gametofito
🟩 Esporofito

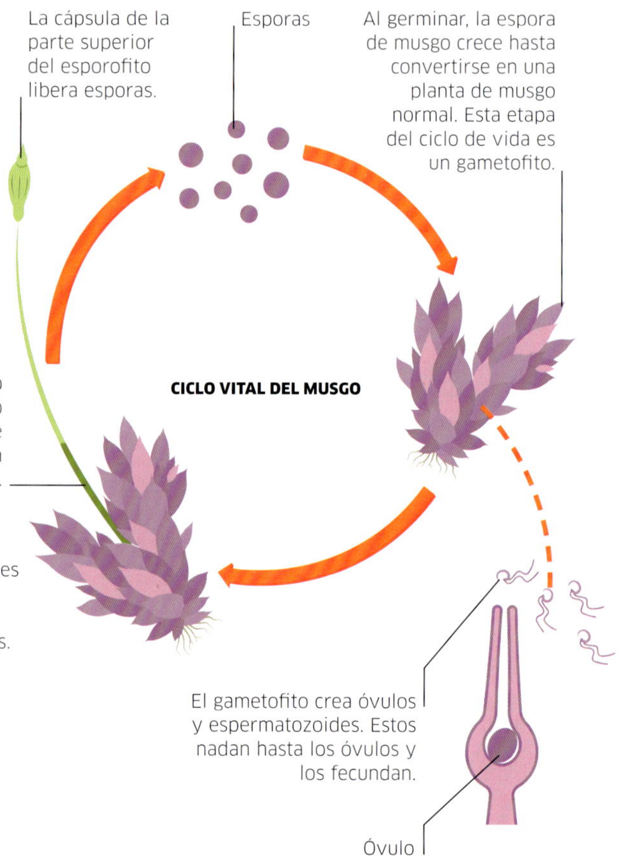

Esporas

Una espora de helecho se convierte en una pequeña planta plana conocida como gametofito. Produce óvulos y espermatozoides.

Óvulo

**CICLO VITAL DEL HELECHO**

La parte con hojas de un helecho es el esporofito. Produce esporas en el interior de cápsulas en el envés de las hojas.

El óvulo fecundado crece y se convierte en un esporofito.

Los espermatozoides nadan desde otros gametofitos para fecundar los óvulos.

La cápsula de la parte superior del esporofito libera esporas.

Esporas

Al germinar, la espora de musgo crece hasta convertirse en una planta de musgo normal. Esta etapa del ciclo de vida es un gametofito.

**CICLO VITAL DEL MUSGO**

El óvulo fecundado crece y se convierte en un esporofito.

El gametofito crea óvulos y espermatozoides. Estos nadan hasta los óvulos y los fecundan.

Óvulo

## REPRODUCCIÓN ASEXUAL

Las plantas ejecutan muy bien la reproducción asexual, y lo hacen de muchas formas. Hay pequeños grupos de células no especializadas (células madre) repartidos por toda la planta. Estas células pueden generar nuevas raíces, tallos, hojas o incluso plantas enteras. Los jardineros aprovechan esta característica para crear clones de plantas que les gustan a través de esquejes.

**1 CORTE DEL ESQUEJE**
Para conseguir un esqueje, el jardinero empieza cortando un brote sano de hasta 10 cm de largo con una herramienta afilada.

**2 HORMONA DE FORMACIÓN DE LA RAÍZ**
Algunos jardineros tratan los esquejes con una hormona que estimula el desarrollo de la raíz, aunque no es esencial.

**3 PLANTADO EN TIERRA**
Los esquejes se plantan en tierra y se dejan durante unas semanas mientras echan raíces por el corte.

La planta conocida como agave amarillo vive entre 10 y 30 años, **saca flor y se muere**.

**0,05** mm miden las **semillas más pequeñas**, producidas por unas orquídeas.

**65**

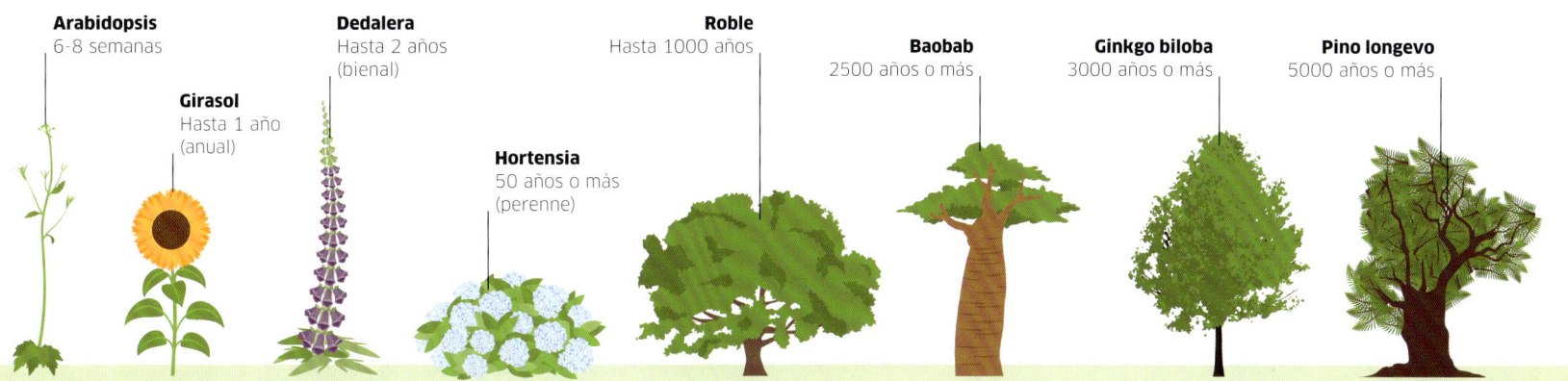

**Arabidopsis**
6-8 semanas

**Girasol**
Hasta 1 año
(anual)

**Dedalera**
Hasta 2 años
(bienal)

**Hortensia**
50 años o más
(perenne)

**Roble**
Hasta 1000 años

**Baobab**
2500 años o más

**Ginkgo biloba**
3000 años o más

**Pino longevo**
5000 años o más

# PLANTAS CON FLOR

Las plantas con flor empiezan la vida siendo semillas. Cada semilla contiene un embrión (un bebé de planta) y una reserva de alimento que ayudará a la joven planta a crecer. Las plantas con flor se reproducen sexualmente produciendo flores, que se convierten en frutos con semillas en el interior.

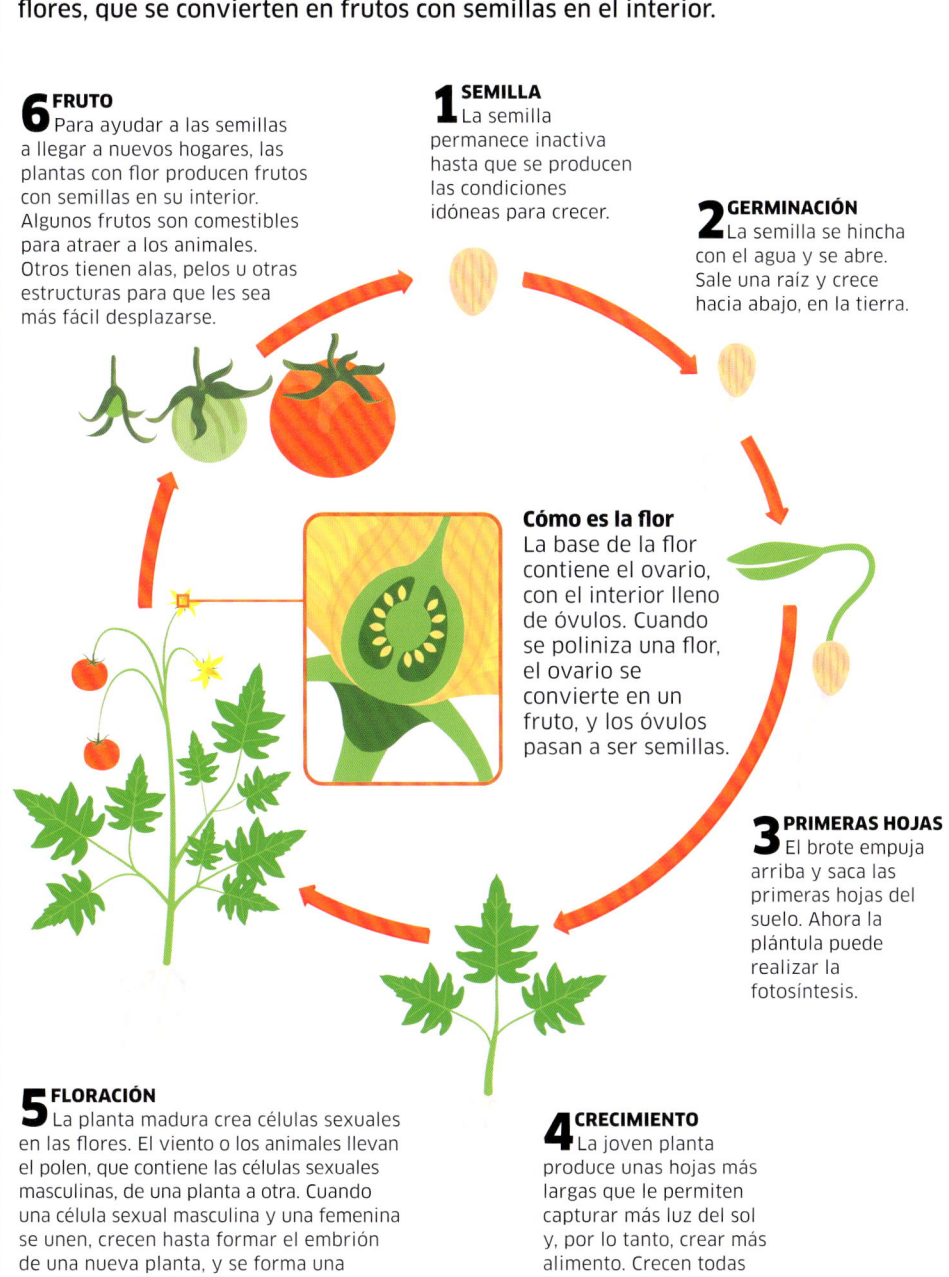

**6 FRUTO**
Para ayudar a las semillas a llegar a nuevos hogares, las plantas con flor producen frutos con semillas en su interior. Algunos frutos son comestibles para atraer a los animales. Otros tienen alas, pelos u otras estructuras para que les sea más fácil desplazarse.

**1 SEMILLA**
La semilla permanece inactiva hasta que se producen las condiciones idóneas para crecer.

**2 GERMINACIÓN**
La semilla se hincha con el agua y se abre. Sale una raíz y crece hacia abajo, en la tierra.

**Cómo es la flor**
La base de la flor contiene el ovario, con el interior lleno de óvulos. Cuando se poliniza una flor, el ovario se convierte en un fruto, y los óvulos pasan a ser semillas.

**3 PRIMERAS HOJAS**
El brote empuja arriba y saca las primeras hojas del suelo. Ahora la plántula puede realizar la fotosíntesis.

**5 FLORACIÓN**
La planta madura crea células sexuales en las flores. El viento o los animales llevan el polen, que contiene las células sexuales masculinas, de una planta a otra. Cuando una célula sexual masculina y una femenina se unen, crecen hasta formar el embrión de una nueva planta, y se forma una semilla a su alrededor.

**4 CRECIMIENTO**
La joven planta produce unas hojas más largas que le permiten capturar más luz del sol y, por lo tanto, crear más alimento. Crecen todas las partes de la planta.

# ALTERNANCIA DE GENERACIONES

La alternancia de generaciones no es exclusiva de helechos y musgos, sino que se produce en todas las plantas, incluidas las plantas con flor. No obstante, en las plantas con flor es menos obvio, ya que los gametofitos son microscópicos y tienen una vida muy breve.

Las plantas con flor producen gametofitos masculinos y femeninos a partir de las esporas que se forman en las flores. Los masculinos son los granos de polen. Cuando polinizan una flor, crecen en su interior y depositan las células sexuales masculinas (los espermatozoides) en el ovario. Los gametofitos femeninos todavía son menos visibles: son unas minúsculas bolsas que se forman en las profundidades del ovario de la flor. Esta planta oculta en el interior de otra planta produce células sexuales femeninas (óvulos) que fecundan los espermatozoides del polen. Cuando las dos células coinciden, forman un embrión en el interior de una semilla. Este embrión es un nuevo esporofito.

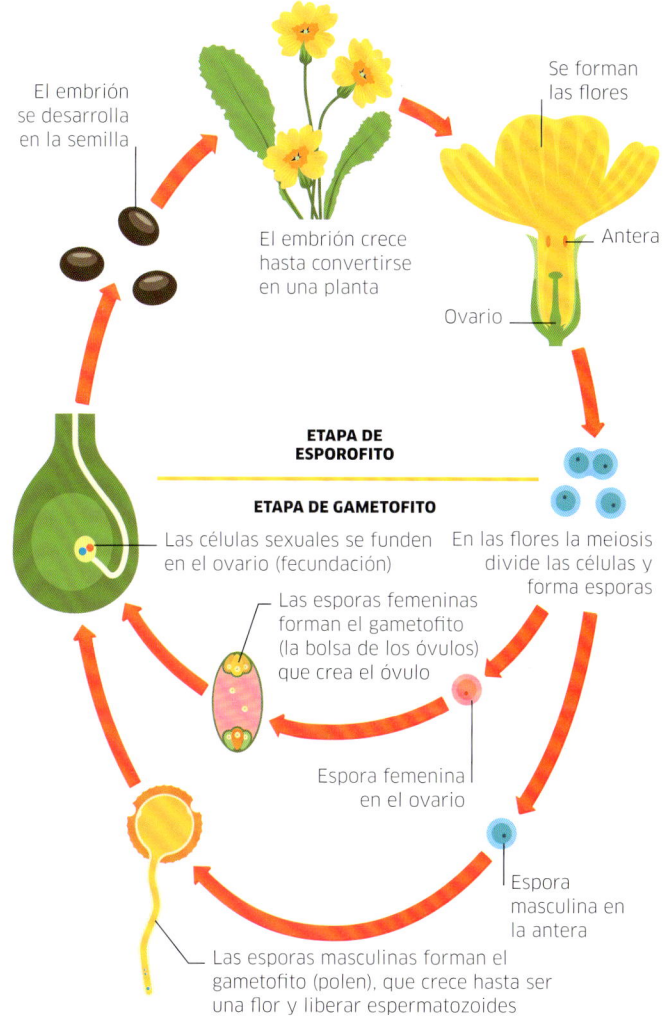

El embrión se desarrolla en la semilla

Se forman las flores

El embrión crece hasta convertirse en una planta

Antera

Ovario

**ETAPA DE ESPOROFITO**

**ETAPA DE GAMETOFITO**

Las células sexuales se funden en el ovario (fecundación)

En las flores la meiosis divide las células y forma esporas

Las esporas femeninas forman el gametofito (la bolsa de los óvulos) que crea el óvulo

Espora femenina en el ovario

Espora masculina en la antera

Las esporas masculinas forman el gametofito (polen), que crece hasta ser una flor y liberar espermatozoides

# Cómo es una flor

**Las flores suelen ser la parte más llamativa de las plantas, y tienen un motivo de peso para ello: atraer a los polinizadores, que ayudan a las plantas con flor a reproducirse.**

Fíjate en una flor y verás los órganos sexuales masculinos y femeninos ocultos en el interior del anillo de pétalos de vivos colores. Los órganos masculinos liberan una sustancia en polvo, el polen, que contiene las células sexuales masculinas. Cuando el polen se posa en la punta del órgano sexual femenino de una flor, las células masculinas se unen a las células femeninas dentro de la flor e inician la formación de las semillas. Hay una gran variedad de flores, pero todas comparten la misma estructura básica.

**Polen**
Los granos de polen se forman en las anteras y se pegan a los polinizadores. Los granos que poliniza el viento son pequeños y redondos. Los que polinizan los animales son más grandes, y a menudo tienen ganchos o espinas, para adherirse al cuerpo de los animales.

**Flor de cerezo**
Como la mayoría de las flores, las flores del cerezo son hermafroditas, lo que significa que contienen órganos sexuales tanto masculinos como femeninos. La flor tiene un único órgano femenino en medio, el carpelo. En su base tiene una cámara conocida como ovario. La parte superior del carpelo tiene una punta pegajosa, el estigma, que sirve para atrapar el polen. El carpelo tiene alrededor los 20 órganos masculinos de la flor, los estambres, que producen polen.

## Cómo las ven los insectos

Las flores que polinizan los insectos tienen colores que los humanos somos incapaces de ver. Los ojos de los insectos detectan la luz ultravioleta (UV), lo que les permite ver los diseños que los dirigen hacia el centro de la flor.

**QUÉ VEMOS NOSOTROS**

**QUÉ VEN LAS ABEJAS**

**Antera**
La antera son unas bolsas de polen. Suelen ser amarillas y fáciles de ver.

**Filamento**
Mantiene la antera en el lugar adecuado para dispersar el polen.

**Estambre**
El filamento y la antera componen el órgano masculino, conocido como estambre. Los polinizadores se refriegan contra el estambre cuando se alimentan de néctar.

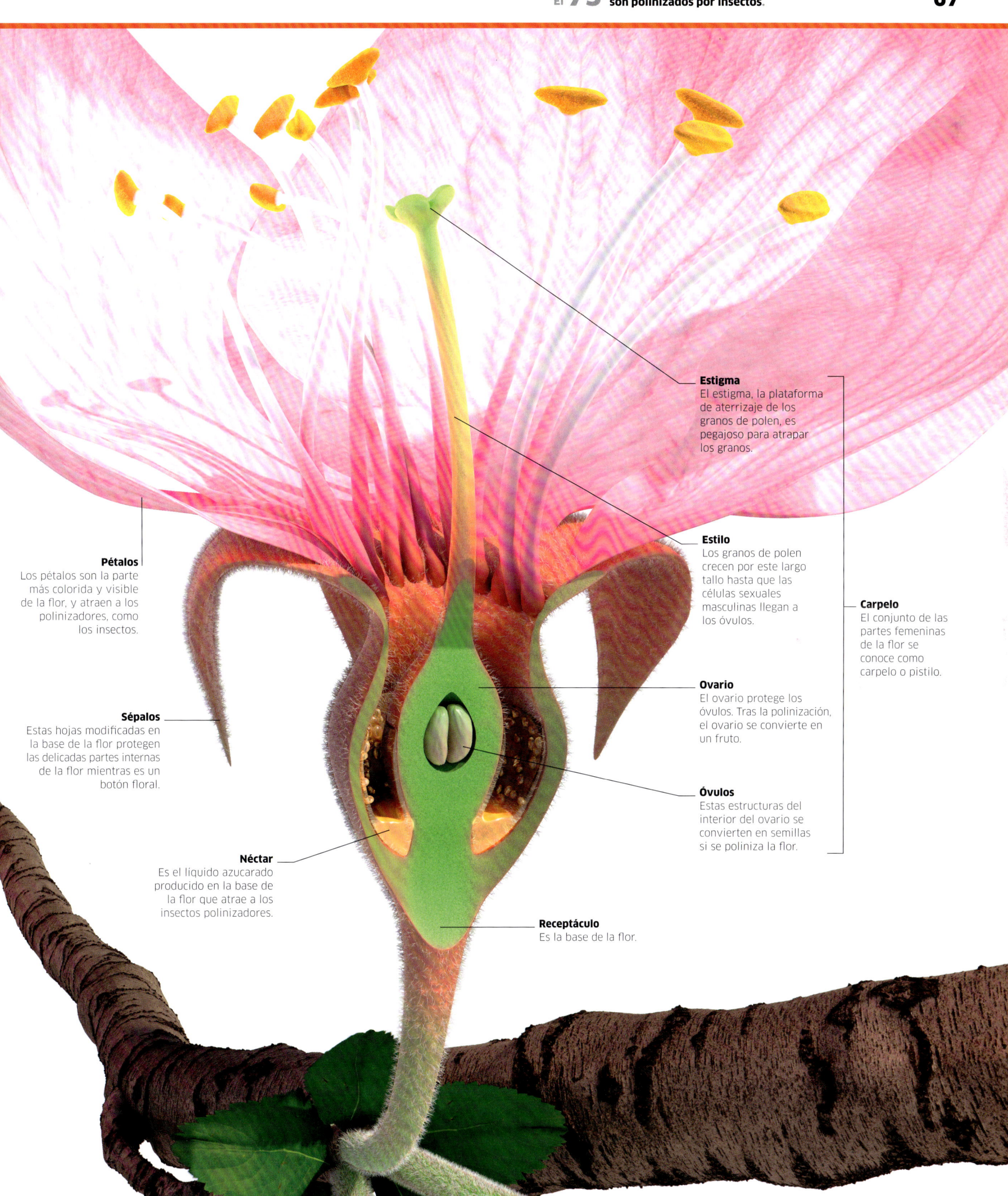

**Estigma**
El estigma, la plataforma de aterrizaje de los granos de polen, es pegajoso para atrapar los granos.

**Estilo**
Los granos de polen crecen por este largo tallo hasta que las células sexuales masculinas llegan a los óvulos.

**Carpelo**
El conjunto de las partes femeninas de la flor se conoce como carpelo o pistilo.

**Pétalos**
Los pétalos son la parte más colorida y visible de la flor, y atraen a los polinizadores, como los insectos.

**Ovario**
El ovario protege los óvulos. Tras la polinización, el ovario se convierte en un fruto.

**Sépalos**
Estas hojas modificadas en la base de la flor protegen las delicadas partes internas de la flor mientras es un botón floral.

**Óvulos**
Estas estructuras del interior del ovario se convierten en semillas si se poliniza la flor.

**Néctar**
Es el líquido azucarado producido en la base de la flor que atrae a los insectos polinizadores.

**Receptáculo**
Es la base de la flor.

## Autopolinización y polinización cruzada

Muchas flores pueden polinizarse ellas mismas, pero la descendencia de las plantas autopolinizadas tiene poca variación genética y se adaptan peor a los cambios del entorno. Para evitar la autopolinización, algunas plantas presentan características que garantizan que solo podrán ser polinizadas por otras plantas. Este fenómeno se conoce como polinización cruzada.

### Sexos diferenciados

Algunas plantas son machos o hembras puros, lo que imposibilita la autopolinización. Algunos ejemplos son los sauces y las palmeras datileras.

**FLOR HEMBRA**  **FLOR MACHO**

### Calendarios diferentes

En muchas flores, las partes macho maduran en un momento distinto al de las partes hembra, lo que garantiza la polinización cruzada.

Primero maduran los estambres

El ovario madura después

### Heterostilia

Las prímulas tienen flores de dos tipos para fomentar la polinización cruzada. Unas tienen el estilo largo y el estigma alto para recoger el polen de los insectos, mientras que otras tienen el estilo corto y los estambres largos para depositar el polen en los insectos.

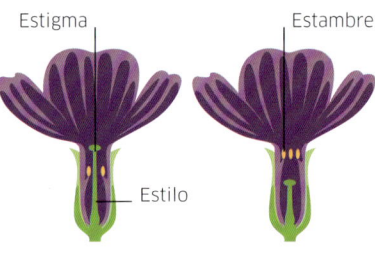

Estigma

Estambre

Estilo

**ESTILO LARGO**  **ESTILO CORTO**

### Señales químicas

Los granos de polen de tréboles, col y otras plantas no germinan si detectan agentes químicos en el estigma que les indican que se han posado en la planta que los ha producido.

**TRÉBOL**

# Polinización animal

**La mayoría de las plantas con flor dependen de los animales para que transporten el polen de una flor a otra. Las flores que polinizan los animales, para atraerlos, suelen ser grandes, de colores llamativos y fragantes. Muchas obsequian a sus visitantes con una bebida energética: el néctar.**

Para reproducirse sexualmente, las plantas deben intercambiar células sexuales unas con otras. Al contrario que los animales, que pueden desplazarse para buscar pareja, las plantas tienen las raíces fijadas en un punto y quizá están a una gran distancia de otros ejemplares de su especie. La solución es producir polen, unos minúsculos granos de polvo que contienen las células sexuales masculinas y que pueden ir de una planta a otra. Las flores que poliniza el viento producen millones de granos de polen y dejan que el viento los esparza por doquier. Las flores que polinizan los animales, en cambio, producen muchos menos granos de polen que se pega a los animales que las visitan y que estos dejan en otras flores. Así es mucho más fácil que lleguen al lugar adecuado.

## Fecundación

Cuando un grano de polen se posa en el estigma (la punta del órgano femenino) de una flor, germina igual que una semilla y desarrolla un largo tubo. El tubo polínico crece hacia el interior de la flor, gracias a sus líquidos nutritivos, hasta llegar al ovario, que es donde se abre por la punta y libera dos espermatozoides (células sexuales masculinas). Uno de ellos se une a una célula sexual femenina del interior del óvulo y la fecunda. Ahora el óvulo se convertirá en una semilla. El segundo espermatozoide se unirá a otras células femeninas del óvulo para crear la reserva de alimento de la semilla.

**Tubo polínico**
Después de que el polen se pose en el estigma, el tubo polínico crece hacia el interior de la flor hasta llegar al ovario.

**Lengua larga**
La forma tubular de la flor obliga al murciélago a llegar hasta el fondo con la lengua para obtener el néctar. Así, sin saberlo, deposita el polen que ha recogido en otras flores.

**Ovario**
La base de la parte femenina de la flor contiene el ovario, repleto de óvulos. La pared del ovario normalmente se desarrolla hasta convertirse en un fruto.

**Óvulo**
El tubo polínico llega al interior del ovario, donde fecunda un óvulo. Ahora el óvulo se convertirá en una semilla.

**FLOR DE IPOMOEA**
(**IPOMOEA MARCELLIA**)

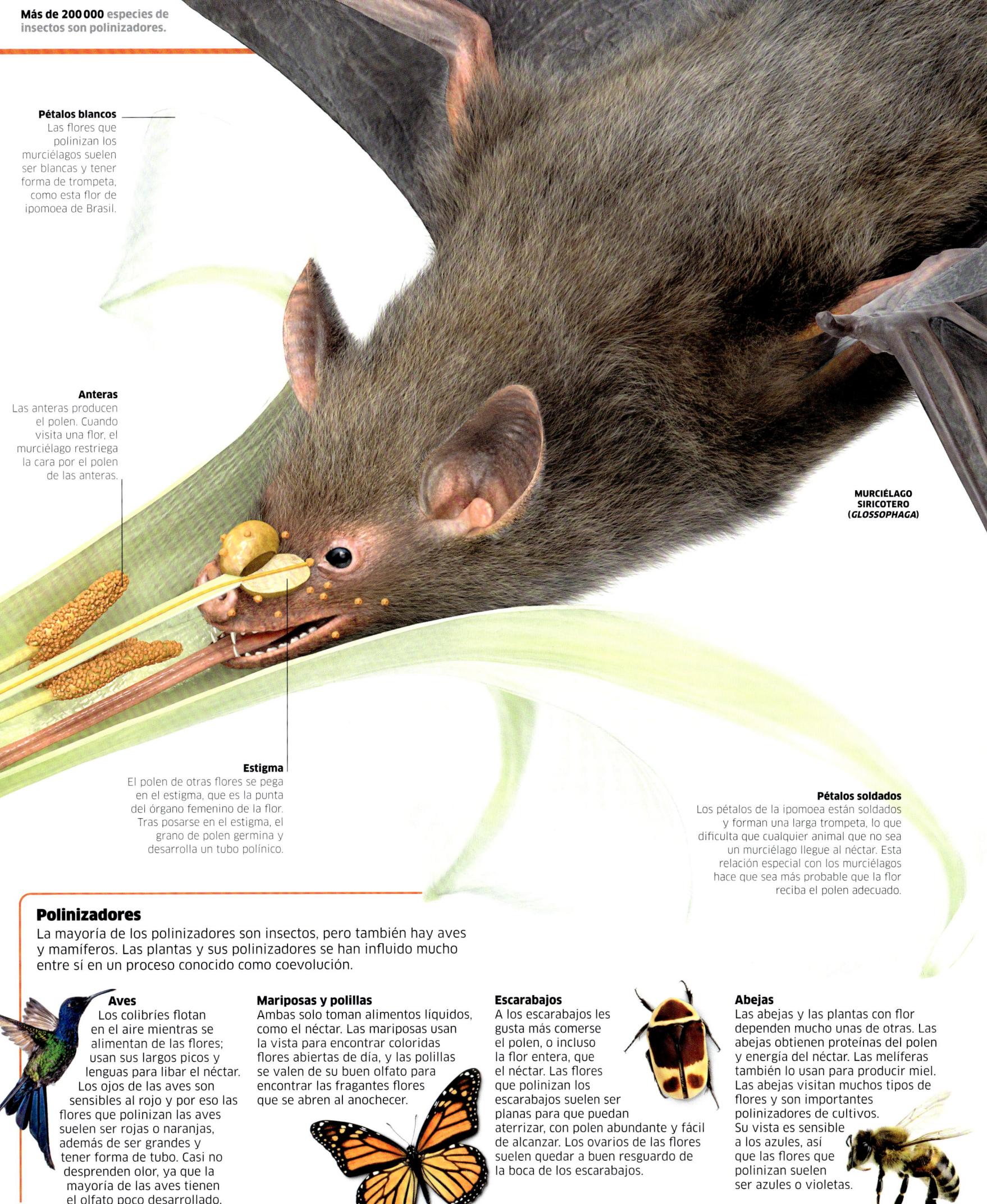

**Más de 200 000** especies de insectos son polinizadores.

**Pétalos blancos**
Las flores que polinizan los murciélagos suelen ser blancas y tener forma de trompeta, como esta flor de ipomoea de Brasil.

**Anteras**
Las anteras producen el polen. Cuando visita una flor, el murciélago restriega la cara por el polen de las anteras.

**MURCIÉLAGO SIRICOTERO (*GLOSSOPHAGA*)**

**Estigma**
El polen de otras flores se pega en el estigma, que es la punta del órgano femenino de la flor. Tras posarse en el estigma, el grano de polen germina y desarrolla un tubo polínico.

**Pétalos soldados**
Los pétalos de la ipomoea están soldados y forman una larga trompeta, lo que dificulta que cualquier animal que no sea un murciélago llegue al néctar. Esta relación especial con los murciélagos hace que sea más probable que la flor reciba el polen adecuado.

## Polinizadores
La mayoría de los polinizadores son insectos, pero también hay aves y mamíferos. Las plantas y sus polinizadores se han influido mucho entre sí en un proceso conocido como coevolución.

**Aves**
Los colibríes flotan en el aire mientras se alimentan de las flores; usan sus largos picos y lenguas para libar el néctar. Los ojos de las aves son sensibles al rojo y por eso las flores que polinizan las aves suelen ser rojas o naranjas, además de ser grandes y tener forma de tubo. Casi no desprenden olor, ya que la mayoría de las aves tienen el olfato poco desarrollado.

**Mariposas y polillas**
Ambas solo toman alimentos líquidos, como el néctar. Las mariposas usan la vista para encontrar coloridas flores abiertas de día, y las polillas se valen de su buen olfato para encontrar las fragantes flores que se abren al anochecer.

**Escarabajos**
A los escarabajos les gusta más comerse el polen, o incluso la flor entera, que el néctar. Las flores que polinizan los escarabajos suelen ser planas para que puedan aterrizar, con polen abundante y fácil de alcanzar. Los ovarios de las flores suelen quedar a buen resguardo de la boca de los escarabajos.

**Abejas**
Las abejas y las plantas con flor dependen mucho unas de otras. Las abejas obtienen proteínas del polen y energía del néctar. Las melíferas también lo usan para producir miel. Las abejas visitan muchos tipos de flores y son importantes polinizadores de cultivos. Su vista es sensible a los azules, así que las flores que polinizan suelen ser azules o violetas.

# Llevar el polen

**Aproximadamente el 90 por ciento de las especies de plantas con flor depende de los insectos para polinizar sus flores y ayudarles así a reproducirse.**

Al contrario que la mayoría de los insectos, la gran esfinge morada no se posa en las flores, sino que se queda flotando, como un colibrí, y desenrolla su larga probóscide (lengua) para libar el néctar. Al hacerlo, el polen se pega a su peludo cuerpo, atraído por la electricidad estática. Cuando la polilla visita otra flor, los granos de polen se despegan y la polinizan.

**72** reproducción ○ **FLORES DE FLORES**

El **10** por ciento de las plantas con flores pertenecen a la **familia de las asteráceas**.

## Girasol

El girasol pertenece a la familia de las asteráceas, una enorme familia con más de 32000 especies. Los miembros de la familia de las asteráceas tienen un tipo de inflorescencia conocida como cabezuela. Lo que parecen pétalos son realmente flores individuales (flores liguladas), mientras que las flores más pequeñas (flores del disco) forman el centro. El resultado global parece que sea una única flor gigante que atrae de lejos a los polinizadores.

Entre 13 y 30 flores liguladas componen la parte exterior del girasol.

El disco central contiene más de 1000 flores de disco.

Pétalo

Estigma y estilo

Ovario

## Flor ligulada

Cada flor ligulada tiene un gran pétalo único, normalmente formado por cinco pétalos soldados, cuya tarea es atraer a los polinizadores. No obstante, a menudo las flores liguladas son estériles y no producen semillas.

**Bráctea**
Unas estructuras verdes en forma de hoja denominadas brácteas protegen la base y los laterales de la inflorescencia del girasol.

**Receptáculo**
La base de la cabezuela se conoce como receptáculo.

Estigma

Estambres

Corola (pétalos)

Ovario

Óvulo

## Sin parar

Algunas inflorescencias producen más y más botones florales a medida que crecen. Es el caso de las dedaleras, la inflorescencia en forma de espiga gana cada vez más altura a medida que se abren nuevas flores. La dedalera puede estar en flor durante varias semanas, con semillas madurando en la parte inferior mientras siguen formándose botones florales en la parte superior. Las abejas vuelven un día tras otro para visitar las flores recién abiertas y recoger el néctar fresco.

**Nuevos botones florales**
En la punta de la espiga todavía se forman botones florales.

**Flor**
La forma de trompeta de las flores maduras es ideal para los abejorros, que avanzan por el interior para alcanzar el néctar de la base.

## Flor del disco

Cada flor del disco tiene partes masculinas y femeninas. Las flores se abren siguiendo una secuencia: primero lo hacen las de la parte exterior del disco y después avanzan hacia el interior. Primero maduran las partes masculinas de las flores, seguidas de las partes femeninas. Tras la fecundación se forma una única semilla en el ovario. La pared ovárica forma la frágil cáscara con rayas blancas y negras típica de la pipa de girasol, que técnicamente es un fruto.

**3 m** alcanza la **inflorescencia más alta del mundo**, que pertenece a la apestosa flor cadáver.

**El brócoli y la coliflor** son inflorescencias de la col.

**73**

# Flores de flores

**Algunas flores no acaban de ser lo que parecen. La espectacular floración amarilla del girasol no es una sola flor, sino 1000 diminutas flores apretujadas. Un grupo de flores se conoce como inflorescencia.**

Las inflorescencias presentan todo tipo de formas y tamaños, desde las claras formas redondas de las margaritas y los girasoles hasta las altas espigas de las dedaleras y las cabezuelas etéreas en forma de paraguas del perejil. La mayoría de las inflorescencias se pueden clasificar en dos tipos. En una inflorescencia indeterminada, las nuevas flores siguen creciendo y formándose en la parte superior, mientras van madurando las que quedan más abajo. En una inflorescencia determinada, la flor superior es la primera que se abre, seguida por las de más abajo.

**Tras el sol**
Los tallos de los girasoles jóvenes se doblan durante el día para que las cabezuelas sigan mirando al sol. Así, las minúsculas flores mantienen una temperatura cálida, ideal para que las abejas las polinicen. Eso sí, cuando han madurado, las cabezuelas se quedan mirando hacia el este.

**Patrón matemático**
Las flores de las cabezuelas de las asteráceas crecen en espirales entrelazadas; así caben el máximo número posible de flores. Los números de estas espirales en el sentido de las agujas del reloj y en el sentido contrario siguen un patrón matemático famoso: la secuencia de Fibonacci.

## Tipos de inflorescencias

Los botánicos y los jardineros dan nombre a los diferentes tipos de inflorescencias. Por ejemplo, los miembros de la familia de las asteráceas tienen una inflorescencia plana y compacta conocida como «cabezuela», mientras que los miembros de la familia de las apiáceas tienen una «umbela», con los ramilletes agrupados en pequeños tallos que parecen las varillas de los paraguas.

**Cabezuela**
Las flores se hacinan sobre una ancha base plana; el aspecto del conjunto es una única flor individual.

**Espiga**
Las flores salen de un único tallo y no tienen pecíolos separados.

**Racimo**
Las flores salen de un único tallo alto, y cada flor cuenta con un pecíolo corto.

**Racimo compuesto**
Diversos racimos pequeños se unen para formar un gran racimo más grande.

**Corimbo**
Las flores se ordenan en forma de racimo, pero las flores externas tienen los pecíolos más largos.

**Amento**
Esta inflorescencia se parece a la de espiga o racimo, pero cuelga hacia abajo.

**Umbela**
Todas las flores tienen un tallo corto (pecíolo) que parte del mismo punto.

**Umbela compuesta**
Diversas umbelas pequeñas se unen para formar una única umbela más grande.

**Espádice**
Una espiga carnosa con varias florecillas está acompañada por una gran estructura en forma de pétalo conocida como espata.

# Trucos y trampas

**Los polinizadores suelen obtener alguna recompensa, como el néctar, pero algunas plantas cuentan con trucos o trampas para asegurarse de que las polinicen bien.**

Elaborar néctar es caro para las plantas, pues esta sustancia dulce contiene mucha energía. Así que para minimizar las pérdidas, algunas plantas han desarrollado maneras de atraer a los polinizadores para que aterricen en sus flores sin ofrecer nada a cambio a los visitantes. Las orquídeas son las reinas de esta tramposa estrategia. Muchas orquídeas también tienen relaciones altamente especializadas con un polinizador concreto, para asegurarse así de que el preciado polen solo llega a flores de la misma especie.

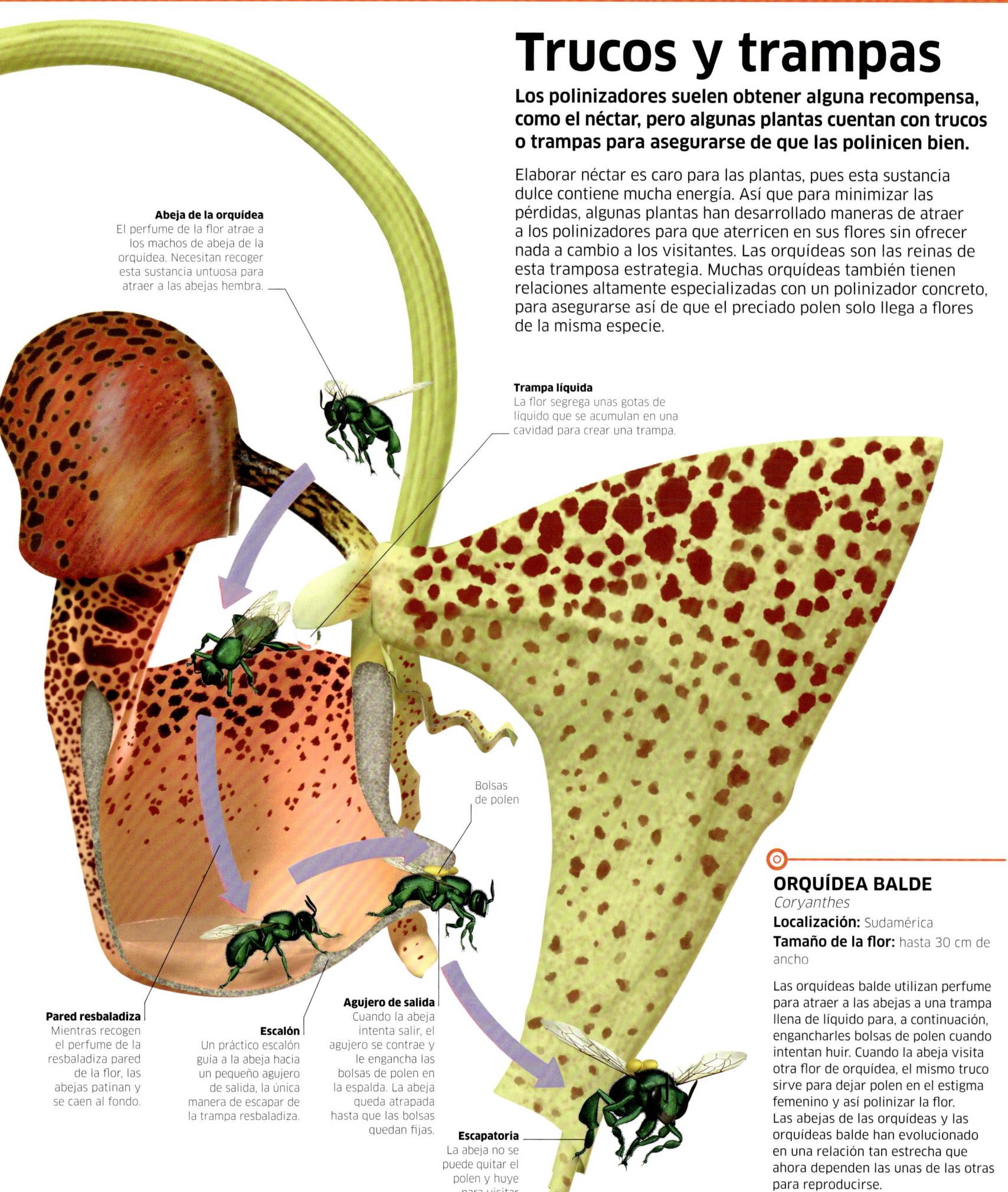

**Abeja de la orquídea**
El perfume de la flor atrae a los machos de abeja de la orquídea. Necesitan recoger esta sustancia untuosa para atraer a las abejas hembra.

**Trampa líquida**
La flor segrega unas gotas de líquido que se acumulan en una cavidad para crear una trampa.

Bolsas de polen

**Pared resbaladiza**
Mientras recogen el perfume de la resbaladiza pared de la flor, las abejas patinan y se caen al fondo.

**Escalón**
Un práctico escalón guía a la abeja hacia un pequeño agujero de salida, la única manera de escapar de la trampa resbaladiza.

**Agujero de salida**
Cuando la abeja intenta salir, el agujero se contrae y le engancha las bolsas de polen en la espalda. La abeja queda atrapada hasta que las bolsas quedan fijas.

**Escapatoria**
La abeja no se puede quitar el polen y huye para visitar más flores.

◎ **ORQUÍDEA BALDE**
*Coryanthes*
**Localización:** Sudamérica
**Tamaño de la flor:** hasta 30 cm de ancho

Las orquídeas balde utilizan perfume para atraer a las abejas a una trampa llena de líquido para, a continuación, engancharles bolsas de polen cuando intentan huir. Cuando la abeja visita otra flor de orquídea, el mismo truco sirve para dejar polen en el estigma femenino y así polinizar la flor. Las abejas de las orquídeas y las orquídeas balde han evolucionado en una relación tan estrecha que ahora dependen las unas de las otras para reproducirse.

**10 000** número de especies de orquídeas que **engañan** a los polinizadores para atraerlos.

La **pestilencia** de la aro gigante puede atraer insectos que estén a 1 km de distancia.

**75**

## GORTERIA DIFFUSA
*Gorteria diffusa*
**Localización:** sur de África
**Tamaño de la flor:** 3-6 cm de ancho

Las manchas negras de esta planta parece que sean pequeños insectos, con unos diminutos pelos y motas blancas para hacer que la ilusión sea perfecta. Las moscas macho también muerden el anzuelo: se posan en las flores y quedan repletas de polen mientras deambulan por la superficie intentando encontrar a las inexistentes hembras.

Mosca de mentira

## LOTO SAGRADO
*Nelumbo nucifera*
**Localización:** sur y sudeste de Asia
**Tamaño de la flor:** hasta 30 cm de ancho

El loto sagrado recompensa a sus polinizadores, pero solo en el momento adecuado. La flor se abre un poco el primer día y atrae a los escarabajos con su fragancia. De noche se cierra del todo, atrapa a los escarabajos y se asegura de que todo el polen que llevan queda depositado en los estigmas femeninos. Al día siguiente los estambres liberan su polen, los escarabajos quedan llenos de polvo y la flor se abre para dejarlos libres. Las flores del loto tienen la capacidad de mantener una temperatura cálida constante, como los animales de sangre caliente, lo que hace que los escarabajos sigan activos.

Carpelo (parte femenina)

## ORQUÍDEA PERDIZ
*Ophrys*
**Localización:** Europa, norte de África
**Tamaño de la flor:** 1-3 cm de longitud

Las orquídeas perdiz se parecen tanto a las abejas hembra que los machos aterrizan encima e intentan aparearse con la flor y la polinizan sin darse cuenta. Pseudocopulación es su nombre científico. Existen cientos de diferentes especies de orquídeas perdiz; muchas imitan a un tipo de insecto concreto.

Además de engañar la vista poco afinada de estos insectos, las flores producen una fragancia que imita la de las hembras.

## ORQUÍDEA PATO VOLADOR
*Caleana*
**Localización:** Australia occidental
**Tamaño de la flor:** 20-25 mm de longitud

Las flores en forma de pato de esta orquídea australiana han evolucionado para engañar a las moscas portasierra, que se sienten atraídas por su perfume, ya que recuerda el olor de las hembras. Cuando la mosca portasierra intenta aparearse con la flor, la «cabeza» del pato se cierra de repente y la empuja hacia la base de la flor, donde queda atrapada. Al intentar salir, se le pega el polen a la espalda.

La «cabeza» del pato baja para atrapar a las moscas visitantes.

## ARO GIGANTE
*Amorphophallus titanum*
**Localización:** selva tropical de Sumatra
**Tamaño de la flor:** hasta 3 m de alto

La cabezuela de la aro gigante es casi el doble de alta que una persona adulta, lo que hace de ella la cabezuela no ramificada más grande. También se la conoce como la flor cadáver porque emite olor a carne putrefacta para atraer a las moscas de la carne, que suelen poner allí sus huevos. La cabezuela se abre al anochecer, cuando se calienta para ayudar a diseminar su olor. Las moscas buscan la carne y chocan contra un grupo de diminutas flores cerca de la base de la espiga. Primero las flores hembra se preparan para recibir el polen, y después la planta libera el suyo propio. El día siguiente, la estructura gigante se marchita y se desploma.

La espiga central es un espádice. Tiene pequeñas flores ocultas en la base.

La parte exterior de color de carne de la flor cadáver se conoce como espata; parece un pétalo gigante, pero realmente es una hoja modificada.

# Higos y avispas

**Las higueras tienen una relación extraordinaria con unas diminutas avispas que viven y se aparean en el interior de sus frutos huecos. Las unas no podrían existir sin las otras, y viceversa.**

Los higos son unos jugosos frutos blandos que se desarrollan de una manera muy poco convencional: están del revés, con cientos de diminutas flores apuntando hacia el centro hueco de cada higo verde. Las avispas de los higos, unos animales que pasan toda su vida en el interior de los higos, son las únicas que pueden polinizar estas flores. Los machos no tienen alas y nunca salen. Las hembras solo abandonan un higo para irse a otro, donde de paso polinizan sus flores.

### Polinización complicada

Las avispas de los higos y los higos dependen las unas de los otros para completar su ciclo de vida. La avispa hembra pone los huevos en el interior de las diminutas flores del higo. También poliniza el higo, por lo que el fruto puede madurar.

Flor del higo

La avispa pone un huevo en el interior de la flor

## 2 Polinización

En el interior del higo, la avispa encuentra cientos de flores masculinas y femeninas. Poliniza algunas de las flores hembra con el polen que lleva en las patas, lo que garantiza que el higo madurará. A continuación pincha otras flores hembra con la punta de la cola, pone huevos en su interior y finalmente muere.

Flor hembra

## 1 La hembra entra

Atraída por el olor del higo, la avispa hembra entra en un higo verde a través de una pequeña abertura, el ostiolo, tan estrecha que le arranca las alas al pasar. Jamás volverá a volar.

Las avispas de los higos son **diminutas**: miden aproximadamente 1,5 mm de largo.

Las enzimas de la planta digieren y absorben a las avispas de los higos que **mueren en el interior del fruto**.

**77**

## Gran variedad

Nosotros solo comemos algunas especies de higos, pero hay más de 750 tipos, cada uno asociado a una avispa distinta. Al madurar en diferentes momentos del año, son una valiosa fuente de alimento para aves y mamíferos; los monos los consideran un manjar. Se cree que los monos desarrollaron la visión de los colores hace millones de años, cuando necesitaban ver el cambio de color que se produce cuando los frutos maduran. Por lo tanto, quizá tengamos que agradecer a los higos la buena visión en color que tenemos nosotros.

Vesícula

Larva

Avispa macho

**3 Se desarrollan las larvas**
Los huevos eclosionan, pero las larvas no se van muy lejos. Cada una se queda en el interior de una flor, que crece a su alrededor para formar una vesícula (cápsula) que le aporta alimento. Los primeros que salen son los machos, ciegos y sin alas.

**4 Apareamiento**
Las avispas macho salen de las flores y fecundan a las hembras, todavía en el interior de las vesículas. A continuación, los machos cavan túneles de salida en la pared del higo para que las avispas hembra puedan escapar, y mueren cuando han acabado su tarea final.

El macho de la avispa fecunda una larva hembra

Larva hembra en una vesícula

Higo maduro con semillas en el interior

**Avispa hembra**
Tras recoger el polen, la hembra vuela a otro higo guiada por su fragancia.

**5 Salen las hembras**
Las hembras maduran y abandonan la vesícula. Recogen el polen de las flores macho del interior del higo, avanzan por un túnel de salida y salen volando en busca de un nuevo higo para completar su ciclo vital.

# Polinizar al viento

**Muchas plantas producen unas flores tan pequeñas que apenas se ven, porque las poliniza el viento (polinización anemófila) y no hace falta que tengan colores vivos ni grandes pétalos para captar la atención de los animales.**

Entre las plantas que poliniza el viento están todas las gramíneas y coníferas (como pinos y abetos) del planeta, además de muchos árboles de hoja ancha, como el roble, el fresno, el abedul, el olmo o el avellano. Al contrario que el polen que transportan las abejas, el que lleva el viento al azar tiene una oportunidad muy pequeña de caer en el lugar preciso: en otra flor de la misma especie. Para compensarlo, las plantas que poliniza el viento producen miles de millones de minúsculos granos de polen que flotan en el aire y se desplazan grandes distancias.

**Arista**
Algunas flores de gramínea tienen un filamento largo conocido como arista que se queda unido a la semilla cuando esta se libera. Los minúsculos filamentos, todos en la misma dirección, ayudan a la semilla a penetrar en el suelo.

**Espiguilla**
Los pequeños grupos de flores de gramínea se conocen como espiguillas. Cada cabezuela de gramínea contiene muchas espiguillas.

**Polen**
La cabezuela de una planta de gramínea puede producir hasta 10 millones de granos de polen, y cada grano mide menos de una vigésima parte de milímetro de ancho.

El viento poliniza aproximadamente el **12 por ciento** de las plantas con flor, incluidas las gramíneas, los cultivos de cereales y muchos árboles.

Una única berza de perro anual puede producir **1250 millones de granos de polen** para que los disperse el viento.

**79**

# Cómo funcionan las flores de las gramíneas

La cabezuela de una gramínea está compuesta por muchas flores pequeñas que forman un ramillete. Normalmente se encuentra en la parte superior de la planta para quedar al viento, que sopla más fuerte a mayor altura. En primavera y verano, los ramilletes se abren para esparcir su polen y capturar el polen de otras gramíneas.

**Brácteas**
Las gramíneas no tienen sépalos, sino que una estructura en forma de barca, las brácteas, protegen sus flores. La interna, más pequeña, es la pálea. La externa, más grande, es la lemma.

**Filamento**
Los filamentos que sostienen las anteras son largos para que se muevan al viento con facilidad.

**Antera**
Las anteras cuelgan fuera de la flor para liberar el polen. Emiten nubes de polen cuando se mueven al darles la brisa.

**Estambre**
La parte masculina de la flor se conoce como estambre y consiste en una antera unida a un fino tallo denominado filamento.

**Estigma**
El estigma captura el polen de otras flores. En las gramíneas, los estigmas se dividen en largos brazos plumados que sirven para aumentar las probabilidades de capturar el polen.

**Estilo**
El estilo es un largo tallo fino que conecta el estigma y el ovario. En las flores polinizadas por el viento mantiene el estigma al aire para que a este le sea más fácil «atrapar» el polen.

**Carpelo**
La parte femenina de la flor se conoce como carpelo y está compuesta por el estigma, el estilo y el ovario.

**Pecíolo**
Cada ramillete cuenta con un tallo que recibe el nombre de pecíolo.

**Ovario**
El ovario, con un óvulo en su interior, está oculto en la base del órgano femenino. Si la flor se fecunda, el óvulo se convertirá en una semilla. El ovario y la semilla, juntos, forman un grano (como los granos de trigo).

## Piñas de conífera

Las coníferas no tienen flores, pero sus piñas producen polen que vuela de las piñas macho a las hembra, donde fecunda los óvulos y se forman las semillas. Para evitar que un árbol se autofecunde, las piñas macho suelen estar en la parte inferior del árbol, y las hembra, en la superior.

## Fiebre del heno

El polen es tan abundante que lo inhalamos al respirar en primavera y a principio del verano. El sistema inmunitario de algunas personas reacciona desproporcionadamente a las partículas del polen y provoca los síntomas de la rinitis estacional, o fiebre del heno: ojos llorosos, nariz tapada o mocosa y picor en la garganta.

LOS AMENTOS DEL ALISO LIBERAN EL POLEN EN PRIMAVERA

## Ciencia del polen

Los granos de polen son muy resistentes y pueden sobrevivir en el barro durante siglos. Algunos expertos los estudian para descubrir qué tipo de plantas había en un área en el pasado. Esta información puede revelar cómo ha cambiado el clima con el tiempo. Los científicos forenses también usan los indicios de polen en los zapatos y la ropa para ayudar a resolver crímenes.

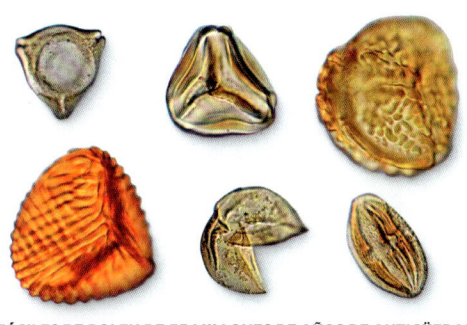

FÓSILES DE POLEN DE 55 MILLONES DE AÑOS DE ANTIGÜEDAD

**Polen**
Los estambres producen el polen, una sustancia en polvo que contiene células sexuales masculinas.

**1 Polinización**
El fruto empieza a formarse cuando se poliniza una flor. Si una abeja visita manzanos en floración, transfiere involuntariamente polen de una flor a otra. Parte del polen se pega en la punta de las partes femeninas de la flor, el estigma. Un tubo polínico crece del estigma hasta el ovario. Aquí, las células sexuales masculinas del polen se unen a las células sexuales femeninas del interior de un óvulo. Este proceso se denomina fecundación.

Estigma

Estambre

Tubo polínico

Ovario

Óvulo

Los pétalos se caen tras la polinización.

**2 Se hincha el ovario**
Tras la fecundación, los óvulos empiezan a convertirse en semillas; cada una contiene un minúsculo embrión que puede convertirse en un nuevo manzano. Simultáneamente, la pared ovárica alrededor del óvulo empieza a hincharse para formar la carne del fruto. En las flores del manzano, la base de la flor (el receptáculo) también se hincha y forma una gruesa capa de carne alrededor del ovario.

Los coloridos pétalos atraen a los polinizadores, como las abejas y las avispas.

Estambre marchito

Receptáculo

Óvulo

Ovario

# De la flor al fruto

**Cuando se ha polinizado una flor, sus pétalos se marchitan y mueren, y empieza a crecer un fruto con las semillas ocultas en su interior.**

Los frutos forman parte de la estrategia de las plantas para crear nuevos individuos. Todas las plantas con flor hacen fruto para ayudar a propagar las semillas y que la descendencia de la planta tenga más posibilidades de sobrevivir. Llamamos fruta a los frutos comestibles, como las manzanas y las bayas, que dispersan las semillas envolviéndolas en una dulce carne jugosa. La parte más sabrosa se suele desarrollar a partir de una pequeña parte de la flor conocida como ovario. Es una notable transformación, y puede tardar meses en completarse.

**6000** años hace que los seres humanos llevamos **cultivando melocotones**.

Algunos agricultores **alquilan abejas de la miel para que polonicen las flores de sus campos**.

**81**

### 3 Crece el fruto

La manzana sigue creciendo durante semanas y queda colgando por su propio peso. El alimento transportado desde las hojas del árbol se acumula en la carne en forma de una sustancia denominada almidón, que no es dulce, y por eso la carne es dura y amarga en este momento. La piel exterior todavía es verde.

### ¿Verdadero o falso?

No todos los frutos se desarrollan igual. Los frutos verdaderos, como los melocotones, los guisantes y las uvas, crecen solo a partir del ovario de una flor y contienen una o más semillas fecundadas. Los falsos frutos, a veces conocidos como pseudofrutos, también incluyen otras partes de la flor, como el receptáculo. Algunos ejemplos de falsos frutos son las fresas, las piñas y las manzanas.

Ovario

Receptáculo

Ovario

**FALSO FRUTO (MANZANA)**

**FRUTO VERDADERO (CEREZA)**

Receptáculo

Ovario

Ovario

Semilla

La piel del fruto inmaduro suele ser verde.

Las semillas de las manzanas son blancas antes de madurar.

Los frutos maduros se suelen tornar de colores vivos.

Restos de los sépalos

### 4 Maduración

A medida que madura la manzana, su carne se vuelve más blanda, la reserva de almidón se convierte en azúcar y le da un sabor dulce. La piel puede pasar de verde a roja para que sea más vistosa para los animales. Las semillas se tornan más oscuras cuando desarrollan la película protectora exterior que les ayudará a sobrevivir en su viaje a un nuevo hogar.

**82**   reprodución ∘ **TIPOS DE FRUTOS**

**99** por ciento: fruta comestible consumida
por los humanos que **se recoge a mano**.

# Tipos de frutos

**Al pensar en frutos, nos vienen a la cabeza frutas dulces, jugosas y sabrosas, pero no todos son así. Algunos son duros, secos y ásperos, o esponjosos como el algodón.**

Un fruto es el ovario maduro de una flor, que contiene semillas. La fruta, en cambio, son solo los frutos comestibles. Por ello, algunas cosas que consideramos verduras, frutos secos y semillas pueden ser en realidad frutos. Al margen de su forma, todos tienen el mismo objetivo: ayudar a propagar los descendientes de las plantas.

## ⊙ CÓMO ES UN FRUTO

Tras la polinización, la flor desarrolla su ovario hasta convertirse en un fruto con semillas. La pared ovárica se compone de tres capas, y su forma de desarrollarse varía según las plantas. En los frutos carnosos, lo habitual es que la pared ovárica se convierta en dulce carne. En los frutos secos, en cambio, quizá forma una vaina, una cáscara o una estructura que ayuda a la semilla a volar.

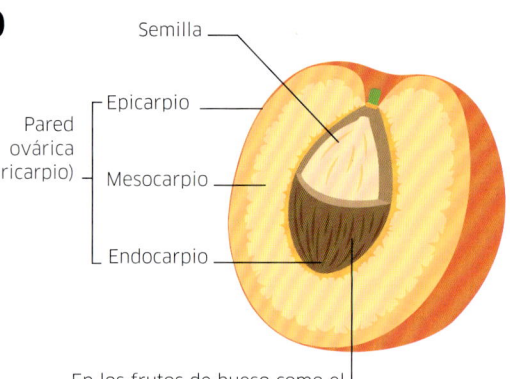

Semilla
Epicarpio
Pared ovárica (pericarpio)
Mesocarpio
Endocarpio

En los frutos de hueso como el melocotón, la capa interior del ovario (endocarpio) forma una frágil cáscara alrededor de la semilla.

## ⊙ FRUTOS SECOS

Muchos frutos secos tienen alas que parecen de papel o estructuras plumadas para aprovechar el viento e irse lejos de la planta progenitora. Otros son duros o pesados para irse rodando, y algunos se rompen al secarse y lanzan sus semillas al aire.

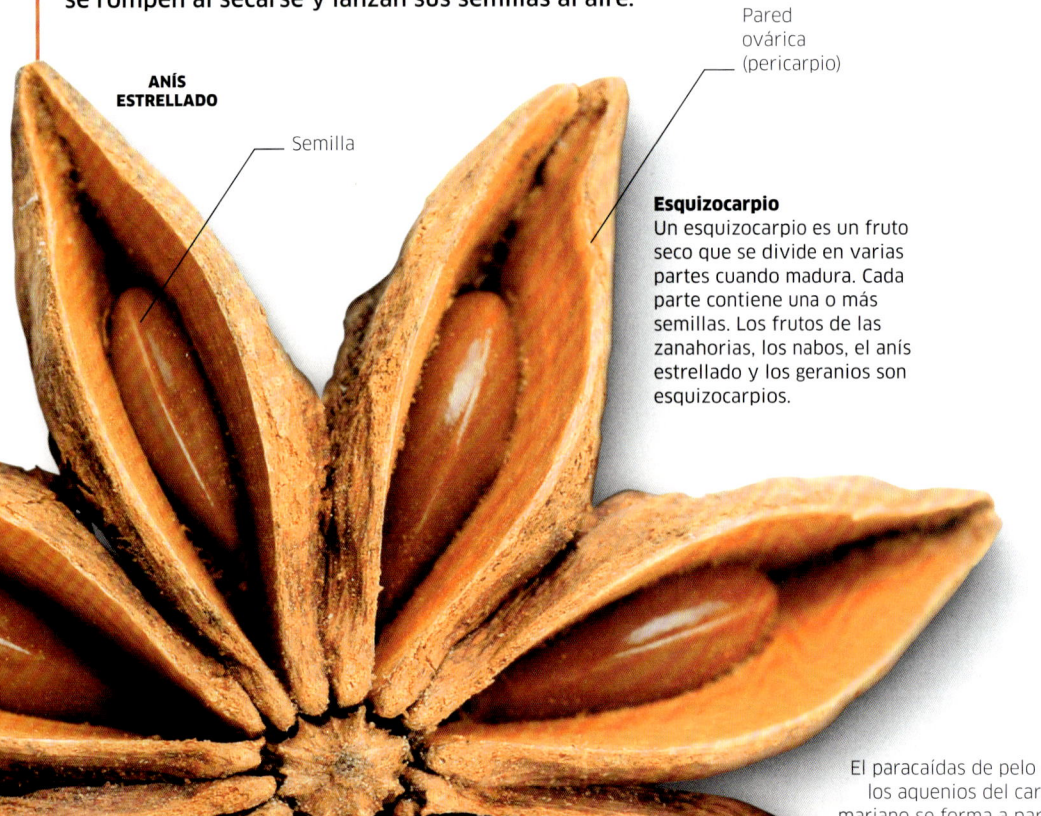

**ANÍS ESTRELLADO**

Semilla

Pared ovárica (pericarpio)

**Esquizocarpio**
Un esquizocarpio es un fruto seco que se divide en varias partes cuando madura. Cada parte contiene una o más semillas. Los frutos de las zanahorias, los nabos, el anís estrellado y los geranios son esquizocarpios.

El anís estrellado se utiliza como especia en muchos platos asiáticos.

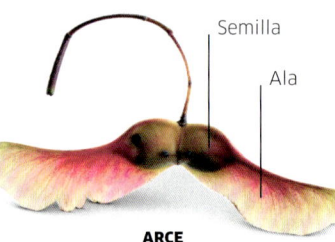

Semilla
Pericarpio

**GUISANTE**

**Vaina**
Los guisantes, las judías y casi todo el resto de los miembros de la familia de las legumbres tienen unos frutos largos conocidos como vainas, que se secan al madurar y se abren a lo largo de una costura; a veces las semillas salen propulsadas.

**ALGODÓN**

**Cápsula**
Una cápsula es un fruto seco simple que se parte al madurar para liberar varias semillas. Las cápsulas de algodón cuentan con unas semillas peludas que se las lleva el viento. Llevamos más de 6000 años confeccionando telas con estas fibras naturales.

Semilla
Ala

**ARCE**

**Sámara**
Una sámara cuenta con un ala plana que parece de papel formada a partir de la pared ovárica y una única semilla. Algunos árboles como los arces producen las sámaras en parejas.

**MAÍZ**

**Grano**
Los frutos de las gramíneas son los cereales. Cada grano consiste en una única semilla soldada a la pared ovárica de la flor. El trigo, el arroz y el maíz son ejemplos de ellos.

El paracaídas de pelo de los aquenios del cardo mariano se forma a partir de los sépalos de la flor.

Aquenio

**CARDO MARIANO**

**Aquenio**
Un aquenio contiene una sola semilla que casi llena por completo la pared ovárica seca, pero que no se pega a ella. Las pipas de girasol y las pepitas de las fresas son aquenios.

El pericarpio forma una cáscara no comestible.

**AVELLANA**

**Fruto seco**
Los frutos secos son frutos en los que la pared ovárica forma una cáscara dura que no se separa al madurar. Los frutos secos auténticos tienen una sola semilla dentro.

**25** kg alcanza la **semilla más pesada**, el coco de mar.

**1225** kg pesa el **fruto más grande**, la calabaza gigante.

**83**

# FRUTOS CARNOSOS

Los frutos carnosos evolucionaron para ser dulces y nutritivos porque eso atrae a los animales, que se comen la carne y tiran las semillas o las depositan en sus excrementos lejos de la planta progenitora, a menudo con un extra de abono.

Endocarpio con semilla en el interior

Mesocarpio

Epicarpio

**CEREZA**

### Drupa
Una drupa es un único fruto carnoso con un hueso duro que contiene una semilla. Los melocotones, las cerezas, las almendras, los cocos y las aceitunas son drupas.

Corteza gruesa (epicarpio)

Semillas

**CALABAZA**

### Pepo
Un pepo es un tipo de baya con la corteza gruesa, la carne acuosa y muchas semillas. Las calabazas, los melones y los pepinos son pepos.

Pared ovárica (pericarpio)

**KIWI**

### Baya
Una baya es un fruto carnoso simple formado a partir de una flor con un ovario. Al contrario que las drupas, las bayas no tienen hueso y todo su pericarpio es comestible. Los kiwis, las uvas, los pimientos, los plátanos, los tomates o los pepinos son bayas.

Epicarpio correoso

Mesocarpio dividido en segmentos

**TORONJA**

### Hesperidio
Un hesperidio es un tipo de baya con una dura corteza correosa y un mesocarpo muy jugoso que se divide en segmentos. Este grupo incluye todos los cítricos.

El ovario solo se convierte en el corazón.

**MANZANA**

### Pomo
La carne de un pomo no se desarrolla a partir del ovario, sino de otra parte de la flor. Por eso a veces los pomos se consideran falsos frutos, e incluyen las manzanas, las peras y los membrillos.

Cada segmento de la piña se desarrolla a partir de un ovario.

**PIÑA**

### Fruto compuesto
Un fruto compuesto, como una piña o un higo, se forma a partir de un grupo de flores muy apretujadas. Tras la polinización, los ovarios de las flores se funden para formar un único fruto.

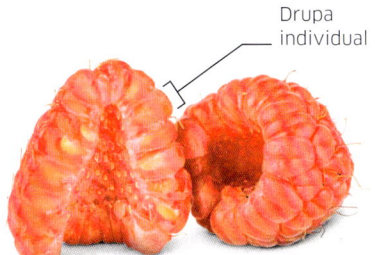

Drupa individual

**FRAMBUESA**

### Pseudodrupa
Este fruto se desarrolla a partir de una flor con múltiples ovarios. Consiste en muchas drupas pequeñas juntas, cada una con una única semilla. Algunas de ellas son las frambuesas y las moras.

## ¿Es una baya?

Algunas de las frutas que consideramos bayas no lo son, porque no son frutos formados a partir de un único ovario. Las bayas auténticas incluyen algunos alimentos sorprendentes, desde chiles y plátanos hasta calabazas y café.

Las fresas son falsos frutos. Los frutos reales son las pepitas (aquenios).

**FRESA**

**FRAMBUESA**

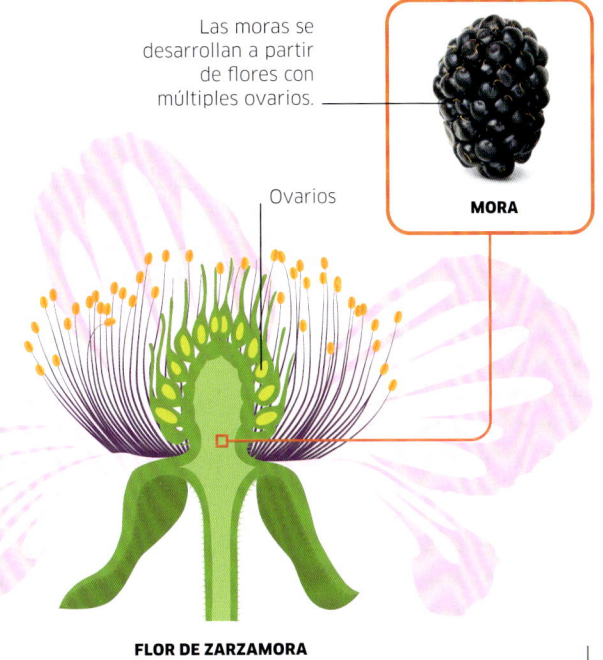

Las moras se desarrollan a partir de flores con múltiples ovarios.

Ovarios

**MORA**

**FLOR DE ZARZAMORA**

Endocarpio

Mesocarpio

Epicarpio

Semilla

**AGUACATE**

**PLÁTANO**

**ARÁNDANO**

**CHILE**

**No son bayas**

**Bayas**

### Cola natural

No todas las semillas pegajosas utilizan ganchos para adherirse a los animales, sino que algunas están recubiertas con sustancias que parecen cola y que se enganchan a las plumas y picos de las aves. Estas semillas pueden ser un engorro para sus portadores.

### Muérdago

Los muérdagos son plantas parásitas que crecen en las ramas de los árboles. Sus pegajosas semillas se adhieren al pico de las aves, que se las quitan después rascándose en otros árboles, el lugar perfecto para que las nuevas plantas de muérdago echen raíces.

### Pisonia

La pisonia crece en islas tropicales y depende de las aves marinas para esparcir sus semillas, increíblemente pegajosas, hacia islas distantes. Aunque las semillas se acaban desenganchando, algunas aves quedan cubiertas de tal manera que no pueden volar o se quedan atrapadas en el árbol.

# Propagar las semillas

**Tras florecer y producir semillas, el reto de las plantas es asegurarse de que su descendencia crece en las mejores condiciones posibles.**

Idealmente, la semilla de una planta cae y germina lejos de esta para que la plántula no tenga que competir con ella por la luz, los nutrientes y el agua. Las plantas no pueden llevar físicamente a su descendencia a nuevos hábitats como hacen los animales, así que tienen otros métodos para que sus semillas se dispersen. Muchas plantas con flor se aprovechan para ello de los animales. Algunas recompensan a los animales con frutos dulces, mientras que otras enganchan sus frutos a los animales y así dan un paseo gratis a las semillas que llevan en el interior.

### Pelos ganchudos

Algunas plantas han desarrollado frutos con ganchos que se pegan a los animales al pasar para que se los lleven en el pelo o las plumas hasta que se caen, ya lejos de la planta progenitora. El pie de gallina es un hierbajo famoso por sus pegadizos frutos. A pesar de que parezca que lleve cola, todas las partes de la planta, incluidos sus frutos, están cubiertos de minúsculos pelitos.

### Ganchos de la bardana

Al marchitarse las flores de la bardana, solo quedan las espinosas brácteas. Los ganchos se aferran a los animales al pasar para que los dispersen.

**Bolas**
Los frutos son bolas repletas de ganchos.

Fruto del pie de gallina

Las ardillas **olvidan dónde entierran** un 75 por ciento de los frutos secos.

**3** cm de diámetro tiene una **bola espinosa de bardana**.

**300-400** semillas produce **cada bardana** por año.

**85**

**Vaya maraña**
Los diminutos pelos en gancho se enmarañan con el pelo.

**Pelos pegajosos**
Los minúsculos pelos en gancho que cubren las plantas de pie de gallina y sus pequeños frutos se adhieren fácilmente a cualquier animal que pase cerca para que los disperse por doquier. Los ganchos también ayudan a la planta a encaramarse por encima de otras plantas.

**Pie de gallina**
Todas las partes del pie de gallina están cubiertas de minúsculos pelitos.

## Banquete bestial

Los frutos carnosos atraen especialmente a los animales, ya que son una nutritiva fuente de hidratos de carbono, minerales y vitaminas. Por eso los animales son excelentes a la hora de dispersar las semillas, ya sea escupiéndolas o excretándolas por una gran área.

Los animales se tragan las semillas cuando comen frutos.

Algunas semillas sacan provecho del paso por el sistema digestivo, ya que así se empieza a romper la dura cáscara de la semilla.

Los animales escupen o tiran las semillas grandes que no pueden tragarse.

Cuando una semilla echa raíz, la caca del animal puede hacer de adobo para la nueva planta.

## Frutos venenosos

Algunos frutos son venenosos para casi todos los animales. Las plantas se aseguran así de que solo se los comerán los mejores candidatos para dispersar sus semillas. La belladona contiene sustancias tóxicas letales para la mayoría de los mamíferos, pero inocuas para algunas aves que esparcen sus semillas.

## Tesoro enterrado

Algunos animales, como las ardillas, los carpinteros y los ratones, almacenan semillas. Las ardillas recogen y entierran muchos frutos secos en otoño para tener alimento para el invierno, pero se olvidan de muchas de las semillas plantadas, que acabarán germinando.

# Volar y planear

**Aunque las plantas echen raíces y crezcan en un sitio concreto, su descendencia puede desplazarse enormes distancias. Las semillas voladoras y flotantes usan el viento y el agua para llegar a nuevos hogares.**

Las semillas que caen del árbol directamente al suelo tienen pocas probabilidades de prosperar a la sombra de su progenitor. Además de quedar sin luz, acaban compitiendo entre ellas y con su progenitor por el agua y los nutrientes. Cualquier cosa que sirva para que una semilla llegue más lejos, ya sea un ala que gira o un paracaídas de pelo, aumenta sus probabilidades de supervivencia. Por eso las plantas han desarrollado muchos trucos y técnicas diferentes para alejarse con el viento o el agua.

### Lo que el viento se llevará

Los plátanos y los arces producen unos frutos alados conocidos como sámaras. Las finas alas actúan como las aspas de una hélice y hacen que los frutos giren durante la caída, frenando así su descenso. Así el viento las puede soplar de lado y llevárselas lejos del árbol progenitor.

## Dispersión por agua

Las semillas y los frutos que acaban en el agua tienen la posibilidad de viajar hasta la otra punta del mundo. Las semillas flotantes suelen tener una dura cáscara exterior capaz de resistir el agua salada.

**Cocos**
Los cocoteros crecen en playas, donde caen sus frutos, que a menudo ruedan y acaban en el mar. Las cavidades de aire en la fibrosa corteza exterior hacen que el coco flote. Cuando el agua lo lleva hasta una nueva playa, ya está a punto para brotar.

**Mangles**
Los mangles crecen en las costas tropicales. Sus semillas echan una larga raíz primaria que les ayuda a flotar verticales. Cuando el nivel del agua disminuye con la marea baja, se fijan al barro.

**Loto sagrado**
Esta planta acuática crece en ríos y tiene una cápsula flotante con semillas que se desengancha y se va con la corriente. Las semillas salen y se hunden hasta el lecho del río, donde germinan.

Semilla en el interior de la cápsula del loto

**Estructura robusta**
El borde rígido mantiene la estabilidad de la sámara mientras está girando.

**En espiral**
Las alas de las sámaras están algo inclinadas, como las palas de una hélice, para que desciendan en espiral. Además, así la sámara también gana algo de sustentación, y así baja más lentamente hacia el suelo.

**Semilla oculta**
La punta de la sámara oculta una semilla.

## Dispersión por aire

El ala de la semilla del arce es tan solo una de las maneras que las plantas aprovechan el viento para garantizar la mayor supervivencia de sus semillas.

**Semillas peludas**
Las cáscaras de las semillas de la clemátide cuentan con unos filamentos pilosos que hacen que floten en la brisa cuando se separan de la planta.

**Cápsulas**
Las borbonesas producen semillas en unas cápsulas que se abren al secarse. Cuando el viento agita el tallo, por la abertura salen volando semillas.

**Errantes**
Cuando sopla viento fuerte, el matojo rodante se separa de sus raíces y rueda por el suelo mientras va esparciendo sus semillas. Cada arbusto llega a producir hasta 50 000 semillas que necesitan la mínima lluvia para empezar a crecer.

**Deriva lateral**
El lento descenso de una semilla de arce girando facilita que se desplace lateralmente, lejos del árbol progenitor, en lugar de caer justo debajo del mismo.

**Dos alas**
La sámara del arce empieza siendo una sámara doble, con dos alas. A medida que madura y se seca, va apareciendo una costura por el centro, hasta que acaba partiéndose por la costura, así cada mitad puede caer por separado.

**Arce de Tartaria**
El arce de Tartaria está distribuido por partes de Europa y Asia. Sus hojas y frutos se tornan de color rojo vivo en otoño.

**A presión**
La cápsula utiliza la presión de un líquido para explotar. A medida que va madurando, se llena de líquido, de manera que la presión interior aumenta gradualmente.

# Plantas explosivas

**En los días más calurosos del verano, algunas plantas como las judías y las alegrías crujen y estallan; dispersan sus semillas siguiendo un método más explosivo.**

Los frutos de algunas plantas han evolucionado para separarse de forma violenta y asegurarse de que sus semillas vuelan lejos. Una explosión es la única manera activa de una planta para dispersar sus semillas a gran distancia. Los semilleros de algunas plantas explosivas se parten por las líneas de costura al secarse y hacen volar sus semillas. En otras plantas explosivas, se acumula líquido en el interior de una cápsula de semillas y la presión va subiendo a medida que aumenta su tamaño. Cuando la tensión supera un límite, la cápsula explota de repente y expulsa las semillas.

Las semillas salen hasta a 95 km/h y pueden volar a 6 m de distancia.

**800** semillas puede expulsar una **planta de alegría del Himalaya** en un año.

Las cápsulas del mastuerzo menor propulsan sus semillas a **36 km/h.**

**89**

Las semillas, los jugos y los frutos son tóxicos, lo que reduce las probabilidades de que se los coma algún animal.

Cuando la presión llega a un nivel crítico, la cápsula se separa del tallo y queda un orificio para que salgan las semillas y el moco a chorro.

## Vainas de guisantes

Los guisantes, las judías y otras legumbres producen semillas en vainas. Cuando se secan y se rizan, sus paredes acumulan energía. Al final, las vainas se parten por las costuras, liberan la energía de repente y propulsan las semillas con una fuerza enorme.

La vaina se parte por las débiles costuras de las paredes.

Las semillas salen despedidas.

La vaina se riza al dividirse.

## Alegrías

Las alegrías son una familia de plantas común en el hemisferio norte y los trópicos. Sus cápsulas dependen de la tensión de los líquidos para expulsar semillas a velocidades de hasta 43 km/h. Tan solo una gota de agua basta para provocar la explosión.

Las semillas y las ventallas vuelan por los aires.

Tallo de la planta

Las ventallas se separan

Ventalla

Semilla

Columela

**1. Cápsulas**
Las capsulas de semillas están compuestas por cinco ventallas alrededor de un tallo o columela.

**2. Más tensión**
Al madurar, las ventallas se llenan de agua y crean una tensión que las obliga a empezar a separarse.

**3. Tirón**
Las ventallas se rizan y se separan de la columela por el centro; la cápsula se hace más corta.

**4. Explosión**
La tensión las rompe y se separan de la columela. Entonces se enrollan y las semillas salen despedidas.

## Pepinillos del diablo

Un fruto que sabe llamar la atención es el pepinillo del diablo. Cuando está maduro, las cápsulas llenas de semillas de esta planta venenosa se separan de sus tallos y salen disparadas, propulsadas por un explosivo chorro de mocos y semillas. Las cápsulas son tan sensibles que incluso el roce más leve puede desatar la reacción.

## Ceiba amarilla

La ceiba amarilla tiene el tronco y las ramas cubiertos de afiladas espinas cónicas, y su savia y sus hojas son venenosas, así que no es la planta más amable del mundo. Para dispersar las semillas, sus semilleros explotan de manera violenta, con un fuerte estallido, y por eso también se la conoce como ceiba tronadora.

Los semilleros en forma de calabaza explotan al secarse.

Las semillas salen despedidas en todas las direcciones y pueden lesionar a los animales que estén cerca.

# Reproducirse sin sexo

**Muchas plantas pueden clonarse a sí mismas; este proceso se conoce como reproducción asexual. La descendencia obtenida así es genéticamente idéntica a sus progenitores.**

La reproducción asexual solo precisa de un progenitor, lo que hace que sea más rápida y fácil que la reproducción sexual. Si el entorno no cambia mucho, la descendencia tiene muchas probabilidades de sobrevivir, porque tienen los mismos genes que su fructífero progenitor. Sin embargo, la descendencia obtenida por reproducción asexual es vulnerable a los cambios en el entorno o a nuevas enfermedades por su falta de variación genética. En el reino vegetal hay muchas técnicas para reproducirse asexualmente.

## BULBOS
**Ejemplos:** jacinto, tulipán y azucena

Algunas plantas sobreviven al invierno bajo tierra, en forma de bulbos. Estos órganos de reserva de alimento consisten en capas de hojas especiales muy apretadas entre sí. Muchos bulbos se pueden reproducir asexualmente a partir de «bulbillos», unas pequeñas yemas que se forman en su base. Los bulbillos se convierten en plantas nuevas cuando el bulbo empieza a crecer en primavera.

Bulbillo

**BULBO DE JACINTO CON BULBILLOS**

**FLOR DE JACINTO**

GLADIOLO

**Cormillos**
Crecen nuevos cormos en la base del cormo original. Estos pequeños brotes se conocen como cormillos.

**Retirada de los cormillos**
A veces los jardineros retiran los cormillos de los bulbos de los gladiolos y los utilizan para obtener nuevas plantas.

## CORMOS
**Ejemplos:** gladiolo, ajo y azafrán

Un cormo es un tallo modificado que en invierno conserva alimento bajo tierra. Tiene el mismo aspecto que un bulbo, pero es más macizo y no tiene capas de hojas. Como los bulbos, se puede reproducir asexualmente a partir de cormos miniatura que crecen en la punta de cortos tallos. A menudo, los animales no se los tragan, lo que garantiza la supervivencia de la planta.

## SEMILLAS SIN FECUNDAR
**Ejemplos:** diente de león

Los dientes de león tienen flores con todas las partes necesarias para reproducirse sexualmente. No obstante, sus semillas se forman asexualmente sin que sea necesaria la polinización. La producción de clones a partir de semillas se conoce como agamospermia y hace que se puedan propagar rápidamente a nuevos hábitats.

**SEMILLAS DE DIENTE DE LEÓN**

El cormo del aro gigante es el más grande y puede **pesar hasta 90 kg**.

En 2022, unos científicos de Australia notificaron que una planta de la alga de vidrieros había **cubierto 180 km² de lecho marino clonándose**.

**91**

## RIZOMAS

**Ejemplos:** bambú, cúrcuma y lirio

Los rizomas son tallos en forma de raíz que crecen horizontalmente bajo tierra antes de producir nuevas plantas. Las plantas de bambú prosperan en forma de rizomas y pueden invadir rápidamente el suelo que tienen alrededor para formar matorrales.

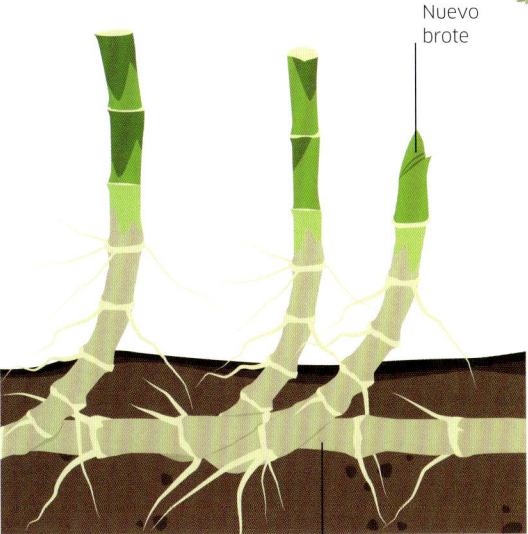

Nuevo brote

Rizoma de bambú

## CHUPONES

**Ejemplos:** álamo temblón, olmo y campanita china

Algunos árboles, como el álamo, se reproducen asexualmente a partir de chupones, brotes que parten de las raíces. En 1992, unos científicos descubrieron un grupo de clones de álamos que cubría 42 hectáreas en Utah, Estados Unidos. Los árboles han estado miles de años creciendo a partir de chupones y sus sistemas radiculares continúan unidos, lo que hace de ellos el organismo más grande.

**COLONIA DE ÁLAMOS CLONADOS DE UTAH, ESTADOS UNIDOS**

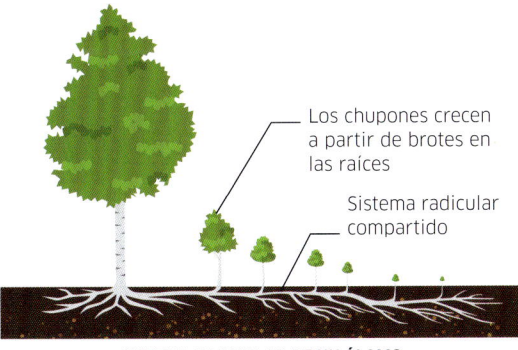

Los chupones crecen a partir de brotes en las raíces

Sistema radicular compartido

**SISTEMA RADICULAR DE UN ÁLAMO**

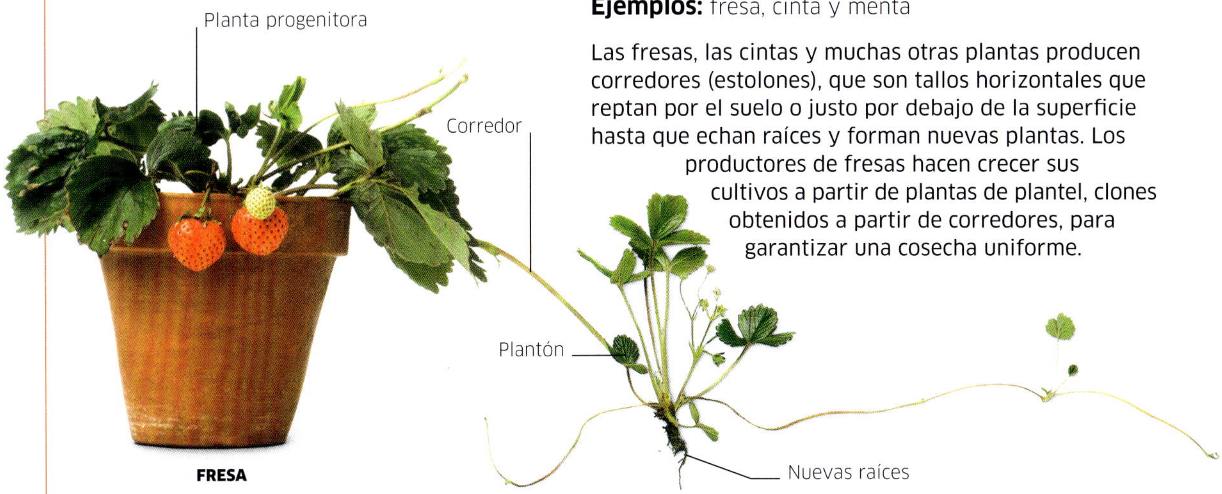

Planta progenitora

Corredor

Plantón

**FRESA**

## TUBÉRCULOS

**Ejemplos:** patata, peonía y yuca

Los tubérculos son reservas subterráneas de alimentos que ayudan a las plantas a superar el invierno. Algunos tubérculos tienen yemas en la superficie que se convertirán en nuevas plantas.

Los ojos de las patatas son yemas que pueden acabar siendo nuevas plantas.

**PATATERA**

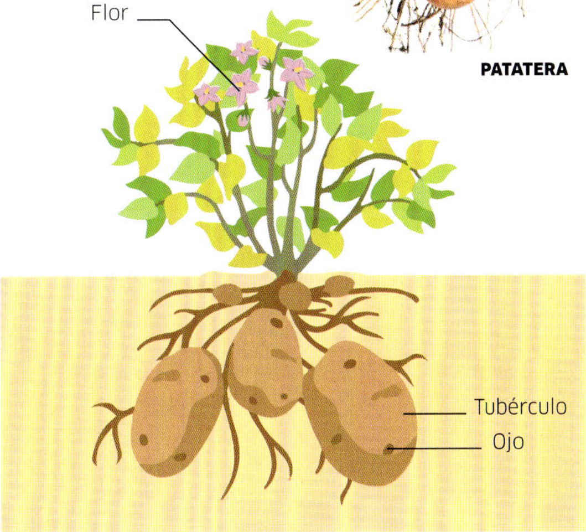

Flor

Tubérculo

Ojo

## CORREDORES

**Ejemplos:** fresa, cinta y menta

Las fresas, las cintas y muchas otras plantas producen corredores (estolones), que son tallos horizontales que reptan por el suelo o justo por debajo de la superficie hasta que echan raíces y forman nuevas plantas. Los productores de fresas hacen crecer sus cultivos a partir de plantas de plantel, clones obtenidos a partir de corredores, para garantizar una cosecha uniforme.

Nuevas raíces

## PLANTONES

**Ejemplos:** espinazo del diablo

El espinazo del diablo, también conocida como «madre de miles», produce cientos de plantas bebé a lo largo de los bordes de las hojas. Cada plantón desarrolla hojas y raíces mientras todavía está unida al progenitor. Cuando está a punto, se desengancha de la planta madre y echa raíz en el suelo.

**PLANTONES**

**ESPINAZO DEL DIABLO**

# ECOSISTEMAS

En la naturaleza, todos los seres vivos dependen de su relación con otros organismos y con el entorno físico. Juntos, el entorno y sus habitantes componen un ecosistema. Las plantas son los miembros más importantes de todos los ecosistemas terrestres, ya que proporcionan alimento y hábitat a los otros organismos.

# Cómo funcionan los ecosistemas

**Ningún organismo vivo puede sobrevivir solo. Todos los animales y las plantas dependen de una comunidad formada por otros seres vivos para obtener nutrientes, cobijo y otros recursos esenciales.**

Las comunidades de organismos y el entorno que les rodea componen lo que los científicos denominan ecosistemas. Las plantas son la parte más importante de los ecosistemas terrestres (de tierra firme) del mundo. Crean refugios y hábitats para la vida salvaje y forman la base de la cadena alimentaria capturando la energía solar y convirtiéndola en alimento.

## ○ ¿QUÉ ES UN ECOSISTEMA?

Un ecosistema está compuesto por todos los organismos de un área y su entorno físico. Los ecosistemas pueden ser tan pequeños como una charca o tan grandes como una selva tropical. El estudio de los ecosistemas ayuda a los científicos a comprender cómo las diferentes especies interactúan y dependen unas de otras.

**Energía**
El sol es la fuente de energía de casi todos los ecosistemas.

**Lluvia**
Los factores medioambientales, como la lluvia, afectan a la variedad de organismos que viven en un ecosistema.

**Comunidad**
Los organismos vivos de un ecosistema componen una comunidad. Dependen unos de otros para obtener recursos como el alimento.

## ○ BIOMAS

Las grandes áreas de la Tierra dominadas por un tipo concreto de vegetación se conocen como biomas. Los desiertos y las selvas tropicales son ejemplos de biomas. Las regiones del mundo con climas parecidos también tienen los mismos tipos de bioma. El bioma de la selva tropical se encuentra en Sudamérica y América Central, África y el sudeste asiático.

**Tundra**
Esta área de largos y gélidos inviernos y veranos frescos tiene arbustos bajos, musgos y gramíneas.

**Bosque boreal**
Estos bosques están dominados por coníferas de hoja perenne que prosperan en sus veranos frescos e inviernos nevados.

■ TUNDRA

■ BOSQUE BOREAL

■ DESIERTO

■ PRADERA TROPICAL

■ SELVA TROPICAL

■ PRADERA TEMPLADA

■ BOSQUE CADUCIFOLIO TEMPLADO

■ BOSQUE PERENNE TEMPLADO

**Bosque caducifolio templado**
Los árboles de hoja caduca pierden las hojas cada otoño. Estos bosques tienen cuatro estaciones. El invierno es aquí más suave que en los bosques boreales.

**Pradera templada**
Las gramíneas dominan las regiones demasiado cálidas y secas para los bosques pero en las que llueve más que en los desiertos.

**Selva tropical**
El clima cálido y húmedo durante todo el año hace que crezcan muchos tipos de plantas en las selvas tropicales.

**Pradera tropical**
Estas praderas suelen tener una larga estación seca que complica la proliferación de los árboles. La maleza domina el paisaje.

**Desierto**
Los desiertos son las regiones más áridas de la tierra. Las pocas plantas y animales que viven aquí tienen que sobrevivir con poca agua.

**Bosque perenne templado**
En el hemisferio sur, el bosque templado no suele helarse en invierno. Los árboles conservan sus hojas y siguen creciendo todo el año.

Las selvas tropicales son los **ecosistemas terrestres más antiguos del mundo**.

Solo cerca del **10 por ciento de la energía** de un nivel trófico pasa al siguiente.

**95**

# CADENAS ALIMENTARIAS

Todos los organismos necesitan energía para vivir. Una cadena alimentaria ilustra cómo se transfiere la energía de un organismo a otro en un ecosistema. Los diferentes estadios de una cadena alimentaria se conocen como niveles tróficos.

**PLANTAS**

### Productor
Las plantas y las algas son productoras. Utilizan la energía del sol para producir alimento a través de la fotosíntesis.

**CONEJO**

### Consumidor primario
Los animales que comen plantas (herbívoros) son consumidores primarios. Cuando comen, transfieren la energía capturada por las plantas a sus cuerpos.

**BÚHO**

### Consumidor secundario
Los animales que comen a otros animales (carnívoros) son consumidores secundarios. Los ecosistemas tienen menos carnívoros que herbívoros.

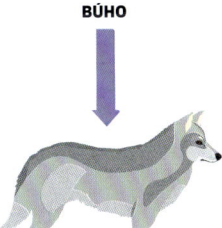

**LOBO**

### Consumidor terciario
Los consumidores terciarios son animales que se alimentan de consumidores primarios y secundarios. La mayoría de las cadenas alimentarias tienen una población muy pequeña de consumidores terciarios.

# PIRÁMIDE ECOLÓGICA

Esta pirámide ilustra la energía que almacenan los organismos en cada nivel trófico. La energía se va perdiendo a medida que avanza por la cadena alimentaria, sobre todo en forma de calor. Los descomponedores utilizan la energía perdida en forma de materia muerta o residuos, y los nutrientes que absorben se reciclan en el suelo y la atmósfera.

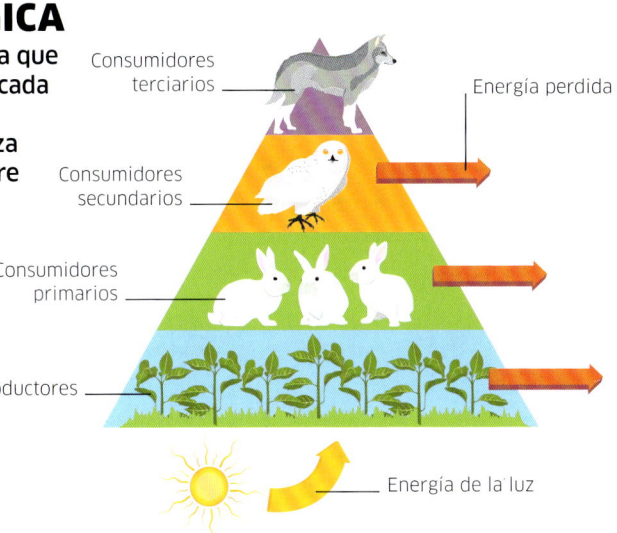

Consumidores terciarios

Energía perdida

Consumidores secundarios

Consumidores primarios

Productores

Energía de la luz

# CLIMA Y ESTACIONES

Los tipos de planta que crecen en un ecosistema dependen en gran medida de su clima. Cerca del ecuador de la Tierra, el clima es cálido todo el año. Más cerca de los polos, las plantas tienen que soportar largos y fríos inviernos, cuando hay menos luz del sol y el terreno se puede helar. Las plantas capaces de sobrevivir los gélidos inviernos reciben el nombre de rústicas. Las que no son capaces, se describen como tiernas.

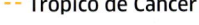

Las regiones cerca de los polos tienen veranos frescos e inviernos gélidos.

La región cerca del ecuador es la más cálida, ya que recibe luz del sol potente durante todo el año.

Las áreas entre los polos y el ecuador tienen un clima moderado, sin estaciones extremas.

**TIERRA**

-- Círculo ártico        -- Trópico de Cáncer        -- Ecuador
-- Trópico de Capricornio        -- Círculo antártico

# RELACIONES EN UN ECOSISTEMA

Cada ecosistema implica una red de relaciones entre diferentes especies. Algunas relaciones favorecen a ambos participantes, como cuando los insectos obtienen néctar al polinizar las flores. Otras relaciones son perjudiciales para una parte, pero útiles para la otra.

**FLOR**

### Mutualismo
La abeja poliniza una flor, la ayuda a crear semillas y, a cambio, obtiene néctar.

**ABEJA**

**PULGÓN**

### Parasitismo
El pulgón obtiene su alimento de la savia de su huésped vegetal, pero el huésped sale perjudicado.

**TILO DE HOJA ANCHA**

**HERRERILLO COMÚN**

### Predación
Los predadores son animales que cazan y matan a otros animales para comérselos. Sus víctimas se conocen como presas.

**ORUGA**

**ABEDUL**

### Competencia
Dos árboles que crecen cerca compiten por la luz y los nutrientes, lo que resulta en un peor crecimiento para ambos.

**ROBLE**

**96** ecosistemas ○ **CICLOS DE NUTRIENTES**

**115** millones de toneladas: peso del nitrógeno
utilizado anualmente como **abono para plantas**.

# Ciclos de nutrientes

**La materia para construir los cuerpos de todos los seres vivos se recicla continuamente en un ecosistema. Las plantas desempeñan un papel esencial en el ciclo de los nutrientes absorbiendo elementos como el carbono y el nitrógeno y convirtiéndolos en materia orgánica.**

Todos los organismos vivos se componen sobre todo de cuatro elementos químicos (oxígeno, carbono, hidrógeno y nitrógeno), junto con cantidades más pequeñas de otros elementos. Las plantas absorben todos estos elementos del suelo y el aire en forma de moléculas simples. Con la energía del sol, los elementos se recombinan para crear moléculas más grandes, como hidratos de carbono, proteínas y grasas, piezas básicas esenciales de los cuerpos de los animales, y también de las plantas. Cuando los organismos mueren o cuando se utilizan moléculas de alimento para liberar energía, estas moléculas se descomponen y los elementos vuelven al entorno para volverse a utilizar.

## OTROS ELEMENTOS

Para un crecimiento más sano, las plantas precisan de pequeñas cantidades de estos elementos: fósforo, potasio, calcio, azufre, magnesio, hierro, cobre, manganeso, molibdeno, cinc y boro. La mayoría se absorben en forma soluble a través del agua del suelo. Los abonos que utilizan jardineros y agricultores llevan suplementos de fósforo (P) y potasio (K), y también de nitrógeno (N).

Los abonos suelen indicar su cantidad de nitrógeno, fósforo y potasio con los números NPK.

ABONO

N P K
10 4 18

## CICLO DEL NITRÓGENO

Todos los seres vivos necesitan nitrógeno para generar proteínas y ADN. Sin él, no pueden crecer. El aire que respiramos contiene un 78 por ciento de nitrógeno en gas, pero ni las plantas ni los animales lo pueden utilizar así. Las bacterias del suelo convierten el gas de nitrógeno en nitratos, que se disuelven en agua y son absorbidos por las raíces. Los nitratos estimulan el crecimiento de la mayoría de las plantas y a menudo se añaden a los cultivos artificialmente.

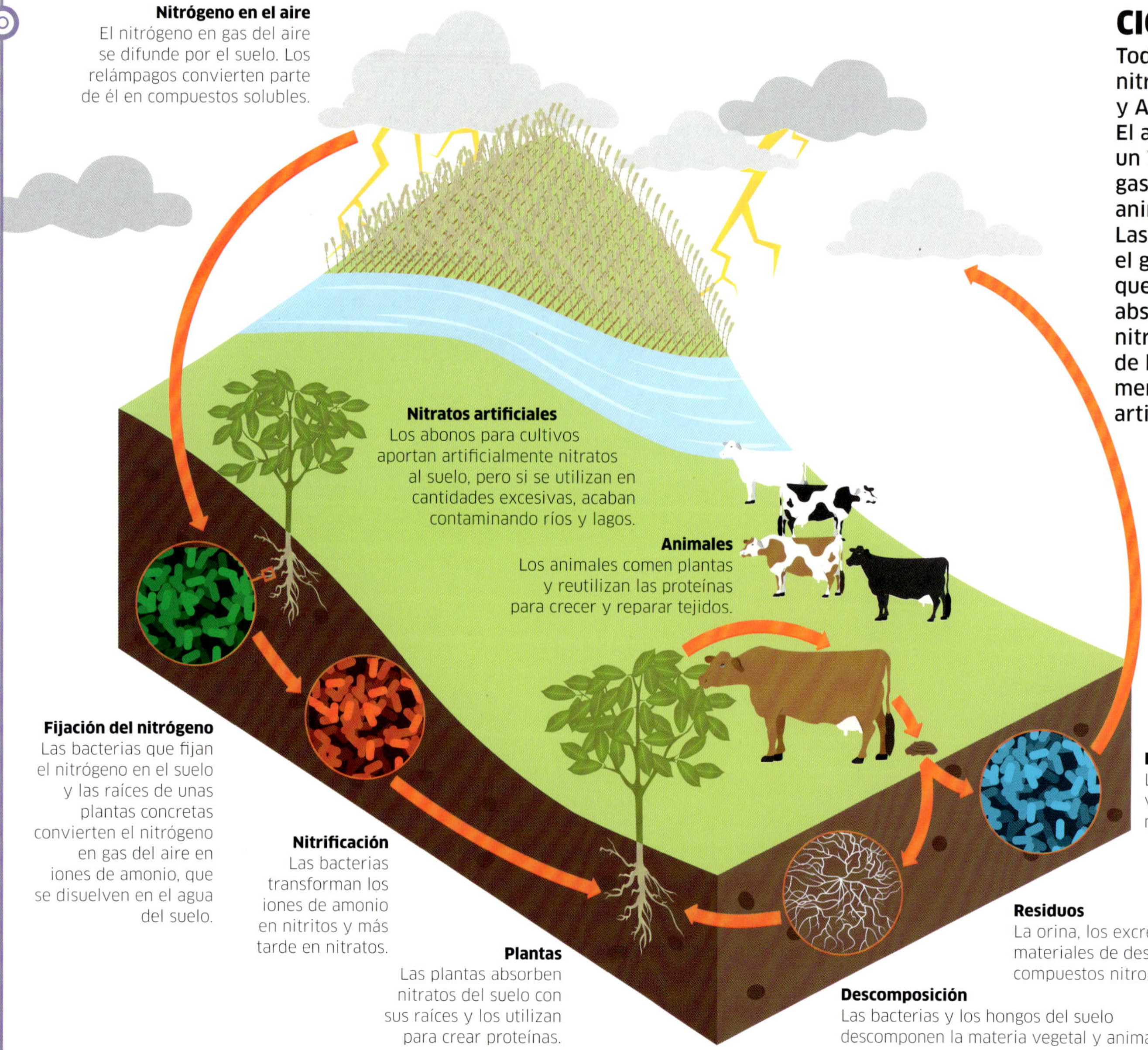

**Nitrógeno en el aire**
El nitrógeno en gas del aire se difunde por el suelo. Los relámpagos convierten parte de él en compuestos solubles.

**Nitratos artificiales**
Los abonos para cultivos aportan artificialmente nitratos al suelo, pero si se utilizan en cantidades excesivas, acaban contaminando ríos y lagos.

**Animales**
Los animales comen plantas y reutilizan las proteínas para crecer y reparar tejidos.

**Fijación del nitrógeno**
Las bacterias que fijan el nitrógeno en el suelo y las raíces de unas plantas concretas convierten el nitrógeno en gas del aire en iones de amonio, que se disuelven en el agua del suelo.

**Nitrificación**
Las bacterias transforman los iones de amonio en nitritos y más tarde en nitratos.

**Plantas**
Las plantas absorben nitratos del suelo con sus raíces y los utilizan para crear proteínas.

**Desnitrificación**
Las bacterias desnitrificantes vuelven a convertir los nitratos en nitrógeno en gas.

**Residuos**
La orina, los excrementos y otros materiales de desecho devuelven los compuestos nitrogenados al suelo.

**Descomposición**
Las bacterias y los hongos del suelo descomponen la materia vegetal y animal muerta, la orina y los excrementos, y convierten así los compuestos nitrogenados en nitratos.

**75** millones de toneladas: cantidad de abono nitrogenado de los **campos de cultivo que acaba cada año** en ríos y océanos de todo el mundo.

**45** por ciento: peso seco de las plantas (el peso sin tener en cuenta el agua) que corresponde al **carbono**.

**97**

# CICLO DEL CARBONO

El carbono es el eje central de todas las moléculas orgánicas de los seres vivos. Las plantas y las algas absorben el dióxido de carbono de la atmósfera y, a través del proceso de la fotosíntesis, lo convierten en moléculas de azúcar repletas de energía, que se utilizan como piezas de construcción para crear otras moléculas más grandes. Los animales obtienen carbono y energía comiendo plantas. Cuando utilizan la energía, emiten dióxido de carbono como residuo de la respiración, y así el carbono vuelve a la atmósfera. Los humanos han alterado el ciclo del carbono extrayendo y quemando combustibles fósiles (carbón o petróleo), lo que ha aumentado los niveles de dióxido de carbono de la atmósfera.

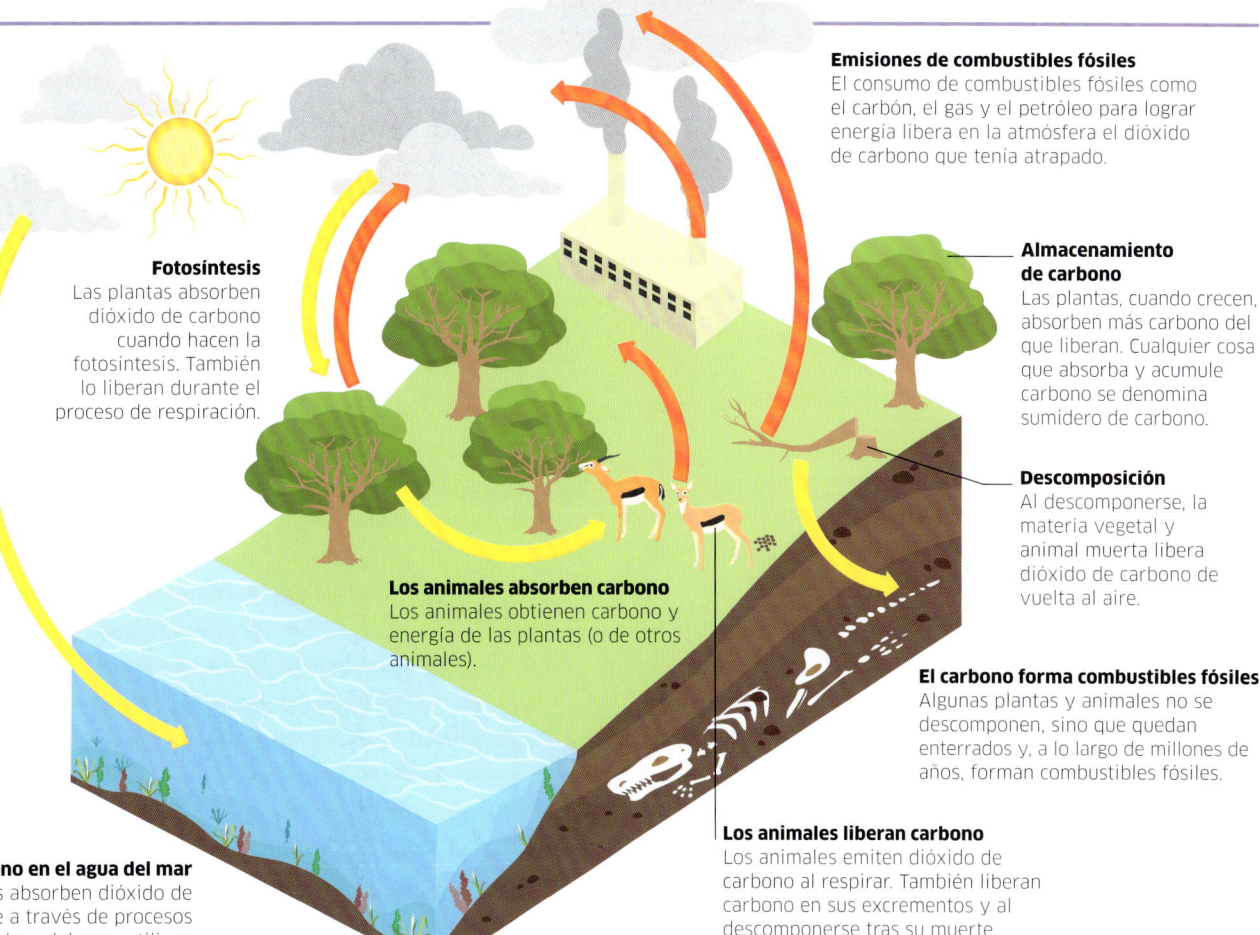

**Emisiones de combustibles fósiles**
El consumo de combustibles fósiles como el carbón, el gas y el petróleo para lograr energía libera en la atmósfera el dióxido de carbono que tenía atrapado.

**Fotosíntesis**
Las plantas absorben dióxido de carbono cuando hacen la fotosíntesis. También lo liberan durante el proceso de respiración.

**Almacenamiento de carbono**
Las plantas, cuando crecen, absorben más carbono del que liberan. Cualquier cosa que absorba y acumule carbono se denomina sumidero de carbono.

**Descomposición**
Al descomponerse, la materia vegetal y animal muerta libera dióxido de carbono de vuelta al aire.

**Los animales absorben carbono**
Los animales obtienen carbono y energía de las plantas (o de otros animales).

**El carbono forma combustibles fósiles**
Algunas plantas y animales no se descomponen, sino que quedan enterrados y, a lo largo de millones de años, forman combustibles fósiles.

**Los animales liberan carbono**
Los animales emiten dióxido de carbono al respirar. También liberan carbono en sus excrementos y al descomponerse tras su muerte.

**Carbono en el agua del mar**
Los océanos absorben dióxido de carbono del aire a través de procesos químicos. Las algas del agua utilizan dióxido de carbono en la fotosíntesis.

# CICLO DEL AGUA

El agua es el componente principal de todos los seres vivos y supone aproximadamente el 70 por ciento del peso de la mayoría de los organismos. Las moléculas de agua contienen los elementos hidrógeno y oxígeno; ambos, igual que el carbono, son una parte esencial de todas las moléculas orgánicas. El calor del sol es el responsable del ciclo del agua, ya que hace evaporar el agua del mar y la tierra firme, formar nubes en la atmósfera y que después vuelva a caer en forma de lluvia o nieve. Las plantas absorben el agua a través de las raíces y la combinan químicamente con dióxido de carbono durante la fotosíntesis para crear moléculas de alimento.

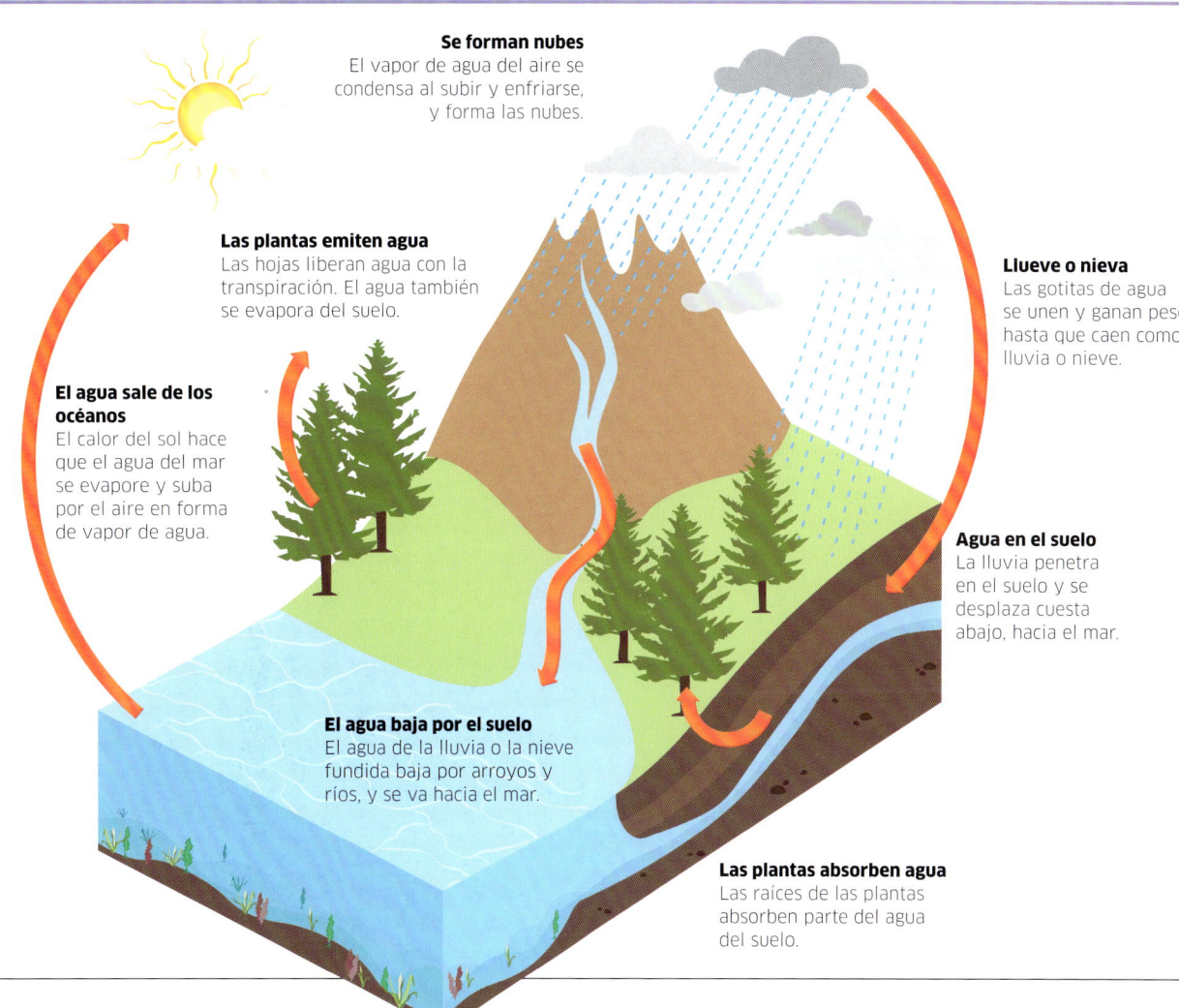

**Se forman nubes**
El vapor de agua del aire se condensa al subir y enfriarse, y forma las nubes.

**Las plantas emiten agua**
Las hojas liberan agua con la transpiración. El agua también se evapora del suelo.

**Llueve o nieva**
Las gotitas de agua se unen y ganan peso hasta que caen como lluvia o nieve.

**El agua sale de los océanos**
El calor del sol hace que el agua del mar se evapore y suba por el aire en forma de vapor de agua.

**Agua en el suelo**
La lluvia penetra en el suelo y se desplaza cuesta abajo, hacia el mar.

**El agua baja por el suelo**
El agua de la lluvia o la nieve fundida baja por arroyos y ríos, y se va hacia el mar.

**Las plantas absorben agua**
Las raíces de las plantas absorben parte del agua del suelo.

# Selvas tropicales

**Cálidas y húmedas todo el año, tienen condiciones ideales para que crezcan las plantas. Su diversidad de flora y fauna es superior a la de cualquier otro ecosistema.**

Solo cubren el 6 por ciento de la Tierra, pero son el hogar de más de la mitad de las especies de plantas y animales. Al no haber estado afectadas por glaciaciones, existen desde hace 70 millones de años. Su vegetación actúa como un gran depósito de carbono, pero su destrucción libera carbono al aire y acelera el calentamiento global.

## Localización

Las selvas tropicales están cerca del ecuador, entre el trópico de Cáncer y el trópico de Capricornio. Las áreas más grandes de selva tropical están en Sudamérica, África central y el sudeste asiático.

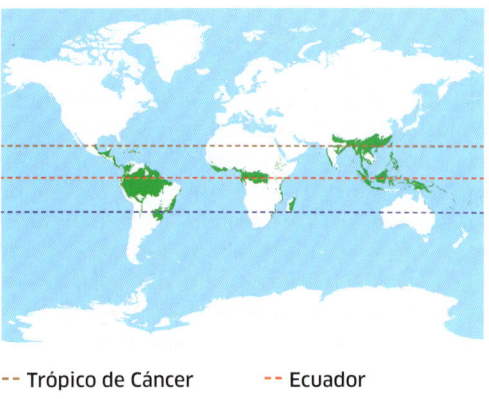

-- Trópico de Cáncer      -- Ecuador
-- Trópico de Capricornio    ■ Selvas tropicales

## Clima

La luz del sol es intensa entre los trópicos y las selvas tropicales son cálidas todo el año. El aire es húmedo; suele llover con frecuencia, incluso de manera torrencial.

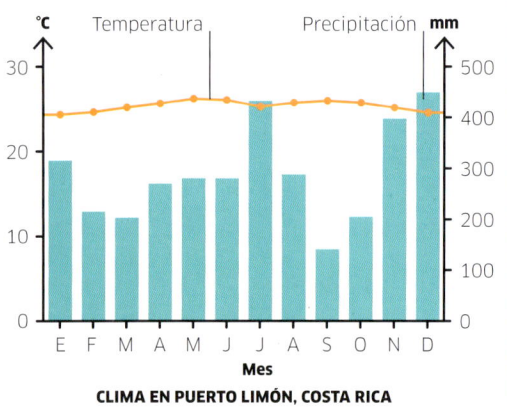

**CLIMA EN PUERTO LIMÓN, COSTA RICA**

### Ranas de ojos rojos
En casi todas las partes del mundo, las ranas viven en medios líquidos, como por ejemplo en charcas, pero las selvas tropicales son tan húmedas que las ranas viven entre el follaje de los árboles.

### Troncos lisos
Los árboles de la selva tropical suelen tener los troncos lisos y con pocas ramas por debajo de la copa, para evitar que las plantas trepadoras los aplasten.

### Perezoso
Muchas plantas de la selva tropical producen sustancias químicas tóxicas para protegerse de los animales. No obstante, el perezoso es capaz de tolerar estos venenos comiendo pequeñas cantidades de hojas de muchos árboles diferentes.

### Lianas
Estas plantas trepadoras tienen largos tallos leñosos que cuelgan de los árboles y forman puentes en el follaje que ayudan a los animales trepadores a desplazarse de un árbol a otro.

### Raíces gruesas
Los árboles más grandes de la selva tropical tienen grandes raíces como estas. Estabilizan los árboles en el suelo poco profundo y evitan que se caigan durante las tormentas.

### Tapir
Este animal terrestre busca vegetación blanda, frutos y pequeños animales por el suelo y los ríos de la selva.

### Árbol caído
Cuando un árbol se cae, se forma un claro iluminado por el sol y desata una carrera entre las plantas pequeñas, que crecen a toda velocidad para llenar el vacío.

### Selva de Costa Rica
Costa Rica es un pequeño país de América Central. Más de la mitad de su territorio es selva tropical.

Una gota de la lluvia puede tardar **10 minutos** en caer del follaje al suelo de la selva.

**10** km² de selva tropical contienen unas **1500 especies de plantas**.

**99**

### Ceiba
La ceiba, uno de los árboles más altos de la selva tropical, sobresale sobre el resto de las copas, gracias en parte a sus gruesas raíces.

### Epifitos
Las ramas de los árboles de la selva tropical están repletas de epifitos, plantas que crecen sobre otras plantas. Los epifitos consiguen toda el agua que requieren con los frecuentes chaparrones y no necesitan echar raíces en el suelo.

### Follaje
Las copas de los árboles forman una densa capa de vegetación que obtiene casi toda la luz del sol. El follaje es el hogar de animales que comen frutos, como los monos y los loros.

### Atracción de polinizadores
Las flores de *Heliconia* utilizan vivos colores para atraer a los polinizadores, como los colibrís, en la densa sombra del sotobosque.

### Plantas trepadoras
Muchas plantas de la selva tropical intentan llegar al follaje iluminado por el sol encaramándose a otras plantas.

### Guacamayo
Este colorido loro usa su fuerte pico para cascar y abrir frutos secos y semillas. Los guacamayos también tragan arcilla para neutralizar los venenos de las plantas de la selva tropical.

### Hormigas cortadoras de hojas
Los insectos son los principales herbívoros de la selva tropical. Las hormigas cortadoras de hojas se llevan unas hojas no comestibles al hormiguero y las usan para alimentar unos hongos, que las hormigas acaban comiéndose.

### Suelo de la selva
Solo el 2 por ciento de la luz del sol llega al suelo, y por eso las plantas aquí crecen con lentitud. Los árboles jóvenes son pequeños hasta que cae algún árbol más grande y se crea un claro lleno de luz.

### Suelo
Los hongos y otros descomponedores reciclan tan rápidamente la materia muerta que el suelo de la selva tropical es pobre en nutrientes. La vegetación viva contiene casi todos los nutrientes.

### Recicladores
Los hongos, en condiciones óptimas de calor y humedad, reciclan rápidamente las hojas muertas que caen al suelo de la selva. El hongo estrella desprende un olor apestoso que atrae a las moscas para que se lleven sus esporas.

# Raíces gruesas

**Los árboles más altos ganan la batalla por la luz. Estos gigantes corren el riesgo de acabar en el suelo durante las tormentas. Sus enormes raíces les dan estabilidad.**

El suelo de la selva es poco profundo, y las raíces no se hunden mucho, sino que serpentean hacia los lados y crecen hacia arriba. Las raíces que se alinean con el viento más habitual son las que crecen a mayor altura para lograr un mejor apoyo. En África, los chimpancés las usan como tambores para comunicarse en la distancia; cada chimpancé se identifica con un ritmo propio.

**56,7 °C** es la **temperatura máxima** registrada en la Tierra, en el Valle de la Muerte del desierto de Mojave, Estados Unidos.

**Reserva de agua**
El tallo estriado de los cactus como el saguaro se expande y les permite almacenar reservas de agua.

**ESTACIÓN SECA**

**ESTACIÓN HÚMEDA**

**Saguaro**
En sus enormes tallos ramificados, un saguaro grande puede contener hasta 6 toneladas de agua.

**Nidos de mochuelo**
Los agujeros de los saguaros son ideales para que aniden aves como el mochuelo pigmeo. En las alturas y protegidos por las espinas, los pollitos están a salvo de predadores.

**Sistema radicular**
Las raíces del saguaro se quedan cerca de la superficie y cubren una gran superficie avanzando de lado. Así, absorben rápidamente una gran cantidad de agua tras un chaparrón.

**Palo fierro del desierto**
Las hojas de muchas plantas del desierto tienen una suave capa de pelos plateados que reflejan la luz del sol para protegerles de los perjudiciales rayos ultravioleta. Los pelos también atrapan el aire y reducen la pérdida de agua.

**Flores nocturnas**
La mayoría de los cactus del desierto florecen de noche, cuando los polinizadores como los murciélagos y las polillas están más activos, gracias al aire más fresco.

**Jojoba**
Las hojas de la jojoba crecen en vertical, con los bordes hacia arriba para protegerse del abrasador calor del mediodía, cuando el sol queda directamente encima.

**Desierto florido**
Tras las lluvias de invierno, el desierto de Sonora se puede convertir en un arco iris de colores con la aparición de las flores silvestres. Estas plantas son «efímeras»: especies que completan su ciclo de vida en cuestión de días. Sus semillas pueden permanecer inactivas durante años, esperando la lluvia, hasta que brotan, sus flores estallan y producen semillas antes de morir al secarse el suelo.

**Desierto de Sonora**
El desierto de Sonora ocupa desde California y Arizona en Estados Unidos hasta el noroeste de México, en un área de 320 000 km². Pese a ser caluroso y seco casi todo el año, recibe aguaceros importantes en invierno que agradecen las más de 3000 especies vegetales diferentes, además de cientos de especies animales.

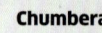

**Chumbera**
Las chumberas protegen sus tallos con espinas largas y otras diminutas como pelos, que se desenganchan y se pegan a los animales. Las aves, las liebres y las ardillas terrestres comen sus frutos.

**Cactus de barril**
Los cactus tienen espinas en lugar de hojas para protegerse de los animales y conservar agua. La fotosíntesis tiene lugar en sus hinchados tallos, que también son órganos de reserva de agua.

**Ardilla terrestre**
Los mamíferos del desierto como las ardillas terrestres evitan el calor diurno ocultándose en sus madrigueras subterráneas.

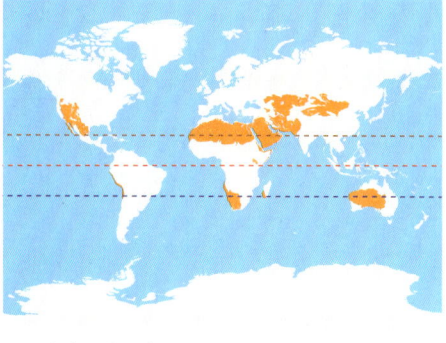

**Localización**
Todos los continentes tienen desiertos, que juntos cubren más de una quinta parte de la tierra firme del mundo. La mayoría de los desiertos más grandes del planeta quedan cerca de los trópicos de Cáncer y Capricornio.

-- Trópico de Cáncer
-- Trópico de Capricornio
-- Ecuador
■ Desiertos

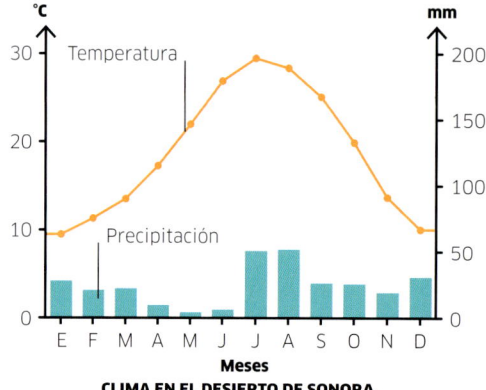

°C — Temperatura — mm
30 — 200
20 — 150
— 100
10 — Precipitación — 50
0 — E F M A M J J A S O N D — 0
**Meses**
**CLIMA EN EL DESIERTO DE SONORA, ARIZONA, ESTADOS UNIDOS**

**Clima**
Los desiertos reciben menos de 250 mm de lluvia al año, y algunos casi nada. Los breves aguaceros pueden empapar el terreno reseco, pero pronto el agua se evapora o se filtra en el suelo. La falta de nubes hace que en los desiertos haya mucho sol, pero eso no significa que haga calor, pues algunos son muy fríos, sobre todo por la noche.

El **20** por ciento de los desiertos del mundo están **cubiertos de arena**.

El desierto de Atacama en Chile es el **más árido del mundo**. En algunas partes cae menos de 2 mm de lluvia al año.

**103**

**Pitahaya dulce**
Como la mayoría de los cactus, la pitahaya dulce almacena agua en carnosos tallos y la raciona creciendo muy lentamente. Puede llegar a vivir más de 150 años.

**Ocotillo**
Este espinoso arbusto ahorra agua perdiendo sus pequeñas hojas en periodos de sequía y volviéndolas a sacar después de llover.

**Árbol de Josué**
Un árbol de Josué puede sobrevivir un año sin lluvia almacenando agua en el tronco y las ramas.

**Mezquite**
El mezquite da una sombra indispensable para los animales del desierto. Tiene afiladas espinas en las ramas para evitar que los animales rumiantes se las coman.

**Semillas durmientes**
Los mezquites producen semillas en cápsulas. Pueden estar décadas inactivas tras caer al suelo y germinar solo cuando tienen agua.

**Liebre**
Las liebres sobreviven con una dieta de hojas de mezquite y gobernadora, además de hierbas y cactus. Sus largas orejas les ayudan a mantenerse frescas.

**Gobernadora**
Sus pequeñas hojas cerosas le ayudan a reducir la pérdida de agua por evaporación a través de la superficie. La gobernadora también tiene un sistema radicular profundo. Puede vivir 100 años.

**Pita del desierto**
Las plantas suculentas como la pita conservan el agua en sus carnosas hojas, que cuentan con una capa de cera impermeable. Las hojas de la pita tienen bordes dentados y puntas afiladas para protegerse.

**Correcaminos**
Estas aves terrestres aprovechan su velocidad para atrapar insectos, reptiles y otros animales. Crean sus nidos en arbustos o cactus.

**Raíz primaria profunda**
Para llegar al agua subterránea, el mezquite tiene una raíz primaria central que puede llegar a crecer hasta 30 m de largo, la misma altura que un edificio de diez plantas.

**Rata canguro**
Estos roedores nocturnos se alimentan de las semillas de plantas del desierto. No beben, pues su cuerpo crea agua químicamente a partir de lo que comen.

**Yuca**
Las puntiagudas hojas de la yuca se ordenan en forma de roseta para dirigir el rocío y la lluvia hacia el tallo y las raíces. Su raíz primaria llega hasta la humedad subterránea.

# Desiertos

**Los desiertos son los lugares más áridos de la tierra. Abrasadores de día y gélidos de noche, apenas hay cobijo para protegerse del viento o del sol.**

Las plantas tienen que ser duras para sobrevivir en el desierto. Llueve muy poco, y cuando lo hace, el suelo se seca en pocos minutos. Las plantas del desierto tienen que absorber el agua rápidamente y conservarla durante semanas o incluso meses. También deben proteger su valiosa reserva de agua de los sedientos animales.

**104** ecosistemas ○ **BOSQUES BOREALES**

Un 30 por ciento de la **cobertura forestal de todo el mundo** es bosque boreal.

# Bosques boreales

**Una enorme extensión de bosque de coníferas forma un anillo alrededor del polo norte de la Tierra, que cruza Canadá, el norte de Europa y de Asia. Este ecosistema se conoce como bosque boreal.**

Los bosques boreales ocupan un 10 por ciento de la superficie terrestre, el doble que las selvas tropicales. Casi todo el año hace mucho frío y están cubiertos de nieve, y por eso aquí solo sobreviven las plantas y los animales más resistentes. En verano la nieve se derrite, los árboles gozan de hasta 20 horas de luz al día y los bosques cobran vida. El duro clima no es útil para la agricultura, por eso este bioma cuenta con poca población humana y es casi todo tierras vírgenes.

**Visitantes veraniegos**
Las aves migratorias vuelan hacia el norte, hacia los bosques boreales en verano para alimentarse de orugas y otros insectos, y criar a su prole. La reinita de magnolia pasa el verano en Canadá y el invierno en el Caribe y América Central.

**Piñas de conífera**
Las coníferas no dan semillas en flores, sino en piñas. Estas se abren para liberar las semillas cuando hace calor, que es cuando tienen más probabilidades de germinar en el suelo cálido.

**Protección contra tormentas**
La forma estrecha y aguzada de las coníferas les sirve para resistir el viento, un rasgo importante, ya que sus raíces son poco profundas y fijan bastante mal.

**Capas de ramas**
El viento pasa mejor entre capas de ramas. Con su forma aguzada, las ramas superiores no privan del sol a las inferiores.

**Plantas del sotobosque**
Bajo el denso follaje de hoja perenne solo proliferan las plantas pequeñas. Al llegar el verano, los arbustos como el rosal silvestre florecen para atraer a las abejas polinizadoras. Más tarde, las rosas producen unos frutos rojos, los escaramujos, que las aves acabarán devorando.

**Cobertura del suelo**
En verano, cuando la nieve se derrite, gran parte del suelo se convierte en una ciénaga. Las condiciones húmedas son ideales para musgos y líquenes, que cubren el suelo y crecen sobre árboles muertos.

**Banquete de bayas**
Muchas plantas del sotobosque producen bayas en verano, como los enebros, los mirtos y los arándanos. Los osos pardos se atiborran de bayas porque tienen que ganar mucho peso para superar el invierno.

## Verano
La temporada de crecimiento veraniego en los bosques boreales de Canadá es corta, pero los días largos y las noches cortas hacen que las plantas crezcan de manera desmesurada. Existe abundante comida para los animales, pero deben apresurarse a criar a sus descendientes y engordar para el invierno antes de que se vuelva a acabar la temporada de bonanza.

**Castor**
Los castores talan árboles en el bosque y usan la madera para construir presas e inundar partes del bosque para crear pantanos para peces, aves acuáticas y anfibios.

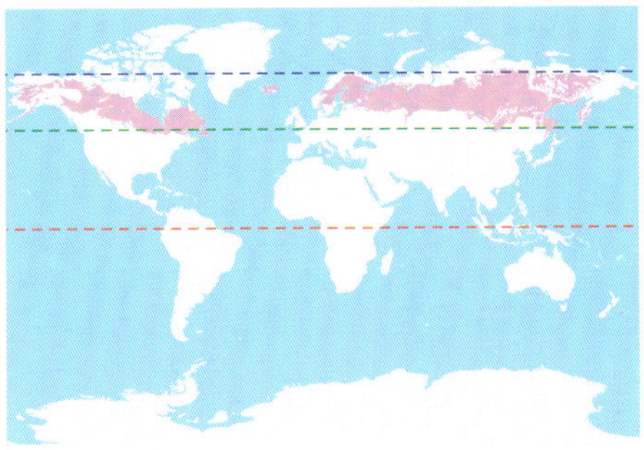

Hasta **tres mil millones de aves** migran cada
primavera al bosque boreal de Canadá.

Las temperaturas del bosque boreal en el nordeste
de Rusia pueden caer hasta los **-70 °C en invierno**.

**105**

## Localización

Los bosques boreales
se encuentran en la
parte septentrional
de Asia, Europa y
Norteamérica. Se
sitúan principalmente
entre los 50° y 70° al
norte del ecuador.

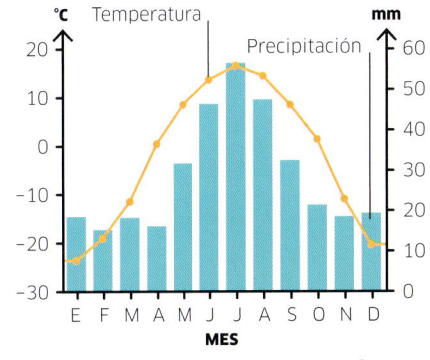

- -- 70° norte
- -- 50° norte
- -- Ecuador
- Bosque boreal

**°C** Temperatura
20
10
0
-10
-20
-30

Precipitación

**mm**
60
50
40
30
20
10
0

E F M A M J J A S O N D
**MES**

**CLIMA EN FORT VERMILION, CANADÁ**

## Clima

El bosque boreal tiene inviernos
crudos, con temperaturas
gélidas y solo 5-6 horas de luz
del sol al día. Los veranos, en
cambio, son todo lo contrario,
con clima cálido y días largos.
Casi toda la lluvia cae en
primavera o verano, que se
une a la nieve derretida para
dejar el suelo empapado.

## Invierno

En invierno, las noches son mucho más largas y
el suelo se hiela, cosa que complica la absorción
del agua a las plantas. Se detiene el crecimiento
y hay escasez de alimentos. Los animales que no
se van volando ni hibernan deben esforzarse
para encontrar comida en el gélido páramo.

El alerce es una de
las pocas coníferas
que pierden las
agujas en invierno.

**Follaje de hoja perenne**
Al contrario que los árboles caducifolios,
la mayoría de las coníferas conservan las
hojas todo el año. Sus finas agujas pierden
poca humedad, con lo que superan la falta
de agua mientras el suelo está helado.

**A picar**
Los pájaros carpinteros
perforan la corteza para
encontrar larvas. También
son capaces de abrir las
piñas de pino con su
robusto pico.

**Alimento enterrado**
El caribú (o reno) utiliza las
pezuñas para cavar entre la
nieve y encontrar líquenes
comestibles.

**Cubierta de nieve**
La nieve forma una
capa aislante que los
animales de madriguera,
como los ratones,
agradecen para poder
sobrevivir al invierno.

**Hibernación**
Los osos grises hibernan
5-7 meses, y sobreviven
con las reservas de grasa
acumuladas en verano.
Las hembras dan a luz
en invierno, pero los
oseznos solo salen de la
guarida en abril o mayo.

**Lobo común**
Los lobos
cazan y
comen
caribús y
liebres.

**Pelaje de invierno**
En invierno, la liebre
americana se vuelve
blanca para camuflarse.
Sigue activa, y sobrevive
con una dieta a base de
ramitas, yemas y agujas
de conífera.

**Adaptarse a la nieve**
Muchas coníferas tienen
forma triangular y
ramas apuntando hacia
abajo. Gracias a esto, la
pesada nieve se cae sin
romper sus ramas.

Los castores pasan el invierno
en sus refugios construidos bajo
pilas de troncos y vegetación.
Acumulan bastones en el fondo
de las charcas para tener
alimento para el invierno.

**106** ecosistemas ∘ BOSQUES CADUCIFOLIOS

Los robles ofrecen hábitats a más de
**2000 especies silvestres diferentes**.

# Bosques caducifolios

**Los bosques caducifolios, formados por árboles que pierden y vuelven a recuperar las hojas cada año, tienen un ciclo anual de cuatro estaciones diferentes.**

Los bosques caducifolios cuentan con árboles como el roble, la haya, el castaño, el arce y el olmo. Sus hojas muertas se acumulan en el suelo año tras año, donde forman un terreno muy rico en el que crecen muchas otras plantas. El rico suelo hace que este ecosistema sea ideal para la agricultura, y por eso parte de las áreas con más densidad de población se encuentran en zonas de bosques caducifolios.

## Cuatro estaciones

Los bosques caducifolios cambian de color con las estaciones. En un robledal europeo, el fresco verde vivo del nuevo follaje de primavera se oscurece en verano antes de tornarse dorado y rojo en otoño, cuando mueren las hojas. En invierno los árboles están desnudos, y las nevadas ocasionales pueden dejar todo el suelo blanco.

**Salen los insectos**
Al aparecer las hojas, las orugas y otros insectos salen de sus huevos y empiezan a comer.

**Se abren las hojas**
La calidez de la primavera hace que se abran las yemas, que llevan cerradas desde otoño.

**Frutos del bosque**
En verano se desarrollan frutos como las bellotas. Al principio son verdes y al madurar se vuelven marrones. Las ardillas y los arrendajos hacen acopio de ellas para el invierno, cuando escasea la comida.

**A despertarse**
Los tejones se activan en primavera. Dejan sus madrigueras de noche y buscan plantas o animales (insectos, gusanos, babosas o ratones), para comérselos. Sus cachorros no dejan el nido hasta finales de primavera.

**Aves vivas**
La abundancia de insectos en primavera atrae a las aves migratorias, como las currucas capirotadas. Los pájaros cantores llenan la atmósfera de trinos mientras buscan pareja. Las aves nidificadoras atrapan cientos de orugas en los árboles para criar a sus polluelos.

**Flores de primavera**
En el suelo del bosque aparecen flores como los jacintos de los bosques, las primaveras y los ajos de oso. Crecen y florecen rápidamente para aprovechar al máximo la luz antes de que los árboles saquen todo su follaje y suman el suelo del bosque en la sombra.

**Vida en la sombra**
El suelo del bosque es más oscuro en verano, pero los helechos proliferan en la sombra. En los claros soleados de árboles caídos prosperan las zarzamoras, las dedaleras y las ortigas.

**Dieta variada**
Estos ciervos de bosque tienen una dieta que incluye zarzamoras, hiedras y las hojas de cualquier arbusto y árbol a las que puedan llegar.

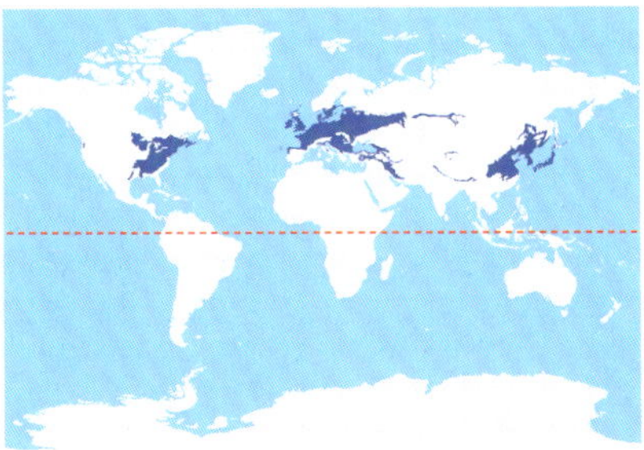

### Localización

La mayoría de los bosques caducifolios del mundo están en el hemisferio norte. Las áreas más grandes están en Norteamérica oriental, Europa occidental y el este de Asia.

-- Ecuador

■ Bosques caducifolios

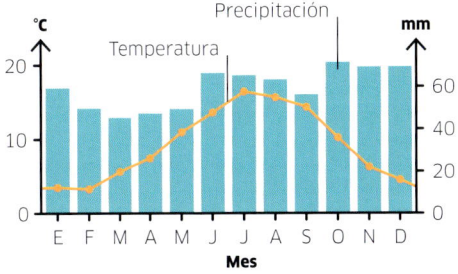

CLIMA DE NOTTINGHAM, REINO UNIDO

### Clima

Los bosques caducifolios prosperan en lugares con clima suave (templado). Los veranos son cálidos, pero no abrasadores, los inviernos son frescos, y la lluvia abunda todo el año.

### Colores del otoño

A medida que los días se hacen más cortos y caen las temperaturas en otoño, los árboles se preparan para el invierno y dejan de sacar hojas. La clorofila verde de las hojas se descompone y las hace cambiar de color. Las hojas mueren y se caen.

### Esperando la primavera

Aunque los árboles de hoja caduca parecen totalmente desnudos en invierno, ya tienen versiones diminutas de las hojas del año siguiente encerradas en las yemas repartidas por sus ramas jóvenes.

### Superar el invierno

Las ardillas no hibernan. Sobreviven al invierno con una dieta de bellotas y hayucos que han enterrado. Evitan el clima más frío ocultándose en un nido de ramas y hojas que construyen en el hueco de un árbol o en una horquilla de ramas.

### Temporada de setas

Los hongos pasan parte del año ocultos en el suelo o en materia orgánica en descomposición. Cuando llega el otoño, húmedo y fresco, aparecen sus cuerpos fructíferos como hongos en el suelo o como políporos en troncos, ya sean vivos o en descomposición.

### Hojarasca

Las hojas muertas son el alimento de un ejército de minúsculos animales, desde lombrices hasta ácaros, e incluso para una cantidad mucho más grande de organismos microscópicos. Con todas estas acciones reciclan las hojas y hacen que el suelo sea rico.

### Bayas de invierno

Muy pocas plantas de hoja perenne, como el acebo, conservan el follaje en invierno. Los frutos rojos del acebo maduran en invierno y sirven como alimento a mirlos, tordos y otras muchas aves.

### Sueño invernal

Los tejones pasan todo o casi todo el invierno durmiendo en sus madrigueras, donde paren sus hembras. En los inviernos suaves quizá abandonan la madriguera de vez en cuando para alimentarse.

## Localización

Las praderas se dividen en dos tipos principales: templadas y tropicales. Las áreas más grandes de praderas templadas son las estepas euroasiáticas y las praderas norteamericanas. Las praderas tropicales se encuentran en África, Australia y partes de Sudamérica.

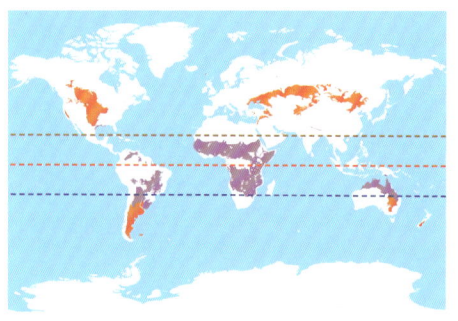

-- Trópico de Cáncer    ■ Pradera templada

-- Trópico de Capricornio    ■ Pradera tropical

-- Ecuador

## Clima de las praderas templadas

Las áreas más grandes de pradera templada se encuentran en lugares con largos veranos calurosos e inviernos muy fríos. Los prados de flores silvestres aparecen en un gran abanico de climas. Los prados con más especies crecen en puntos con el suelo seco o pobre en nutrientes, ya que aquí la hierba no puede crecer con mucha densidad.

**CLIMA DE DAKOTA DEL NORTE, ESTADOS UNIDOS**

## Praderas tropicales

Las praderas tropicales, o sabanas, suelen tener una estación lluviosa corta y otra seca larga que limita el crecimiento de los árboles. Las sabanas africanas están salpicadas de árboles, pero los elefantes los tiran al suelo para comerse las ramas; así, evitan que se creen bosques. Estas praderas también son el hogar de descomunales rebaños de animales rumiantes como las cebras o los ñus.

### Saltamontes

Los saltamontes utilizan sus afiladas bocas para masticar los bordes de las briznas de hierba. Su camuflaje verde o marrón hace que sean difíciles de detectar, pero es fácil oírlos: los machos frotan las patas contra las alas en una canción que atrae a las hembras.

### Orugas

Las orugas de muchas mariposas se alimentan en los prados de flores silvestres. La de la medioluto norteña come hierba. Las mariposas adultas ponen sus huevos desde el aire y las orugas nacen la siguiente primavera.

### Conejo

Los conejos son animales rumiantes; la hierba es el pilar principal de su dieta. Son un delicioso bocado para los armiños y las águilas ratoneras, por eso nunca se alejan mucho de su conejera subterránea.

### Diente de león

Las plantas como los dientes de león colonizan rápidamente el terreno abierto o alterado gracias a su capacidad de producir cientos de semillas que se lleva el viento, cada una equipada con su paracaídas de minúsculos pelitos.

### Trébol

Además de ofrecer néctar a los polinizadores como las abejas, los tréboles capturan nitrógeno del aire y lo convierten en nitratos, unos nutrientes esenciales para el crecimiento de todas las plantas.

### Rizomas

Algunas hierbas de los prados pueden conquistar territorio rápidamente produciendo rizomas, que son tallos horizontales que crecen bajo tierra y que producen nuevas plantas genéticamente idénticas a la planta progenitora.

## Prado de flores silvestres europeo

Los prados de flores silvestres son áreas con hierba permanente en las que crecen varias especies de flores silvestres. La diversa vida vegetal ofrece alimento y hábitats a pequeños mamíferos, aves, y muchos tipos de insectos. En las partes templadas del mundo, como en Europa, los prados de flores silvestres aparecen en lugares por los que deambulan o pastan los grandes mamíferos o que los ríos inundan de manera regular.

### Nido de abejorros

Las madrigueras abandonadas son idóneas para que los abejorros instalen sus nidos, que pueden contener hasta 400 individuos. Los abejorros se alimentan del néctar de las flores silvestres, que ayudan a polinizar.

**2 millones** de ñus emigran cada año por las **llanuras del Serengueti** de África oriental buscando pastos frescos.

109

**Golondrina**
En verano las golondrinas hacen vuelos rasantes sobre las praderas para atrapar insectos al vuelo.

**Nido seguro**
El ratón espiguero construye su nido tejiendo una gran bola de hierbas y fijándola entre tallos vegetales.

**Araña cangrejo de las flores**
En lugar de tejer una telaraña, la araña cangrejo de las flores se oculta en una flor y espera para saltar sobre los insectos visitantes. Puede cambiar de color para que coincida con el de la flor y quedar camuflada.

**Centaurea mayor**
Las flores de la centaurea mayor y las del aciano, una planta de la misma familia, son un imán para las mariposas del prado como las poliomatinas, las medioluto norteñas y las mariposas loba.

**Ratones espigueros**
Estos pequeños roedores usan su cola para agarrarse a las gramíneas mientras buscan semillas y pequeños insectos para comer.

**Llantén**
Igual que las margaritas y los dientes de león, el llantén tiene una roseta de hojas que reposa plana en el suelo; esta estrategia les ayuda a sobrevivir en áreas que pisan o pacen los animales.

**Hierbas**
Las hojas de la hierba (briznas) son largas y estrechas, con los puntos vegetativos (meristemos) cerca de la base, donde la hoja se une al tallo.

**Topo**
Los topos aprovechan sus garras en forma de pala para excavar túneles y cazar lombrices. Excavando bajo el suelo, airean la tierra y gracias a ellos pueden crecer más tipos de plantas.

**Ranúnculo rastrero**
Los tallos del ranúnculo crecen a ras de suelo antes de sacar raíces para producir nuevas plantas.

**Raíz tuberosa**
Muchas flores silvestres de las praderas, como los dientes de león, tienen una gran raíz tuberosa central para encontrar agua durante periodos de sequía.

**Mariposas**
Las mariposas adultas tan solo se alimentan de néctar, que liban de las flores con su larga lengua, conocida como probóscide. Su momento de activación máxima es en primavera y verano, cuando se abren las flores de los prados.

# Praderas

**Fíjate en una pradera y verás multitud de plantas y animales diferentes, desde coloridas flores silvestres hasta diminutos herbívoros y carnívoros camuflados.**

Hay praderas en todos los continentes, menos en la Antártida. Las más grandes suelen aparecer en sitios con más lluvia que en los desiertos, pero que aún es insuficiente para sostener el crecimiento de un bosque. Las praderas también surgen en sitios con muchos animales rumiantes o incendios forestales habituales, porque las gramíneas, al contrario que la mayoría de las plantas, tienen los principales puntos vegetativos (meristemos) en la base de las hojas y, por lo tanto, pueden volver a crecer rápidamente después de recibir daños.

# Ecosistemas de montaña

**Una montaña puede capturar un mundo entero de ecosistemas diferentes en un único lugar. A medida que vas subiendo, también cambian el clima y la vegetación, y lo hacen de un modo similar a los cambios que se producen al viajar hacia los polos de la Tierra.**

Las montañas suponen todo un reto para las plantas. Con el aumento de altura, caen las temperaturas, el viento sopla más fuerte y la luz del sol es más peligrosa, ya que hay menos aire y polvo filtrando los nocivos rayos ultravioleta. El exuberante bosque que puede ocultar el pie de una montaña cede el paso al bosque de coníferas a mayor altura, y después a los prados de hierba similares a la tundra ártica, y finalmente las cumbres heladas que nunca se derriten. En las alturas, el clima variable y las laderas inclinadas aceleran el proceso de erosión, lo que evita que se acumule la tierra y, por lo tanto, sea más complicado obtener agua en el terreno suelto y rocoso.

**Límite del bosque**
El nivel más alto en el que sobreviven los árboles se conoce como límite del bosque, o límite arbóreo. Los árboles que quedan justo por debajo suelen presentar malformaciones o deformidades.

Los valles de montaña conservan su verdor en verano gracias al agua de deshielo de los glaciares.

## Zonas de vegetación

Si has subido una montaña de los Alpes o los Apalaches, seguro que has cruzado varias zonas de vegetación al ir ganando altura. El clima y la vegetación también varían según la cara de la montaña. La que recibe habitualmente el viento también obtiene más lluvia y presenta más vegetación. Algunas montañas son tan altas que impiden el movimiento de las nubes y provocan una «sombra pluvial» en el otro lado, donde el terreno es más árido.

Las plantas de las praderas alpinas suelen crecer en **montículos bajos y compactos** para soportar mejor los potentes vientos.

Muchas plantas de gran altura están cubiertas de **pelo plateado** para reflejar los potentes rayos ultravioleta de la luz del sol.

**111**

### Zona helada
Pocas plantas pueden resistir las condiciones árticas de la cumbre de las montañas, donde puede haber nieve y hielo permanentes. Los líquenes se aferran a las rocas desnudas y los musgos proliferan en grietas protegidas.

### Línea de nieve
Este es el punto más bajo de nieve permanente, aunque los glaciares también pueden bajar más, hasta los valles de las montañas.

### Pradera alpina
Por encima del límite del bosque hace demasiado frío para las plantas grandes. Las gramíneas y las plantas en cojín alpinas sobreviven en este ecosistema parecido a las praderas de tundra del extremo norte. Tras pasar el invierno enterradas bajo la nieve, las plantas cobran vida en primavera y producen unas flores de vivos colores para atraer mariposas y otros polinizadores.

### Bosque montano
Más arriba escasean los árboles de hoja caduca, y las coníferas de hoja perenne, como los pinos, las píceas y los abetos, ocupan su lugar. Estos árboles soportan mejor las duras nevadas y las noches gélidas de invierno en las montañas. Este ecosistema se parece al de los bosques boreales de coníferas de Canadá, Escandinavia y Rusia.

### Bosque bajo
La base de la montaña tiene una vegetación parecida a la del área que la rodea. En climas templados suelen ser bosques caducifolios dominados por árboles como los robles, los arces, las hayas y los abedules.

## Localización
Todos los continentes del mundo tienen montañas. Algunas de las cordilleras más largas son los Andes en Sudamérica, el Himalaya en Asia y las Montañas Rocosas en Norteamérica.

-- Ecuador    ■ Ecosistemas de montaña

## Zonas agrícolas
En los Andes, en Sudamérica, los granjeros aprovechan las distintas zonas de vegetación para cultivos de diferentes climas. Las frutas tropicales como los plátanos se cultivan en la zona baja de selva tropical, mientras que el trigo, las patatas, las manzanas y otros productos de países templados se cultivan más arriba. La pradera alpina se utiliza para criar llamas.

- ■ Café
- ■ Plátano
- ■ Maíz
- ■ Manzana, uva
- ■ Trigo
- ■ Cebada
- ■ Patatas
- ■ Pasto de llamas

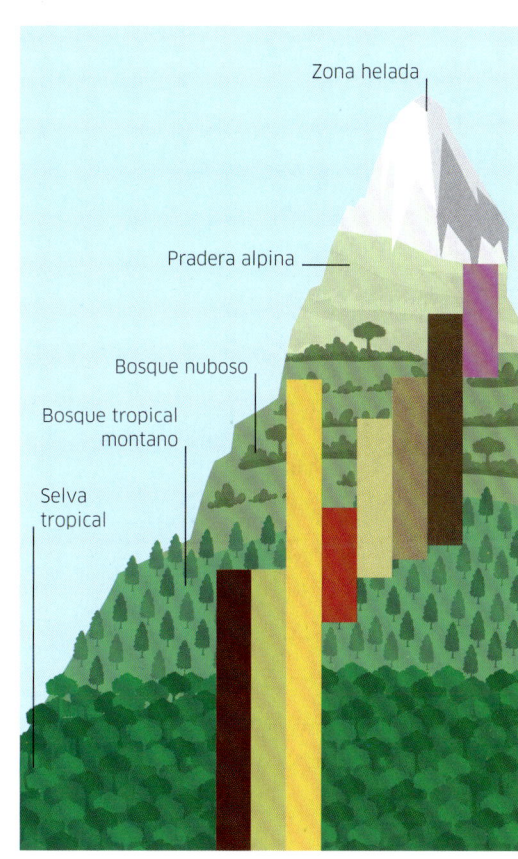

Zona helada

Pradera alpina

Bosque nuboso

Bosque tropical montano

Selva tropical

**112** ecosistemas ○ **MANGLARES**

Los manglares cubren **menos del 1 por ciento de la superficie de la Tierra**, pero ocupan la costa de más de 100 países tropicales y subtropicales.

# Manglares

**Los mangles están adaptados especialmente a los hábitats de agua salada y proliferan a lo largo de las costas tropicales y subtropicales.**

Los mangles crecen en bosques conocidos como manglares, en aguas costeras superficiales, estuarios y marismas salinas. Su espesa maraña de raíces los mantiene erguidos sobre el agua y el barro. La masa de raíces frena el movimiento del agua de mar, permite que se acumulen los sedimentos y se transforme en un fango rico en nutrientes. Este hábitat ofrece un valioso refugio y puntos de cría seguros para los peces, y estabiliza las líneas costeras reduciendo la erosión de las olas.

**Árboles costeros**

Los mangles incluyen varias especies no relacionadas que se han adaptado del mismo modo a los hábitats costeros: desarrollando una tolerancia al agua salada y unas raíces que parecen pilotes para quedar por encima del agua o el fango.

**Manglar australiano**

Australia cuenta con unos 11 500 km² de manglares. Estas regiones, halladas principalmente en las costas norte y este del continente, representan cerca del 6 por ciento del área total de bosque de manglar del mundo y contienen la mitad de especies de mangles del planeta.

**Zonas de nidificación**

Las aves playeras usan los mangles para crear sus nidos. La tiñosa picofina construye una robusta plataforma combinando hojas de mangle, plantas marinas y excrementos.

**Glándulas salinas**

Algunos mangles tienen glándulas salinas en las hojas para deshacerse de la sal. Otros dejan que la sal se acumule en la corteza o en las hojas viejas, que después dejan caer.

**Cangrejos de la ciénaga**

Los cangrejos de la ciénaga comen hojas muertas del mangle. Sus excrementos aportan nutrientes al fango y ayudan a los mangles a crecer.

**Raíces que respiran**

Algunos mangles cuentan con unas raíces que crecen del barro hacia arriba y que actúan a modo de tubos de buceo para que las raíces sumergidas continúen recibiendo oxígeno.

La garcita azulada se pasea por el fango entre las raíces de los mangles buscando peces, cangrejos y otros invertebrados marinos.

**Fruto flotante**

Los frutos de los mangles flotan. Se los lleva la corriente hasta que dan con alguna grieta del barro, donde empiezan a crecer.

Cada año se pierde hasta un 2 por ciento de área de bosque de manglar de todo el mundo.

Al ritmo de destrucción actual, los manglares podrían desaparecer por completo hacia el 2100.

**113**

## Localización

La mayoría de los bosques de manglares están situados en la zona intermareal (el área entre la marea alta y la marea baja) de costas tropicales. No obstante, también existen áreas de manglares fuera de los trópicos.

-- Trópico de Cáncer
-- Trópico de Capricornio
-- Ecuador
■ Manglares

## Amenazados

Además de dar cobijo a la vida salvaje, los manglares protegen las costas de la erosión absorbiendo la fuerza de las tormentas. En las últimas décadas, gran parte de los bosques de manglares del mundo se han visto destruidos por la urbanización, la agricultura y el turismo. Actualmente se realizan esfuerzos para proteger y recuperar este ecosistema amenazado, por ejemplo replantando árboles (derecha).

**Hojas gruesas**
La mayoría de las hojas de mangle tienen una gruesa cutícula cerosa o pelos densos para reducir la pérdida de agua, ya que aquí escasea el agua dulce.

Semilla

Plántula

**Zorro volador**
Los zorros voladores son los miembros más grandes de la familia de los murciélagos. Se alimentan de las flores y frutos de los árboles tropicales, son grandes polinizadores y dispersan las semillas.

**Propágulos**
Las semillas de algunos mangles germinan en unas plántulas en forma de lanza o propágulos mientras continúan unidas al árbol. Cuando llegan a un cierto tamaño, se separan, caen al agua y flotan a la deriva.

Los neumatóforos se abren a los lados en unas curvas que le dan más fijación. Además, absorben aire por la parte superior expuesta.

**Guardería**
Muchos peces ponen huevos bajo los mangles. Quedan protegidos de predadores y así los alevines crecen en un entorno seguro.

**Predadores**
Los cocodrilos y caimanes esperan que algún animal abandone el refugio de las raíces de los mangles.

Los pelícanos se tiran en picado desde las ramas de los mangles para atrapar peces y gambas del agua con su descomunal pico.

Hojas, ramas, corteza, flores y semillas de los mangles caen al agua y abonan el fango.

**Pez del fango**
Los peces del fango pueden vivir dentro y fuera del agua. Se desplazan por tierra con una gran agilidad, paseándose por el fango o las raíces de los mangles.

# Bosques de algas

**Por las líneas costeras más frescas del mundo, el sargazo gigante, la planta marina más grande del mundo, forma bosques bajo el agua que dan cobijo a miles de peces, invertebrados y mamíferos marinos.**

Los sargazos no son plantas, sino algas multicelulares que viven en las aguas frescas ricas en nutrientes de las costas rocosas. Necesitan luz del sol para realizar la fotosíntesis y por eso crecen más en aguas costeras poco profundas, donde hay mucha luz. Como si fueran árboles de un bosque, los sargazos crean un ecosistema tridimensional que ofrece hábitat y alimento a muchos organismos marinos, además de refugio durante las tormentas y escondites para huir de los predadores.

## Bosque de algas de California

A lo largo de la costa noreste del océano Pacífico, las corrientes de agua fría traen nutrientes del océano profundo hacia la superficie y sustentan la gran abundancia de vida marina. Parte de los bosques de algas más diversos del mundo se encuentran aquí.

**Nutria marina**
Las nutrias marinas se alimentan de erizos de mar y marisco que encuentran en el lecho marino. Duermen flotando en el mar, enrolladas en tiras de sargazo.

**Sargazo gigante**
El sargazo gigante, el más grande de los bosques de algas, puede alcanzar la misma altura que un árbol de la selva tropical.

**Laminaria porra**
La laminaria porra es el segundo sargazo más grande de los bosques de algas de California. Su nombre se debe a las ramas, cargadas de láminas grandes.

**Láminas**
La parte superior del sargazo está compuesta por unas estructuras en forma de hoja, las láminas, que son flexibles para reducir el daño de las olas y viscosas para minimizar la pérdida de agua al bajar la marea.

**Flotadores**
Los sargazos tienen unas cámaras de aire, las vesículas, que les permiten flotar cerca de la superficie, donde la luz es más intensa y la fotosíntesis se produce a mayor velocidad.

**Pie**
El largo tallo, conocido como pie, mantiene al sargazo unido al lecho marino. Es grueso y flexible para soportar las mareas y las olas.

**Erizos de mar**
Los erizos de mar se alimentan de fragmentos de sargazo que se rompen y llegan al lecho marino, pero a veces también comen sargazos vivos.

**Fijaciones**
Unas estructuras que parecen raíces, anclan los sargazos a las rocas del lecho marino.

**Estrella girasol**
Esta estrella de mar se alimenta de erizos de mar y ayuda a controlar su población.

Sargazo cola de toro

**7** años es el **promedio de esperanza de vida** del sargazo gigante.

**60 cm** puede crecer el sargazo **en un solo día**.

**115**

**Protección contra tormentas**
Los densos bosques de algas disipan la energía de las olas que entran, proporcionan refugio a la vida salvaje costera y frenan la erosión de las playas.

**Boa de plumas**
El pie de esta alga tiene pequeñas láminas que le dan el aspecto de una boa de plumas.

**Algas microscópicas**
La superficie del mar iluminada por el sol rebosa de algas unicelulares, el fitoplancton, que son la base de casi todas las cadenas alimentarias marinas: dan alimento a diversas criaturas marinas, incluidos caracoles, gambas y medusas.

**Garceta nívea**
Las aves marinas como la garceta nívea aprovechan el follaje de los sargazos para pararse encima cuando cazan.

**Lobos marinos**
Estos mamíferos marinos cazan peces que viven en los bosques de algas.

**Sargazo *Laminaria***
Las láminas coriáceas de estos sargazos duran más o menos un año.

## Localización
Los bosques de algas se encuentran en las costas templadas, donde las aguas son poco profundas y puede penetrar la luz del sol.

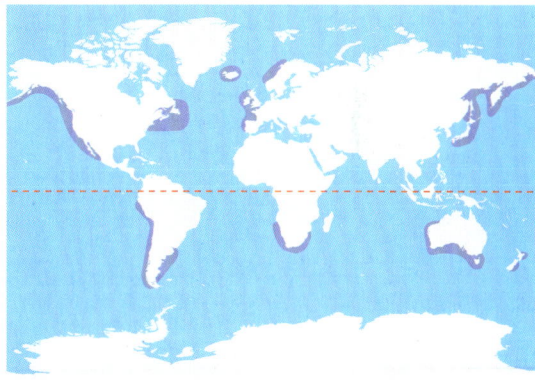

-- Ecuador          ■ Bosques de algas

## Amenazado
Más del 95 por ciento del sargazo de los bosques de algas de California ha acabado devorado por el erizo púrpura, cuya población se ha desbordado en los últimos años. Se cree que hay dos causas: una es la caída de la población de estrellas girasol, el principal predador del erizo, debida a una enfermedad; la otra es el cambio climático. En 2014, una ola de calor redujo los niveles de nutrientes en el agua, lo que hizo que el sargazo no creciera lo suficiente para llegar a la superficie. Los erizos de mar devoraron el sargazo más débil y crearon zonas muertas que cubrían kilómetros.

**Langosta**
Los bosques de algas proporcionan un hábitat ideal para las langostas y sus larvas. Las langostas adultas cazan los erizos de mar que devoran el sargazo.

**Alga de vidrieros**
Las extensiones de alga de vidrieros crecen allí donde la luz del sol llega al poco profundo lecho marino. Esta planta es la única planta con flor que vive en agua de mar.

**Morena de California**
La morena es un animal nocturno. De día se oculta en una grieta y solo saca la cabeza. De noche patrulla por el bosque de algas buscando pequeños peces que se pueda comer.

**Jaqueta vistosa**
Los peces como las jaquetas vistosas aprovechan los bosques de algas para ocultarse de los predadores.

**Sargazo *Pterygophora***
Este sargazo puede llegar a vivir 25 años y tiene tallos leñosos con anillos de crecimiento anuales.

**ERIZOS PÚRPURA DE CALIFORNIA COMIENDO SARGAZO**

Muchas plantas trepadoras tienen **sentido del tacto** y lo utilizan para encontrar dónde apoyarse.

# La lucha por la luz

**Las plantas necesitan luz solar para realizar la fotosíntesis, pero es complicado encontrar un lugar soleado en un hábitat denso, como un bosque. Por eso las plantas compiten entre ellas por la luz, a veces con resultados dramáticos.**

Las plantas compiten por la luz de muchas maneras diferentes. Algunas plantas se estiran tanto como pueden y se convierten en árboles altísimos que relegan a sus vecinos a la lúgubre sombra. Otras plantas son unas tramposas y trepan por encima de plantas más grandes, aprovechándose de su apoyo para robarles la luz. El matapalo combina ambas tácticas para conquistar territorio en sus hábitats de la selva tropical.

## A por la luz

Las plantas disponen de varias tácticas para alcanzar la luz del sol mientras permanecen arraigadas en un único lugar.

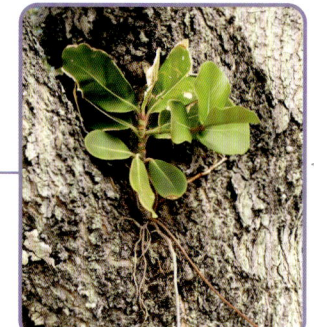

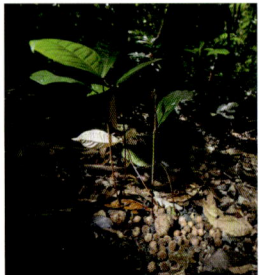

**A esperar**
Muchos árboles pasan los primeros años de vida creciendo despacio en la sombra. Cuando cae un árbol maduro, un chorro de luz penetra a través del follaje y los jóvenes a la espera se lanzan a la carrera para llenar el vacío.

**Trepadoras**
Las plantas trepadoras usan raíces adherentes o zarcillos para aferrarse a otras plantas y llegar a la luz sin malgastar valiosos recursos para producir su propio tronco o tallo leñoso.

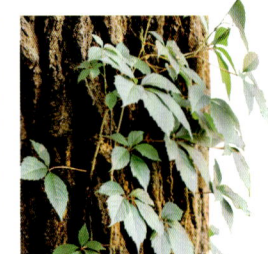

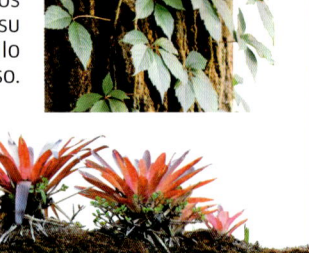

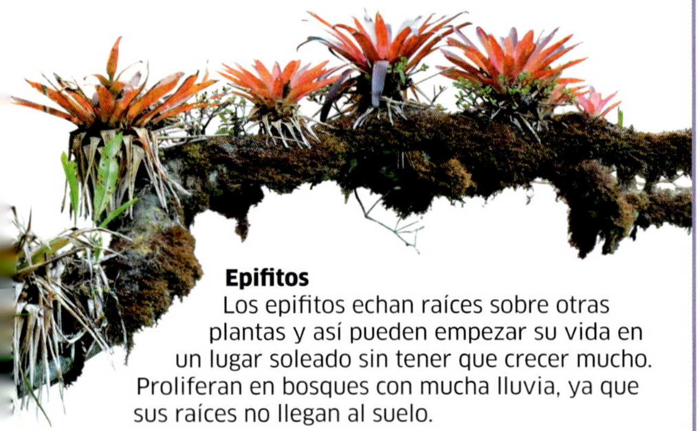

**Epifitos**
Los epifitos echan raíces sobre otras plantas y así pueden empezar su vida en un lugar soleado sin tener que crecer mucho. Proliferan en bosques con mucha lluvia, ya que sus raíces no llegan al suelo.

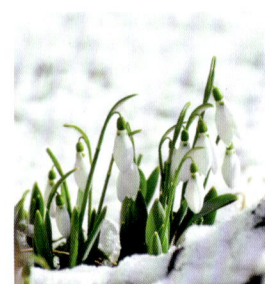

**Antes que nadie**
En los bosques de hoja caduca, la luz llega al suelo en invierno y principios de primavera. Las flores de primavera como las campanillas de invierno crecen desde sus bulbos y florecen antes que los árboles saquen las nuevas hojas.

**1 Germinación**
Las semillas de matapalo se depositan en los árboles a través de los pegajosos excrementos de los animales que se han comido los higos. Las semillas germinan gracias a los nutrientes de los excrementos y echan raíces.

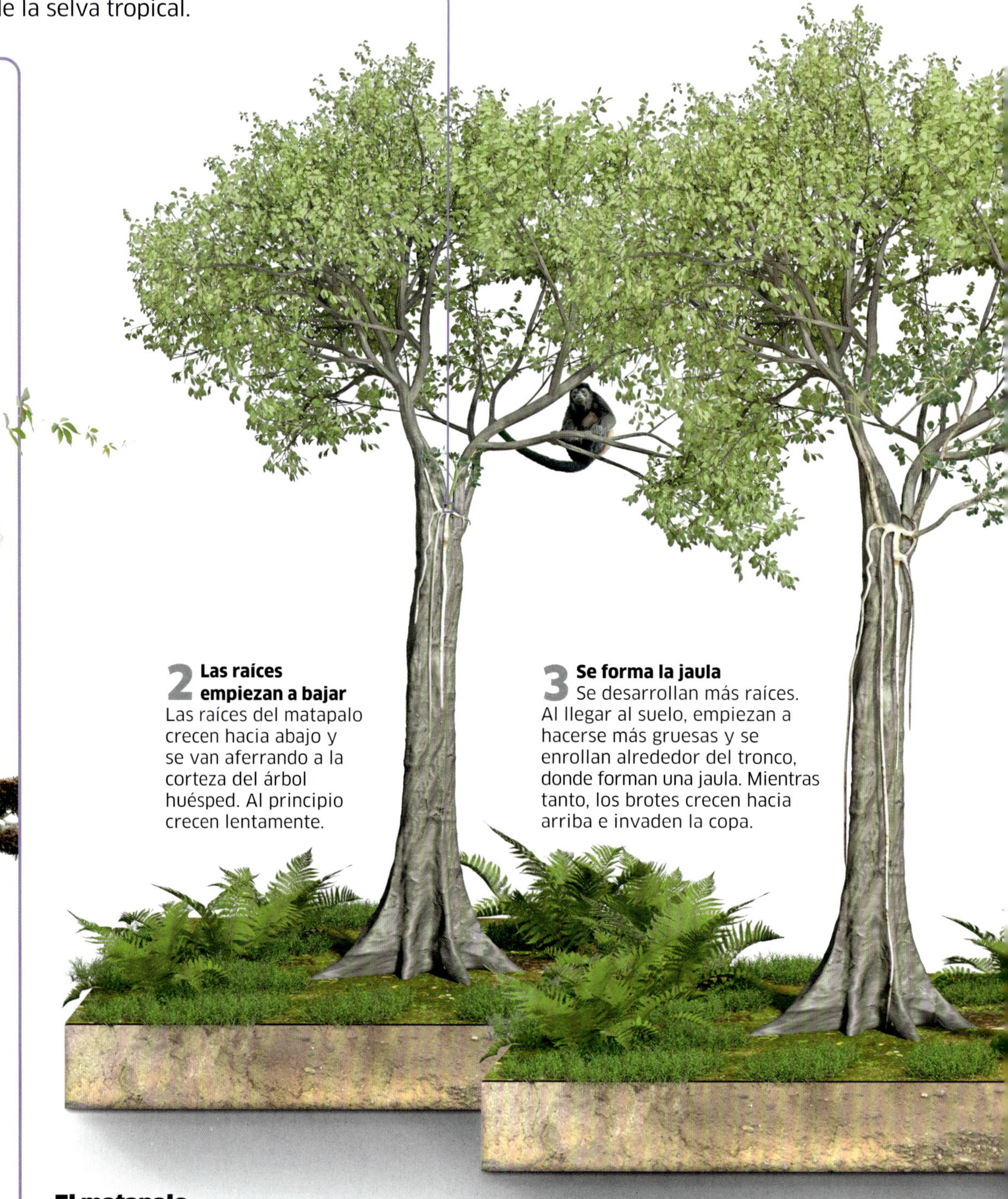

**2 Las raíces empiezan a bajar**
Las raíces del matapalo crecen hacia abajo y se van aferrando a la corteza del árbol huésped. Al principio crecen lentamente.

**3 Se forma la jaula**
Se desarrollan más raíces. Al llegar al suelo, empiezan a hacerse más gruesas y se enrollan alrededor del tronco, donde forman una jaula. Mientras tanto, los brotes crecen hacia arriba e invaden la copa.

## El matapalo

Los matapalos crecen en las exuberantes selvas tropicales, donde se vive una intensa lucha por la luz. El macabro nombre le va que ni pintado: tras brotar en las alturas, sobre la rama de otro árbol, el matapalo desarrolla una estrecha jaula a su alrededor y lo va matando poco a poco, dejándolo sin luz, agua ni nutrientes.

Algunos alimentos que nos dan las plantas trepadoras incluyen las uvas, los pepinos, los higos, la judía escarlata y las calabazas.

Un matapalo anciano de Anantapur, India, cubre un área equivalente a **tres campos de fútbol**.

**117**

## Especies fundamentales

La higuera se consideran una especie fundamental, pues desempeña un papel importante en la salud de un ecosistema. Muchos mamíferos y aves dependen de los higos cuando escasea la comida. Las ramas y troncos huecos proporcionan hábitats a insectos, aves, reptiles y anfibios. Las higueras también comparten un vínculo especial con sus avispas polinizadoras, ya que no pueden sobrevivir las unas sin las otras.

**MONO ARDILLA BOLIVIANO**

**MURCIÉLAGO DE LA FRUTA DE WAHLBERG**

**CÁLAO TROMPETERO**

Las ramas del matapalo se van haciendo más altas hasta dejar al árbol huésped en la sombra y privado de luz.

Una densa red de raíces cubre el tronco del árbol.

Las raíces del matapalo absorben el agua y los nutrientes del suelo, y ahogan lentamente al árbol huésped.

**4  Se acelera el crecimiento**
A medida que llegan más raíces al suelo de la jungla, la planta absorbe más agua y nutrientes del suelo. Ahora el matapalo puede crecer más rápido y hacerse más grande.

**5  El huésped muere**
Privado de toda luz, agua y nutrientes, el árbol huésped muere y empieza a pudrirse. Pueden tener que pasar entre 10 y 200 años para que muera el árbol huésped.

**6  Jaula vacía**
Al final, el árbol huésped acaba pudriéndose y solo queda la jaula cilíndrica de las raíces del matapalo, que sostiene la planta asesina durante mucho tiempo tras la desaparición del árbol huésped.

# Oportunistas

**En el bosque pueden tener que pasar años para que una planta crezca lo suficiente como para llegar a la luz del sol. Así que en lugar de seguir todos los pasos necesarios para conseguirlo, algunas plantas hacen trampas y toman un atajo.**

Los epifitos son plantas que nacen en las ramas de los árboles para no tener que desarrollar su propio tronco. La mayoría viven en bosques tropicales, donde representan el 25 por ciento de las especies vegetales. Son bastante habituales en las selvas, donde el agua es tan abundante que las plantas pueden sobrevivir sin echar raíces en el suelo. Sin embargo, los epifitos precisan de unas adaptaciones especiales para afrontar la vida en las alturas de las copas de los árboles, donde están expuestos al viento y una potente luz del sol. Por lo general no roban recursos al árbol huésped, sino que consiguen los nutrientes y el agua del aire y los desperdicios que quedan alrededor de sus raíces. Aportan alimento, hábitats y lugares de apareamiento para muchos animales.

**Morfo azul**
Las mariposas como la morfo azul se alimentan del néctar de los epifitos con flor, y a veces beben del agua que acumulan las bromelias.

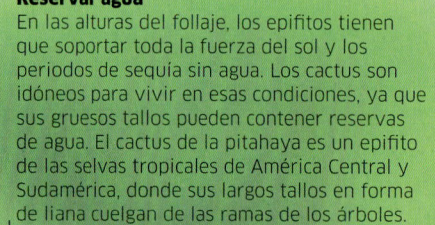

**Reservar agua**
En las alturas del follaje, los epifitos tienen que soportar toda la fuerza del sol y los periodos de sequía sin agua. Los cactus son idóneos para vivir en esas condiciones, ya que sus gruesos tallos pueden contener reservas de agua. El cactus de la pitahaya es un epifito de las selvas tropicales de América Central y Sudamérica, donde sus largos tallos en forma de liana cuelgan de las ramas de los árboles.

**Absorber la lluvia**
Las plantas aéreas absorben agua por las hojas; sus raíces solo sirven para aferrarse. Las hojas están cubiertas de minúsculas escamas absorbentes (aquí al microscopio) que capturan la lluvia.

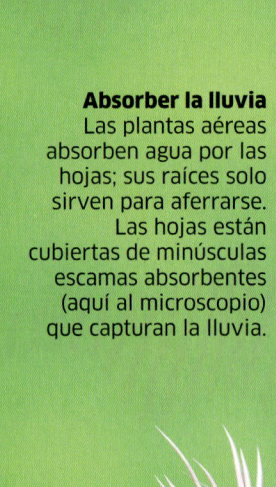

Aproximadamente el **70 por ciento** de las orquídeas son epífitos.

Una cápsula de semillas de la orquídea epifita *Cycnoches chlorochilon* puede llegar a contener **4 millones de semillas**.

**119**

## Reserva estanca

Las bromelias de tanque tienen bases con gruesas hojas solapadas que canalizan la lluvia hacia el centro de la planta. Recogen el agua en una especie de depósito, que es una reserva para superar los episodios de sequía y proporciona un hábitat para los animales acuáticos.

**Charca en el follaje**
Las ranas dardo usan las bromelias a modo de charcas en el follaje para cuidar a sus crías. La rana se carga a todos los renacuajos en la espalda y los lleva a su charca, y vuelve de vez en cuando para poner huevos estériles para que los renacuajos tengan comida.

**Agua**
La lluvia se acumula en la base de la planta, donde se forma una reserva de agua para los periodos de sequía y calor.

**Guardería de cangrejos**
*Metopaulias depressus* es un cangrejo que pone los huevos en las bromelias y cuida a sus bebés, cortándoles insectos para alimentarlos, añadiendo caracoles para aportar calcio para los caparazones de las crías y matando a las larvas de caballitos del diablo que acabarían devorando a los cangrejitos.

**Vaya abrazo**
Las raíces de las orquídeas epífitas se enrollan alrededor de las ramas para quedar bien fijadas. Además, las robustas raíces almacenan agua y, como son verdes, también pueden realizar la fotosíntesis.

**Raíces aéreas**
Algunos epifitos recogen lluvia cuando esta cae sobre su masa de raíces colgantes.

# Planta mimercófita

**Muchas plantas crean vínculos estrechos con otras especies, a menudo para beneficio de ambas partes. La planta mimercófita ofrece un hogar ideal para una colonia de hormigas, y estas, a su vez, viven en el interior de la planta, la defienden y la ayudan a nutrirse.**

La relación entre especies distintas se conoce como simbiosis. Las plantas dependen de relaciones simbióticas con animales para que polinicen sus flores y dispersen sus semillas, y las relaciones simbióticas con hongos les permiten absorber nutrientes del suelo con sus raíces. Si una relación simbiótica favorece a las dos partes se conoce como mutualista.

## Socios ideales

Las plantas crean relaciones simbióticas con muchas especies distintas, pero con las hormigas establecen algunas de las más espectaculares. Generalmente, ambos socios salen ganando con el acuerdo, pero en algunos casos la relación solo favorece a uno de los dos.

### Jardín del diablo
Los tallos del árbol *Duroia* de la selva tropical amazónica son huecos, y en ellos viven las hormigas cortadoras de hojas. Estas atacan cualquier otra planta de la zona inyectando ácido con su aguijón. Así se crean claros en el bosque, o «jardines del diablo», en los que *Duroia* tiene más espacio para crecer, aunque también se ve afectada cuando las hormigas se comen sus hojas.

### Sembradoras
Algunas semillas contienen un eleosoma, que es un bulto carnoso lleno de nutrientes. Las hormigas se llevan estas semillas al hormiguero, donde las utilizan para alimentar a sus larvas con el eleosoma. A continuación, las tiran junto a otros desechos, el lugar ideal para que nuevas plantas germinen.

### Espinas silbantes
En África, la espina silbante ofrece sus espinas huecas a las hormigas para que vivan en ellas. A cambio, las hormigas defienden a la planta de los grandes herbívoros, incluidos elefantes y jirafas. El árbol debe su nombre al silbido que emite el viento al pasar por las espinas.

### Nectarios extraflorales
En general, los nectarios están en el interior de las flores, adonde la dulce bebida que producen atrae a los polinizadores. No obstante, algunas plantas tienen «nectarios extraflorales», es decir, unos nectarios que se encuentran fuera de las flores y atraen a insectos predadores, como las hormigas o las mariquitas, para que ahuyenten a los insectos herbívoros.

**Ejército de defensa**
Si algún animal intenta comerse las hojas de la mimercófita, las hormigas se lanzan al ataque contra él a mordiscos.

**Fruto**
Las mimercófitas producen unos pequeños frutos jugosos con semillas en su interior. Las hormigas mastican los frutos, recogen sus semillas y las plantan para crear nuevos nidos.

### Mimercófitas
Las mimercófitas (*Myrmecodia*) crecen en las copas de la selva tropical del sudeste asiático. Son epifitas, lo que significa que crecen sobre otras plantas y sus raíces no llegan al suelo. Por eso les es difícil obtener los nutrientes y hacen que las hormigas las ayuden. Estas plantas tienen cavidades en su interior que las hormigas utilizan como criaderos para sus huevos y larvas o como cámaras para abandonar los desechos. Estos residuos se descomponen y se convierten en nutrientes que la planta absorbe.

El **98 %** de los nitratos absorbidos por los árboles de *Cecropia* que proviene de los **desechos del hormiguero.**

**Nueva planta mimercófita**
Las nuevas plantas brotan en grietas en las que las hormigas han plantado semillas.

**Criaderos**
Las hormigas utilizan las cavidades de paredes lisas para incubar huevos y criar larvas.

**Cámaras de ventilación**
Estas cavidades vacías que conectan con los poros de la superficie de la planta dan aire fresco a la colonia.

**Entrada**
A través de estos orificios las hormigas pueden entrar y salir.

**Cámaras de desechos**
Las hormigas usan las cámaras de paredes rugosas para almacenar excrementos, cadáveres y otros desechos. Las protuberancias de la pared absorben los nutrientes de la materia en descomposición.

**Raíces adherentes**
La mimercófita usa las raíces para fijarse en otros árboles.

# Plantas carnívoras

**Las plantas carnívoras cambian las tornas con los animales: los cazan y los matan para comérselos.**

A las plantas no les basta solo con aire y agua para sobrevivir, también precisan de unos nutrientes concretos del suelo, como los nitratos, cruciales para crear las proteínas necesarias para crecer. En suelos cenagosos o inundados, donde la materia orgánica se descompone muy lentamente, estos nutrientes son escasos. Para solucionar este problema, las plantas carnívoras cazan y digieren animales.

**Pelos sensibles**
Cada trampa suele tener seis pelos sensibles, tres en cada lado.

**Venus atrapamoscas**
La venus atrapamoscas tiene trampas en forma de boca en el final de las hojas. Cuando la trampa se dispara, la boca se cierra y los dientes se entrelazan antes de que su prisionero tenga tiempo de huir.

**2 Cerrada a cal y canto**
Mientras la mosca va buscando el néctar, toca los pelos sensibles. La trampa solo se cierra si la mosca toca los pelos dos veces en veinte segundos o menos. Así se evitan cierres accidentales.

**1 Atracción de la presa**
Los colores vivos y un olor dulce hace que las trampas abiertas sean irresistibles para las moscas y otros insectos.

Las dos mitades de la atrapamoscas son convexas. Cuando al moverse una mosca las dispara, se vuelven cóncavas de golpe y la trampa se cierra.

Cada trampa solo puede digerir entre tres y cinco comidas antes de morir.

La venus atrapamoscas puede encarcelar
a una mosca en **una décima de segundo**.

El naturalista inglés Charles Darwin declaró que la venus
atrapamoscas era una de las **plantas más maravillosas** del mundo.

**123**

**Glándulas digestivas**
La superficie interior de la venus atrapamoscas está salpicada de minúsculas glándulas que segregan ácido y enzimas digestivas.

**3 Atrapados**
Los insectos diminutos pueden escapar entre los dientes, pero los grandes quedan atrapados. Mientras forcejean por salir, siguen tocando pelos sensibles. Si la planta cuenta cinco toques más, comienza a producir jugos digestivos.

**4 Descomposición del cuerpo**
Las mandíbulas se cierran con firmeza para que queden selladas de manera estanca y se pueda formar una acumulación de jugo digestivo. La víctima se ahoga y las enzimas digestivas descomponen su cuerpo en nutrientes simples que se puedan disolver en el líquido y ser absorbidos por la planta.

En una semana, solo queda el exoesqueleto sin digerir y la trampa se abre para que caiga.

## Tipos de trampas

Las plantas carnívoras cuentan con cinco tipos de trampas diferentes: pegajosas, vejigas de succión, urnas con tapa, cucuruchos y cepos (como la venus atrapamoscas). Es difícil huir de todas, y todas convierten a sus víctimas en nutrientes que aprovechará la planta.

### Pegajosas
Las hojas de la rocío del sol están repletas de tentáculos, cada uno con una gotita de cola en la punta. Si una mosca se engancha e intenta liberarse volando, lo único que logra con sus esfuerzos es acabar con más tentáculos pegados. Para sellar su destino, toda la hoja se le acaba enrollando alrededor del cuerpo.

Una gota pegajosa en la punta de cada tentáculo atrae a las presas.

### Vejigas de succión
*Utricularia* captura minúsculos organismos acuáticos con sus vejigas de succión bajo el agua. Cuando una presa pasa cerca y roza los pelos sensibles de las vejigas, estas succionan a la víctima en menos de una milésima de segundo. Es posible que este movimiento sea el más rápido del reino vegetal.

### Urnas con tapa
Las plantas de jarra desarrollan trampas en forma de jarra en la punta de las hojas. Los insectos resbalan en su superficie y caen a un depósito de líquido digestivo.

### Cucuruchos
Las trampas de *Genlisea* funcionan como las trampas que utilizan los marisqueros para atrapar a las langostas. Cada trampa consiste en una hoja especial en forma de Y con rendijas por las que pueden entrar los organismos microscópicos. El interior de la trampa está repleto de cerdas, todas ordenadas en la misma dirección, que no dejan salir a la víctima.

Las víctimas acaban en las cámaras digestivas.

Las trampas en forma de Y están enterradas en el suelo cenagoso y consisten en hojas especiales enrolladas en forma de espiral y con el interior hueco.

Las rendijas dejan que los organismos del suelo naden hacia el interior.

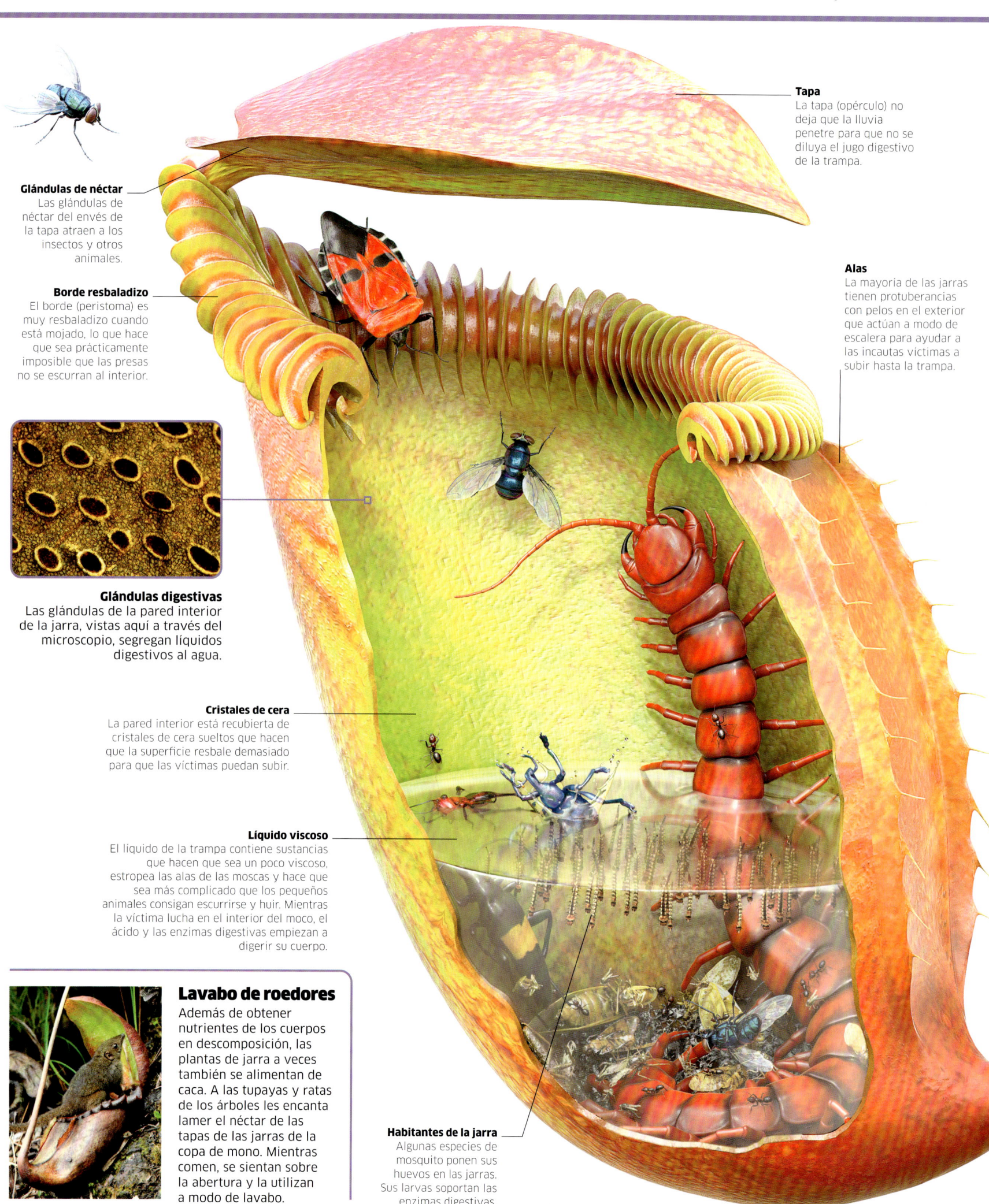

**Tapa**
La tapa (opérculo) no deja que la lluvia penetre para que no se diluya el jugo digestivo de la trampa.

**Glándulas de néctar**
Las glándulas de néctar del envés de la tapa atraen a los insectos y otros animales.

**Alas**
La mayoría de las jarras tienen protuberancias con pelos en el exterior que actúan a modo de escalera para ayudar a las incautas víctimas a subir hasta la trampa.

**Borde resbaladizo**
El borde (peristoma) es muy resbaladizo cuando está mojado, lo que hace que sea prácticamente imposible que las presas no se escurran al interior.

**Glándulas digestivas**
Las glándulas de la pared interior de la jarra, vistas aquí a través del microscopio, segregan líquidos digestivos al agua.

**Cristales de cera**
La pared interior está recubierta de cristales de cera sueltos que hacen que la superficie resbale demasiado para que las víctimas puedan subir.

**Líquido viscoso**
El líquido de la trampa contiene sustancias que hacen que sea un poco viscoso, estropea las alas de las moscas y hace que sea más complicado que los pequeños animales consigan escurrirse y huir. Mientras la víctima lucha en el interior del moco, el ácido y las enzimas digestivas empiezan a digerir su cuerpo.

**Lavabo de roedores**
Además de obtener nutrientes de los cuerpos en descomposición, las plantas de jarra a veces también se alimentan de caca. A las tupayas y ratas de los árboles les encanta lamer el néctar de las tapas de las jarras de la copa de mono. Mientras comen, se sientan sobre la abertura y la utilizan a modo de lavabo.

**Habitantes de la jarra**
Algunas especies de mosquito ponen sus huevos en las jarras. Sus larvas soportan las enzimas digestivas.

**Punta de la hoja**
Las jarras se desarrollan a partir
de las puntas de las hojas.

## Copa de mono

Las plantas de jarra de copa de
mono crecen en las montañas de
las selvas tropicales del sudeste
asiático y tienen unas jarras de
hasta 30 cm de ancho. El dulce
néctar que tiene bajo la tapa y
en el interior del recipiente atrae
a los insectos y otros pequeños
animales, pero su superficie
húmeda resbala mucho. Si un
visitante no se anda con ojo,
acaba en el líquido viscoso,
donde le es imposible volver
a subir para escapar.

**Jarra**
Las trampas tienen forma
de jarra y funcionan como
un estómago gigante, con
su ácido y sus enzimas
digestivas incluidas.

## Cómo crecen las jarras

Para crear una jarra, la planta empieza sacando
una nueva hoja. Un zarcillo parte de la punta de
la hoja y se curva hacia arriba mientras se le
forma una yema en la punta. Esta se hincha, crece
y forma un recipiente hueco. Al final la tapa se
abre y el borde se enrolla sobre sí mismo para
formar la resbaladiza parte exterior.

## Lirio cobra

El lirio cobra es una planta de jarra que crece en
zonas cenagosas de Norteamérica. Las moscas se
cuelan en la trampa por un pequeño orificio, pero
cuando buscan la salida, les confunde la luz que
brilla en unos puntos de la parte superior que
dejan pasar la luz. Chocan una y otra vez contra
estas falsas salidas hasta que acaban cayendo en
el líquido de la parte inferior, donde quedan
atrapadas, se ahogan y son digeridas.

# Planta de jarra

**Las plantas de jarra son plantas
carnívoras con unas grandes trampas
llenas de líquido especializadas para
matar y digerir pequeños animales.**

Todas las plantas necesitan nutrientes, como
nitratos y fosfatos, que suelen absorber del
suelo. Sin embargo, en algunos lugares, como
en terrenos muy cenagosos, cuesta encontrar
nutrientes. Las plantas carnívoras los logran
atrapando y digiriendo animales pequeños.
Las plantas de jarra atraen a sus víctimas con
un líquido de sabor dulce y luego las ahogan
en un baño letal de ácido y jugos digestivos.

**Zarcillo**
Las jarras crecen en los zarcillos,
unos tallos nervudos que salen
de la punta de las hojas.

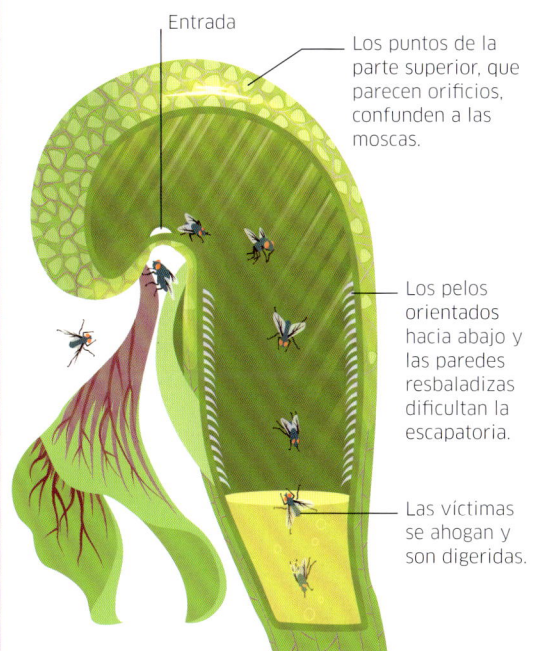

Entrada

Los puntos de la
parte superior, que
parecen orificios,
confunden a las
moscas.

Los pelos
orientados
hacia abajo y
las paredes
resbaladizas
dificultan la
escapatoria.

Las víctimas
se ahogan y
son digeridas.

# Plantas parásitas

**La mayoría de las plantas obtienen agua y nutrientes del suelo y energía del sol, pero algunas roban el alimento a otras.**

Los parásitos son organismos que viven sobre o dentro de otros organismos y les roban recursos. Algunas plantas parásitas (conocidas como holoparásitos) no tienen hojas y pasan toda su vida como una red de hilos en el interior de otra plantas, igual que los hongos, y salen solo para dar flores. Otras (los hemiparásitos) sí tienen hojas, pero también roban de una planta huésped. Los parásitos quizá no provocan un daño evidente, pero algunos son devastadores para los cultivos, por ejemplo, de arroz y maíz.

## Muérdago
Este parásito de hoja perenne puede realizar la fotosíntesis, pero también absorbe nutrientes y agua de sus árboles huésped, como manzanos, álamos y espinos. No mata a sus víctimas, pero las va debilitando con el paso del tiempo.

## Hydnora
Esta insólita planta, conocida en el sur de África, su hogar natal, como «comida de chacal», vive bajo tierra y roba los nutrientes de las raíces de otras plantas. Su carnosa flor emana olor a caca para atraer a escarabajos polinizadores.

### Imitación de carne
El rojo salpicado de *Rafflesia* imita la carne en descomposición. La flor genera calor para que su apestoso olor llegue más lejos y sea más atractiva para las moscas.

### Víctima
La víctima de *Rafflesia* es una planta conocida como *Tetrastigma*, que crece en forma de liana (una planta trepadora) en las selvas tropicales de Indonesia.

### Dentro de la liana
Las semillas de *Rafflesia* germinan si caen en una herida de alguna liana idónea. A continuación el parásito invade la liana y crece en forma de hebras microscópicas en sus venas. Al cabo de unos dos años se forman botones florales.

## *Rafflesia*

La *Rafflesia* es un holoparásito de Indonesia que pasa su vida en forma de hebras finas en el interior de lianas de la selva tropical, donde roba agua y nutrientes. Los botones florales rompen las lianas y se abren para dar flores de 1 m de ancho. Son las flores individuales más grandes del mundo. Además, atraen a los polinizadores emanando un olor que recuerda al de la carne putrefacta.

**Botón floral**
Las únicas partes visibles de *Rafflesia* son sus flores y frutos. Los botones florales tardan hasta un año en madurar, y las flores tan solo duran una semana abiertas.

**Tupaya**
Las tupayas se comen los frutos de *Rafflesia*, una especie de bayas que contienen miles de diminutas semillas.

**Disco espinoso**
La flor tiene un disco cubierto de espinas en el interior. Su función continúa siendo un misterio. Los órganos sexuales masculinos o femeninos se encuentran bajo el disco.

**Polinización**
*Rafflesia* tiene un polinizador, la mosca verde, que pone sus huevos en la carne de animales muertos. Puede transportar el polen a una gran distancia hasta otras flores de *Rafflesia*.

# Autodefensa

**Las plantas han creado un arsenal de defensas para protegerse ante todo tipo de organismos que se las comen, ya sean bacterias microscópicas o grandes herbívoros, como los elefantes.**

Las plantas sufren constantes ataques de otros organismos y deben protegerse si quieren sobrevivir. Todas las plantas tienen las células y tejidos rebosantes de sustancias difíciles de digerir por los animales, pero muchas plantas van más allá y utilizan armas en su superficie, sustancias químicas de sabor asqueroso o incluso animales aliados. Algunas plantas intentan evitar a los herbívoros por completo, ya sea creciendo en lugares inaccesibles u ocultándose.

## DEFENSAS FÍSICAS

Muchas plantas tienen pinchos (tallos modificados), espinas (hojas modificadas) o superficies punzantes en las hojas o tallos para disuadir a los animales que se las quieren comer. Algunas plantas incluso cuentan con cristalitos en las hojas que irritan la boca y el intestino cuando se las comen.

Los pinchos son tallos modificados, y por eso se pueden ramificar.

**Pinchos**
La acacia de tres espinas de Norteamérica produce grupos de tres largos pinchos brutales, que debían de ser esenciales durante la última glaciación, cuando los mamuts se alimentaban de los árboles y arbustos de la región.

## ARMAMENTO QUÍMICO

Muchas plantas utilizan venenos para defenderse de animales hambrientos. Si un animal toma un bocado de una planta venenosa y pasa un desagradable dolor de barriga, es probable que no vuelva a intentar comerse esa planta. Si el veneno es mortal, la especie herbívora se extinguirá si no evoluciona el instinto de evitar la planta.

**Ortiga**
Las hojas de las ortigas están cubiertas de diminutos pelitos en forma de aguja. Cuando alguien los toca, perforan la piel, se rompen e inyectan un cóctel de sustancias químicas que provocan dolor e irritación.

Las hojas y tallos de las ortigas están cubiertos de punzones, cuyas bases contienen una cámara con líquido tóxico.

**HOJA DE ROBLE**

La cerosa cutícula de las hojas repele el agua y hace que la lluvia forme perlas que caen con facilidad.

### Película impermeable
La mayoría de las hojas están cubiertas por una capa cerosa conocida como cutícula. Además de evitar la pérdida de agua, esta película impermeable impide la entrada de microbios como hongos y bacterias. Si una planta detecta un microorganismo invasor, responde haciendo la cutícula más gruesa. También puede añadir sustancias químicas antifúngicas a la cutícula para erradicar infecciones antes de que se conviertan en un problema.

### Estomas
Las pequeñas rendijas que se encuentran en la superficie de las hojas y se conocen como estomas se cierran cuando una planta nota una posible invasión.

**HIERBA DE COCHE**

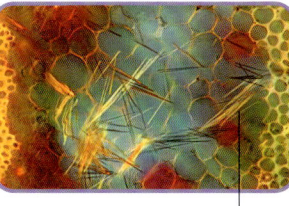

Cristales en forma de aguja

### Rafidios
Los rafidios son cristales en forma de aguja ocultos en el interior de las hojas. Provocan dolor en la boca de cualquier animal que se las coma; todavía son más eficaces en plantas venenosas, pues las agujas perforan la boca, la garganta y el intestino, y aceleran la acción de las toxinas.

### Chile
Un agente químico llamado capsaicina protege los frutos de las plantas del chile con una sensación de quemazón en la boca de los animales. Nosotros también notamos dolor al comer chiles enteros crudos, pero en pequeñas cantidades hacen que la comida sea picante y más sabrosa, lo que los convierte en una especie muy popular.

### Muguete
Todas las partes de esta preciosa planta del bosque, incluidas sus flores en forma de campanilla y las bayas rojo vivo, contienen venenos capaces de hacer parar el corazón de un animal.

### Manzanilla de la muerte
La manzanilla de la muerte, uno de los árboles más tóxicos del mundo, contiene una savia blanca que puede provocar ampollas y quemazón al tocarla. Para quemarse la piel basta con tan solo estar debajo de este árbol cuando llueve.

### Acónito
Las raíces venenosas de esta planta contienen una toxina nerviosa capaz de dejar a una persona sin latido. El acónito se utilizaba para envenenar puntas de flechas para cazar lobos y osos. Los antiguos romanos también lo usaban como método de ejecución.

### Hierba de Santiago
Algunos animales roban el armamento químico que producen las plantas. Las orugas de la polilla de la hierba cana son inmunes al veneno de la hierba de Santiago y lo conservan en su cuerpo para ahuyentar a sus predadores, como por ejemplo las aves. Sus chillones colores sirven de advertencia.

## DEFENSA CONTRA INSECTOS
Algunas plantas piden ayuda cuando las ataca algún herbívoro. Cuando las orugas muerden las coles, estas plantas liberan un olor que atrae a las avispas parásitas, que ponen sus huevos en el interior de las orugas. Las larvas de avispa devoran a las orugas por dentro. La relación entre la col y estas avispas se describe como mutualista, que significa que beneficia a ambas partes: la planta recibe protección contra los herbívoros, y la avispa recibe alimento para sus crías.

### Larvas de avispa parásitas
Una hembra de esta avispa parásita puede poner hasta 50 huevos dentro de una oruga huésped. Estas avispas son muy eficaces a la hora de controlar las infestaciones de orugas.

Larvas de avispa salen del cadáver de una oruga huésped.

## MOVIMIENTO
Es raro que las plantas huyan de los herbívoros moviéndose, pero hay algunas especies, pocas, que pueden hacerlo. Cuando las tocan, las hojas de la sensitiva se cierran y pliegan para ocultar la planta de los herbívoros y ahuyentar a los insectos voladores.

El movimiento repentino depende de unas señales eléctricas de acción rápida que provocan el movimiento del agua en las células que hacen de bisagra en la base de cada hojuela.

# PERSONAS Y PLANTAS

La civilización nació cuando los seres humanos descubrieron cómo cultivar plantas. Desde entonces hemos aprendido a cultivar miles de especies y dedicado casi la mitad de las tierras vírgenes a la agricultura. Ahora, nuestra creciente población está poniendo ya en riesgo las plantas silvestres.

# Alimento vegetal

**Las plantas son vitales para nuestra supervivencia. Además de ofrecernos oxígeno y materiales de construcción, nos proporcionan alimentos.**

Todo lo que comemos, directa o indirectamente, tiene su origen en las plantas. Casi toda nuestra dieta proviene de ellas en forma de fruta, verdura y cereales, como el trigo o el arroz. Además, incluso los alimentos de origen animal como la carne y los productos lácteos provienen de animales que obtuvieron sus nutrientes de las plantas. Los humanos consumimos una gran variedad de plantas, pero la mayor parte de nuestra dieta está compuesta por solo un pequeño número de ellas. En comparación con los de origen animal, los alimentos de origen vegetal son menos ricos, pero más sanos. Además, producir alimentos vegetales requiere menos energía y perjudica menos el medio ambiente que producir alimentos animales.

### Partes de las plantas

No todas las partes de las plantas son comestibles. Según la especie, nos comemos diferentes partes, como las hojas, las raíces, los tallos, los frutos o las semillas. Incluso las flores de algunas plantas son comestibles. Los alimentos vegetales se dividen en tres grupos principales según la parte que nos comemos: cereales (las semillas de las gramíneas), fruta (los frutos dulces) y verdura (el resto, incluidos los frutos que no son dulces).

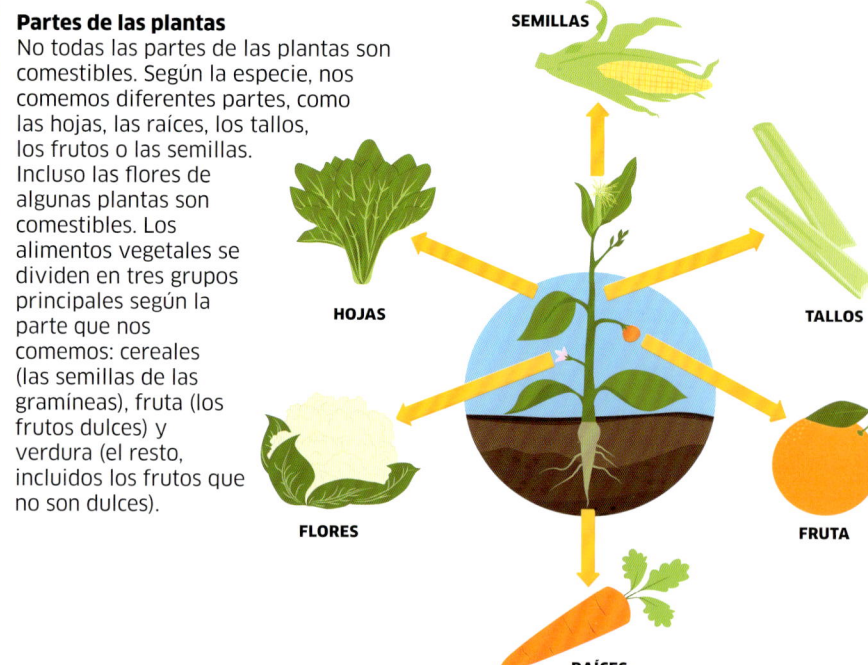

SEMILLAS

HOJAS

TALLOS

FLORES

FRUTA

RAÍCES

## NUTRIENTES ESENCIALES

La Organización Mundial de la Salud (OMS) recomienda comer al menos cinco piezas de fruta y verdura al día, unos 400 g. Los alimentos vegetales contienen gran cantidad de los nutrientes principales que necesitamos: hidratos de carbono, proteínas, grasas y fibra, así como vitaminas y minerales esenciales.

### Hidratos de carbono

Los hidratos de carbono, como el almidón y el azúcar, nos proporcionan energía, pero una cantidad excesiva puede provocar aumento de peso, caries y enfermedades como la diabetes. Todos los alimentos vegetales contienen hidratos de carbono. Las hortalizas de raíz y los cereales son los que tienen más almidón, y las frutas llevan mucho azúcar.

ARROZ

CAÑA DE AZÚCAR

BONIATO

### Proteína

Necesitamos proteínas para desarrollar, reparar y mantener sano nuestro cuerpo. No podemos almacenarlas, por lo que necesitamos consumirlas de forma constante. Los alimentos de origen animal, como la carne y el queso, tienen muchas proteínas, igual que las semillas de las plantas, especialmente las de la familia de las fabáceas (*Fabaceae*), como las lentejas, las alubias y los cacahuetes.

LENTEJAS

ALUBIAS ROJAS

HABAS DE SOJA

### Lípidos

Nuestros cuerpos necesitan lípidos (grasas y aceites) para crear membranas celulares y hormonas, y para almacenar energía. En general, las grasas de los alimentos vegetales son más saludables que las de origen animal. Los frutos secos y las semillas son una buena fuente de grasas sanas. También contienen ácidos grasos omega, que protegen contra cardiopatías.

ANARCARDOS

AGUACATE

LINAZA

ALMENDRAS

ACEITE DE OLIVA

### Fibra

Este tipo de hidrato de carbono solo se encuentra en alimentos vegetales. No podemos digerir la fibra, pero aun así es importante para nuestra salud, ya que facilita la digestión y nos protege de cardiopatías, de determinados cánceres y de algunos tipos de diabetes.

JUDÍAS DE CARETA

FRIJOLES DE PALO

BRÓCOLI

GARBANZOS

PAN INTEGRAL

Las **primeras patatas cultivadas** crecieron hace 7000 años en Perú, Sudamérica.

Aproximadamente la mitad de la energía alimentaria del mundo proviene de **solo tres cultivos**: trigo, maíz y arroz.

**133**

# PLANTAS BEBIBLES

Las plantas no solo nos las comemos, sino que también las usamos para preparar bebidas. Dos de las preferidas del mundo, el té y el café, provienen de las plantas. Los zumos se obtienen prensando frutas u otras partes de las plantas, y las bebidas alcohólicas se hacen utilizando un hongo, la levadura, para fermentar los azúcares de las plantas.

HOJAS DE TÉ    TÉ

BAYAS DE CAFÉ

CAFÉ

**Té**
Las hojas secas de la planta del té se hierven en agua caliente para elaborar esta reconfortante bebida caliente. El té contiene cafeína, un compuesto que estimula el sistema nervioso.

**Café**
Con una popularidad que rivaliza con la del té, el café se elabora con las habas (bayas) tostadas y molidas del cafeto. Supera al té en concentración de cafeína.

MAZORCAS DEL CACAO CON HABAS

CHOCOLATE A LA TAZA

**Cacao**
Las habas del cacao se utilizan para producir chocolate y polvo de cacao, que se puede mezclar con leche o agua caliente para hacer chocolate a la taza.

NUECES DE COLA    BEBIDA DE COLA

NARANJA    ZUMO DE NARANJA

**Cola**
Los refrescos de cola deben su nombre a una planta africana, la cola, aunque hoy ya no se utiliza como ingrediente. Otras plantas usadas para elaborar cola son la naranja, la lima, la lavanda, la canela, el cilantro, la nuez moscada y la vainilla.

**Naranja**
El zumo más popular proviene del fruto de los naranjos. Estos árboles no existen en estado silvestre, sino que son híbridos artificiales creados cruzando mandarinos con pomelos.

CEBADA

CERVEZA

UVA    VINO

**Cebada**
Este cereal se usa para elaborar cerveza. Se fermenta con levadura, que se alimenta de los azúcares de los granos para producir alcohol.

**Uva**
El vino se elabora mezclando uva prensada con levadura, que produce alcohol a partir de los azúcares de la fruta.

# CULTIVOS

Cada año se producen miles de millones de toneladas de cultivos por todo el mundo para satisfacer la demanda de alimento para personas y ganado (animales de granja). Los cereales como el trigo y el arroz suman un tercio del peso total de los alimentos vegetales cultivados. Eso sí, el producto de cultivo más importante del mundo por peso es la caña de azúcar.

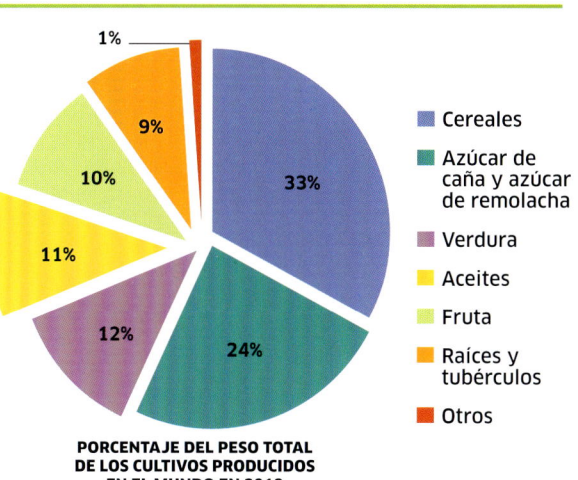

1% · 9% · 10% · 11% · 33% · 12% · 24%

- Cereales
- Azúcar de caña y azúcar de remolacha
- Verdura
- Aceites
- Fruta
- Raíces y tubérculos
- Otros

PORCENTAJE DEL PESO TOTAL DE LOS CULTIVOS PRODUCIDOS EN EL MUNDO EN 2018

# AGRICULTURA Y MEDIO AMBIENTE

Como la población del mundo ha crecido, el área de tierra dedicada a la agricultura también ha aumentado, lo que ha hecho desaparecer hábitats naturales. Hoy se dedica a la agricultura más o menos el 46 por ciento de la tierra habitable. Si la población continúa aumentando, tendremos que encontrar formas más sostenibles de producir alimentos.

| Superficie de la Tierra | 29 % tierra firme | 71 % océano |

Tierra firme: 71 % suelo habitable — 29 % suelo no habitable

Suelo habitable: 46 % agricultura — 53 % ecosistemas naturales — 1 % suelo urbano

Suelo agrícola: 77 % usado por el ganado — 23 % usado para cultivos

Suministro global de calorías: 82 % de alimentos vegetales — 18 % de alimentos animales

**Uso de la tierra**
Una hectárea de suelo dedicada a cultivar plantas produce 15 veces más alimento que una hectárea dedicada a criar ganado. Esto es así porque casi toda la energía en forma de alimento que capturan las plantas al realizar la fotosíntesis se pierde a medida que avanza por la cadena alimentaria hacia los animales.

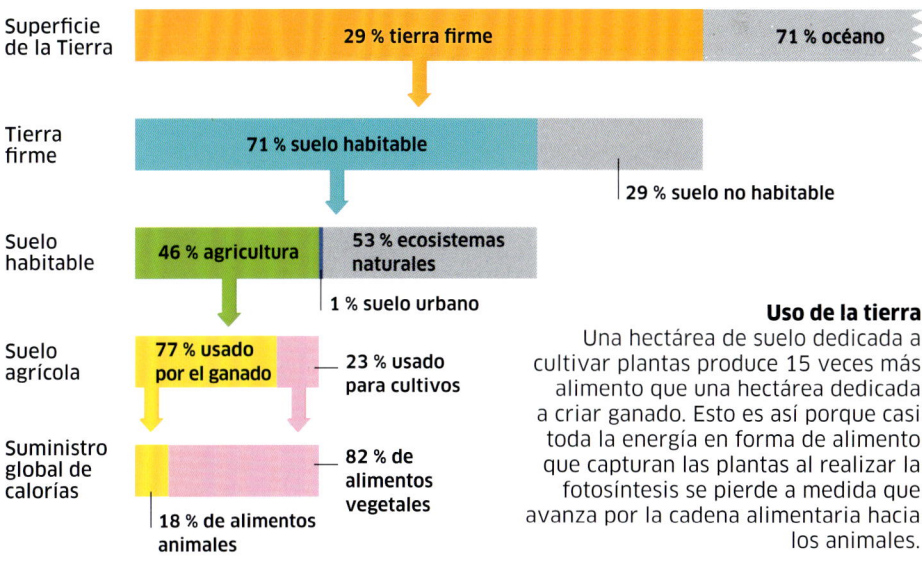

**Cambio climático**
La agricultura moderna contribuye al calentamiento global liberando los gases de efecto invernadero metano (del ganado), óxido nitroso (por el uso de abonos) y dióxido de carbono (de la maquinaria). Con el cambio de patrones meteorológicos, es posible que en algunas partes haga demasiado calor para cultivar alimentos básicos, como el maíz (izquierda).

**Agricultura a cubierto**
En el futuro puede que se cultive más a cubierto o en invernaderos, donde se tiene más control de la temperatura, la luz y la cantidad de agua, nutrientes y dióxido de carbono que reciben las plantas. En la agricultura vertical, los cultivos están en capas apiladas unas sobre otras, lo que ofrece mayores cosechas en comparación con la agricultura tradicional.

Se cultivan **40 000** variedades
diferentes de arroz.

# Cereales

**Los cereales son gramíneas cultivadas. Los campesinos llevan cosechándolas, como mínimo, 9000 años, y son el origen de casi todos los alimentos del mundo.**

Los cultivos de cereales más importantes son el trigo, el arroz, el maíz, el mijo, el centeno y la avena. Todos pertenecen a la familia de las poáceas y se cultivan por sus semillas comestibles. Las variedades modernas de estas plantas son muy diferentes a sus antepasados silvestres, y producen grandes cabezas de semillas de enormes granos.

**GRANOS DE TRIGO**

## TRIGO
*Triticum aestivum*
**Cultivado en:** lugares templados y lluviosos
**Altura:** hasta 1 m

El trigo fue la primera planta que se cultivó, hecho que propició el nacimiento de la agricultura y la prosperidad de las primeras civilizaciones. Hoy en día es uno de los cultivos más cultivados del mundo. Los granos de trigo se muelen para hacer harina, que se utiliza para elaborar pan, pasta, pasteles y galletas. Los tallos se aprovechan como alimento para los animales.

Cada grano está protegido por una cáscara.

Cada grano de maíz se forma a partir de una flor individual.

## MAÍZ
*Zea mays*
**Cultivado en:** todo el mundo
**Altura:** hasta 3 m

El maíz fue cultivado por primera vez en América Central; lleva cultivándose casi el mismo tiempo que el trigo. Sus semillas, los granos, se forman en grandes mazorcas. El maíz se cultiva para el consumo humano (maíz dulce), para alimentar animales, para elaborar almidón de maíz y jarabe de maíz, y se fermenta para crear alcohol y biocombustible. Su harina se utiliza para preparar tortillas.

## ARROZ
*Oryza sativa*
**Cultivado en:** países calurosos, especialmente en Asia
**Altura:** hasta 1,2 m

Es el alimento básico de más de la mitad de la población mundial. Se cultiva en campos inundados que se conocen como arrozales y cuya agua se vacía antes de la cosecha. Las espigas pasan por el molino para retirar la cáscara y el salvado, y dejar pelados los granos de arroz blanco.

## MIJO
*Panicum miliaceum*
**Cultivado en:** Asia, África, Europa y Norteamérica
**Altura:** hasta 1,3 m

El mijo crece bien en lugares cálidos y secos, donde es complicado cultivar trigo y arroz. Es un alimento básico de gran parte de África y partes de Asia, y se utiliza para elaborar panes planos y gachas. En otras partes del mundo, el mijo se utiliza sobre todo para alimentar animales.

Una mazorca de maíz puede contener hasta 600 granos.

## AVENA
*Avena sativa*
**Cultivada en:** regiones templadas frescas, principalmente en Europa y Estados Unidos
**Altura:** hasta 1,5 m

Su harina no sirve para hacer pan, así que este cereal se cultiva principalmente para alimento de animales, cereales de desayuno y tentempiés ricos en fibra. Los copos de avena que se utilizan para elaborar las gachas son granos enteros cocinados al vapor y aplanados.

**GRANOS DE AVENA**

# Hortalizas

**Las hortalizas son cualquier parte fresca y comestible de una planta, ya sean las flores y los frutos o las hojas, las yemas, los tallos y las raíces. Son parte esencial de una dieta sana.**

Algunos de los alimentos que denominamos hortalizas, incluidos tomates, pimientos, pepinos y calabazas, a nivel científico son frutos, porque se desarrollan a partir de flores. No obstante, la mayoría de las personas utilizan la palabra hortaliza para referirse a cualquier parte de planta que se utilice en platos salados. Los campesinos llevan miles de años cruzando y modificando cultivos de hortalizas. Gran parte de las variedades actuales, desde las coles hasta las coliflores, son creaciones artificiales que no existen en estado silvestre.

## FAMILIA DE LAS CUCURBITÁCEAS
*Cucurbitaceae*

**Tipos:** calabacín, pepino, calabaza, melón y zapallo
**Origen:** América Central y Sudamérica

Las plantas de la familia de las cucurbitáceas son lianas (trepadoras) que producen frutos carnosos. Los tipos más duros, como las calabazas, se suelen cocinar para que se ablanden, mientras que los tipos más dulces y blandos, como los melones, se venden como fruta.

CALABAZA

## FAMILIA DE LAS FABÁCEAS
*Fabaceae*

**Tipos:** judías, lentejas, guisantes y soja
**Origen:** América Central, Sudamérica, Europa y Oriente Medio

Las fabáceas, o legumbres, se cultivan por sus semillas comestibles, pero las vainas tiernas también se comen como hortalizas. Todas las legumbres tienen mucha proteína, y por eso ocupan un lugar destacado en las dietas vegetarianas.

ALUBIAS BLANCAS

## FAMILIA DE LAS BRASICÁCEAS
*Brassicaceae*

**Tipos:** brócoli, col, coliflor y rábano
**Origen:** Asia y Europa

La familia de las brasicáceas está compuesta por miles de especies, pero tan solo una, la col silvestre, es la fuente original de muchas hortalizas habituales. A lo largo de los siglos, los agricultores han cruzado la planta para que crecieran más unas partes concretas. Las yemas de las hojas superiores se convirtieron en repollos, las yemas laterales se transformaron en coles de Bruselas, los botones florales acabaron siendo brócoli y coliflor, y las hojas se convirtieron en berzas.

Los rábanos son raíces comestibles y con un potente sabor picante.

## FAMILIA DE LAS AMARILIDÁCEAS
*Amaryllidaceae*

**Tipos:** ajo, puerro, cebolla y cebolleta
**Origen:** Asia

Los miembros de esta familia se cultivan por sus bulbos comestibles y de potente sabor. Las cebollas jóvenes, cultivadas a partir de una semilla, se pueden comer crudas, pero la mayoría se cocinan para que sean más dulces y menos potentes. A menudo se utilizan cebollas picadas como base para platos salados, ya que su sabor combina bien con muchos otros alimentos.

CEBOLLA

## FAMILIA DE LAS SOLANÁCEAS
*Solanaceae*

**Tipos:** berenjena, pimiento, chile, patata y tomate
**Origen:** América

Esta familia incluye algunas de las hortalizas más cultivadas del mundo, como los tomates y las patatas. Antes de llegar a Europa y Asia en el siglo XVI y transformar nuestras cocinas, ya se habían cultivado en América durante miles de años.

Los pimientos provienen de una variedad cultivada de *Capsicum annuum*, la especie que también da los chiles.

BERENJENA

PATATA    PIMIENTOS

TOMATE

### NARANJO
*Citrus sinensis*
**Origen:** China y sudeste de Asia
**Cultivado en:** Sudamérica, Estados Unidos, India, China y países mediterráneos

El origen de los naranjos se sitúa en Asia tropical; actualmente son los árboles frutales más cultivados del mundo. El tipo más habitual también se conoce como naranjo dulce, para distinguirlo de la variedad amarga que se emplea para preparar mermelada. Las naranjas se cultivan para comer frescas, hacer zumo y elaborar condimentos.

### MANZANO
*Malus domestica*
**Origen:** Asia central
**Cultivado en:** todo el mundo

Los científicos creen que el origen del manzano moderno se remonta a hace unos 4000 años a Asia central, donde se cruzó el manzano silvestre con otra especie silvestre y formó un híbrido. Hoy existen más de 7500 variedades diferentes de manzano. La mayoría no se cultivan a partir de semillas, sino de esquejes injertados en otros manzanos, para asegurarse de que el fruto de cada variedad siempre tenga el mismo aspecto y sabor.

# Frutas

**Las frutas, dulces, jugosas y de deliciosa fragancia, son las partes más sabrosas de las plantas. Cultivarlas es un buen negocio, pues cada año se venden cientos de millones de toneladas en el mundo.**

Los científicos diferencian entre «fruto» y «fruta», ya que los botánicos consideran que el fruto es el ovario madurado de una flor, independientemente de que se pueda comer o no, mientras que la fruta tiene que ser comestible y de sabor dulce, y, a menudo, también presentar un buen color. La fruta fresca es una parte importante de una dieta saludable. La fruta también sirve para elaborar mermeladas, zumos, helados y otros productos. Además, los olores y colores de la fruta también se pueden extraer para crear tintes, condimentos y perfumes naturales.

Según la variedad, las naranjas pueden tardar entre 6 y 14 meses en madurar antes de poder cosecharse.

### PLÁTANO
*Musa acuminata*
**Origen:** archipiélago malayo y Papúa Nueva Guinea
**Cultivado en:** todas las regiones tropicales

Hay muchos tipos de plátanos, como los verdes, los amarillos y los marrones, los dulces y el macho, un plátano con mucho almidón que debe cocinarse. No obstante, la mayoría son plátanos Cavendish, variedad dulce y amarilla. Todos los plátanos Cavendish son genéticamente idénticos, y están amenazados por una enfermedad fúngica.

**Mano de plátanos**
Los plátanos crecen en grupos llamados manos; cada fruta sale de una flor.

### MELÓN
*Cucumis* y *Citrullus*
**Origen:** África y sudeste de Asia
**Cultivado en:** China, Turquía, Irán y la India

Los melones son de la familia de las calabazas y los zapallos, pero son más blandos y dulces. Crecen en lianas que se arrastran por el suelo. Como sus frutos reposan sobre el terreno, pueden crecer hasta ser enormes. El ejemplar más grande registrado llegó a pesar 159 kg, el doble que una persona adulta.

**MELÓN CANTALUPO**

### MELOCOTONERO
*Prunus persica*
**Origen:** China
**Cultivado en:** China, Italia, España, Grecia y Turquía

Los melocotoneros y los nectarinos (ambos son de la misma especie) tienen su origen en China, donde quizá llevan 8000 años cultivando estos árboles. Sus frutos forman la categoría de fruta de hueso, ya que cada pieza contiene una única semilla grande. En China, el melocotón simboliza la inmortalidad y a menudo se regala para desear una larga vida a alguien.

**Piel comestible**
La aterciopelada piel roja amarillenta del melocotón es comestible.

Cada granada contiene unas **600 semillas**.

**50** sustancias químicas diferentes que se utilizan para crear el **sabor artificial de la fresa**.

**137**

## PIÑA
*Ananas comosus*
**Origen:** Sudamérica
**Cultivada en:** Brasil, Filipinas, Costa Rica e Indonesia

Las piñas son miembros de la familia de las bromelias de la América tropical, que es donde todavía se cultivan la mayoría de las piñas del mundo. Cada fruta se forma a partir de un grupo de docenas de flores individuales que se unen para formar una fruta múltiple. Las piñas llegaron a Europa en el siglo XVI, pero eran muy difíciles de cultivar, y por eso eran raras y extraordinariamente caras: costaban el equivalente a unos 7500 € actuales.

**Fruto madurando**
El fruto tarda 10-12 semanas en madurar.

## MARACUYÁ
*Passiflora edulis*
**Origen:** Sudamérica
**Cultivado en:** Australia, Brasil, Colombia, Ecuador, Kenia e Indias Occidentales

El maracuyá es el fruto de una planta trepadora tropical nativa de Sudamérica que ahora se cultiva en muchos lugares tropicales y semitropicales. Esta fruta contiene una carne gelatinosa de intensa fragancia salpicada de docenas de semillas. El maracuyá se utiliza para confeccionar helados, refrescos y postres.

## FRESA
*Fragaria*
**Origen:** por todo el hemisferio norte
**Cultivada en:** todo el mundo

Desde el punto de vista científico, las fresas son falsos frutos, ya que el fruto real son las pepitas de su exterior; no obstante, eso nunca ha supuesto un impedimento para que sea una de las frutas frescas más populares del mundo. Las fresas son unas plantas que se cultivan en filas y se multiplican produciendo unos tallos horizontales llamados corredores.

**Pepitas en la superficie**
Cada fresa tiene unas 200 pepitas.

## UVA
*Vitis*
**Origen:** Oriente Medio
**Cultivado en:** Europa, China, Estados Unidos, Sudamérica y Australia

Llevamos como mínimo 8000 años cultivando uvas. Crecen en lianas (plantas trepadoras) y se pueden comer frescas, secas en forma de pasas y sultanas, o utilizarse para elaborar vino. Las uvas sin pepitas son variedades mutantes a partir de esquejes.

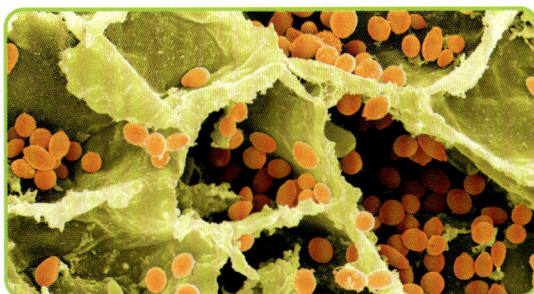

**Levadura**
La levadura (vista aquí en forma de discos naranja), un tipo de hongo unicelular, prolifera en la piel de las uvas y ayuda a convertir en vino el mosto, o zumo de uva.

# Mar de arándanos

**La forma más fácil de cosechar los arándanos es inundar los campos cenagosos en los que crecen y recolectar los frutos flotantes en contenedores.**

Los arándanos no crecen en el agua, sino en pequeños arbustos de brezales húmedos. La cosecha se lleva a cabo cuando las bayas se tornan rojas. Tras inundar el campo con agua hasta las rodillas, los granjeros avanzan empujando los «batidores de huevos» con ruedas, que son unos trebejos giratorios que sueltan las bayas de los arbustos. Los frutos contienen aire suficiente para mantenerse a flote.

**140** personas y plantas ○ **HIERBAS Y ESPECIAS**

Hubo un tiempo en el que la canela y el azafrán eran **más valiosos que el oro**.

## VAINILLA
*Vanilla planifolia*
y *Vanilla tahitensis*
**Origen:** Caribe y América Central
**Parte usada:** vaina

La vainilla es la única orquídea que da vainas de semillas comestibles. Las vainas secas o las semillas de su interior se utilizan para condimentar alimentos dulces, como helados y pasteles, y también se usan en extractos para crear perfumes. Es la segunda especia más cara del mundo, tras el azafrán.

Las vainas verdes se vuelven negras al secarse.

**VAINAS SECAS DE VAINILLA**

## AZAFRÁN
*Crocus sativus*
**Origen:** Irán y Oriente Medio
**Parte usada:** estilo y estigma de la flor

Esta especia se elabora con los estilos y estigmas rojos de las flores del azafrán. Estas diminutas partes tienen que recogerse a mano, lo que convierte al azafrán en la especia más cara del mundo. Por suerte, tan solo hacen falta unos pocos estilos para añadir un complejo sabor y un intenso color rojo-amarillo a la comida.

**Valiosa cosecha**
Hacen falta unas 80 000 flores para obtener solo 0,5 kg de azafrán.

# Hierbas y especias

**Algunas plantas tienen sabores u olores muy potentes, a menudo para ahuyentar herbívoros. En pequeñas cantidades, estos potentes ingredientes pueden transformar el sabor de nuestros platos.**

Las hierbas aromáticas son sobre todo hojas, mientras que las especias provienen de las semillas, las flores, los tallos, la corteza y las raíces. Las hierbas saben mejor frescas; en cambio, las especias a menudo se secan, y a veces se muelen en polvo. En muchas partes del mundo, los platos regionales deben su sabor a las hierbas aromáticas y especias que crecen en el área. No obstante, algunas son tan sabrosas que se usan por todo el mundo. En el pasado, los marineros hacían enormes fortunas transportando preciadas especias, como la pimienta y la canela, por todo el mundo, y solo los más ricos podían permitírselas.

## JENGIBRE
*Zingiber officinale*
**Origen:** sudeste asiático
**Parte usada:** tallo subterráneo

El jengibre proviene de los rizomas (tallos subterráneos) de una pequeña planta tropical que hoy en día ya no existe en estado silvestre, tan solo cultivada. Ya sea fresco o seco, aporta un suave toque picante a la comida. En Europa es tradicional utilizarla en alimentos dulces como pasteles y galletas, mientras que en Asia es una especia popular de picantes platos salados.

**Tallo subterráneo**
Aunque a veces se describe como una raíz, el jengibre es un tallo hinchado que crece bajo tierra.

## PIMIENTA
*Piper nigrum*
**Origen:** India
**Parte usada:** frutos

Los granos de pimienta, los frutos desecados de una planta tropical india, eran tan valiosos que se llegaron a utilizar como moneda. A partir de ellos se obtiene pimienta blanca, si se recogen maduros, o pimienta negra si se recogen antes de madurar y se hierven antes de desecarse. La especia tiene un punzante sabor picante y se usa como condimento.

Los granos de pimienta son verdes antes de que maduren.

**PIMIENTA NEGRA SECA**

A veces, los apicultores utilizan extracto de limoncillo para **enjambrar las abejas**.

Se hallaron granos de pimienta negra **dentro de la nariz** de la momia del faraón egipcio Ramsés II.

El chile Carolina Reaper pica tanto que **se utilizan guantes** para manipularlo.

**141**

## CANELA
*Cinnamomum verum*
**Origen:** sudeste asiático
**Parte usada:** corteza

La canela tiene un sabor cálido y fragante, y se utiliza en platos dulces en Europa y salados en Asia. Se sirve en polvo o en rama, que es la corteza enrollada. La corteza externa del canelo se pela para poder obtener la corteza interna. Se enrolla en su forma típica al secarse.

La corteza interior del canelo se utiliza para elaborar la especia.

**CANELA EN RAMA**

## ALBAHACA
*Ocimum basilicum*
**Origen:** India
**Parte usada:** hojas

Igual que otros miembros de la familia de las lamiáceas, como la menta y el romero, la albahaca produce aceites aromáticos que actúan como repelentes naturales de insectos. Estos aceites son los responsables de su sabor. Se trata de una planta tropical, pero se cultiva en todo el mundo. Es muy popular en Italia, donde se usa para condimentar pizzas y crear una salsa para pasta, el pesto.

**Hojas aromáticas**
Las hojas de suave fragancia de la albahaca aportan un potente aroma cuando se muelen.

## Calor abrasador
Los chiles llevaban más de 5000 años cultivándose en Sudamérica antes de que los mercaderes portugueses los presentaran al resto del mundo en el siglo XVI. La especia cobró una gran popularidad, especialmente en Asia. El ardiente picor proviene del agente químico capsaicina, que dispara los receptores del dolor. Es tan potente que se utiliza en armas, como espráis de pimienta e incluso granadas. La potencia de las variedades del chile depende de la cantidad de capsaicina que contienen, y se mide en unidades Scoville de picor (SHU). El número SHU indica cuántas veces debe diluirse un extracto del chile para que deje de picar.

**0 SHU**
Pimiento

**500 SHU**
Pimiento de piquillo

**8000 SHU**
Jalapeño

**50 000 SHU**
Cayena

**350 000 SHU**
Scotch bonnet

**1 040 000 SHU**
Chile fantasma (bhut jolokia)

**1 380 000 SHU**
Naga Viper

**2 200 000 SHU**
Carolina Reaper

## LIMONCILLO
*Cymbopogon citratus*
**Origen:** sudeste asiático
**Parte usada:** tallo y hoja

El limoncillo es una de las muchas plantas que se defienden de los insectos con aceites aromáticos que huelen a limón. Sus tallos y hojas aportan un sabor vigoroso a los platos del sudeste asiático, especialmente en Tailandia y Vietnam. También se usa como extracto para perfumar jabones, velas y productos de limpieza del hogar.

El limoncillo forma densas plantas.

## COMINO
*Cuminum cyminum*
**Origen:** Asia occidental
**Parte usada:** semilla

El comino es un miembro de la familia de las apiáceas y se vende molido o en semillas enteras. Tiene un cálido sabor a tierra y se utiliza en curris, estofados, encurtidos y como parte de mezclas de especias, como el garam masala y el curri en polvo.

**Espigas**
Las semillas de comino se recogen, a mano, de las espigas secas.

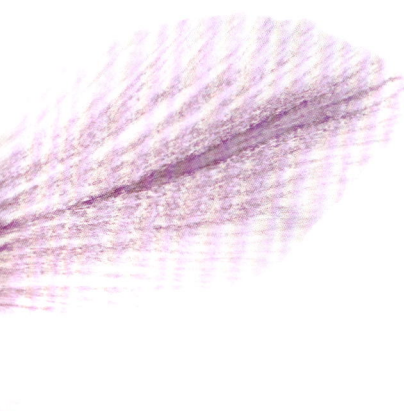

**142** personas y plantas ○ **CACAO**

**50-60** habas de cacao se requieren para elaborar una **tableta de chocolate**.

## Elaboración del chocolate

El chocolate sólido es tan complicado de preparar que su receta no se descubrió hasta 1847, cuando el chocolatero británico Joseph Fry creó la primera tableta de chocolate. Incluso hoy en día los chocolateros continúan manteniendo en secreto sus métodos, ya que unos cambios mínimos en el proceso pueden tener un gran impacto en el producto final. Los grandes chocolateros calientan y enfrían el chocolate de manera repetida hasta que tiene la perfecta estructura de cristal para que sea suave y cremoso al fundirse en la boca.

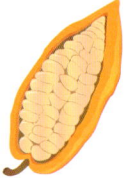

**1 Cosecha**
Las mazorcas de cacao se cosechan cuando maduran, se abren y se retiran las habas y la pulpa.

**2 Fermentación**
Las habas se dejan reposar una semana, para que se ablande la pulpa y sea más fácil retirarla.

**3 Secado**
Las habas se secan al sol para evitar que haya moho. Ahora ya pueden enviarse a las fábricas.

**4 Tueste**
En la fábrica de chocolate, las habas se tuestan para que desarrollen su sabor.

**5 Descascarillado**
Las frágiles habas tostadas se cascan para retirar y desechar las cascarillas.

**6 Molienda**
El interior de las habas queda sin cáscara ni germen y se muele para obtener un líquido espeso: el licor de cacao.

**7 Mezclado**
El licor de cacao se mezcla con azúcar, manteca de cacao (la grasa del licor) y, a veces, con leche.

**8 Moldeo**
Tras calentarlo y molerlo para hacer que el chocolate sea más fino, se vierte en moldes.

**Rosita de cacao**
Los mosquitos polinizan las pequeñas flores del árbol. Tras la polinización, la flor pierde los pétalos y el ovario crece hasta convertirse en una mazorca de cacao.

**Mazorca sin madurar**
Las mazorcas de cacao crecen directamente en los troncos y las ramas del árbol. Cambian de color al madurar: del verde al naranja, al rojo o incluso al púrpura.

**Oruga de polilla**
Las plagas de carmenta negra pueden arruinar la cosecha del cacao. Estas orugas de polilla penetran en las mazorcas y devoran la blanda pulpa alrededor de las habas de cacao.

La palabra chocolate proviene del vocablo
azteca *xocolatl*, que significa «**agua amarga**».

**5793** toneladas: peso de la tableta de
chocolate **más grande del mundo.**

**143**

## Producto final

Cada año se comen millones de toneladas de chocolate en el mundo. Los mayores consumidores del planeta son los suizos: comen casi 9 kg, unas 160 tabletas pequeñas, de chocolate por persona al año.

# Cacao

**El chocolate viene de las habas (semillas) del cacao. Este árbol tropical se utilizaba para elaborar amargas bebidas medicinales mucho tiempo antes de que se descubriera cómo confeccionar el chocolate.**

El cacao es autóctono de las selvas tropicales de Sudamérica y América Central. Los mayas de México fueron los primeros que lo cultivaron; utilizaban las habas, ricas en cafeína, para elaborar una bebida parecida al café. Apreciaban tanto las habas que las utilizaban a modo de dinero. Los exploradores llevaron habas de cacao a Europa durante la década de 1500, pero no fue hasta 300 años más tarde cuando se descubrió cómo combinar las habas molidas con azúcar y grasa para crear las dulces tabletas sólidas que nos encantan hoy en día.

**Haba de cacao**
Las semillas frescas del cacao se conocen como habas de cacao y tienen un sabor amargo. Para que puedan utilizarse, estas habas se tienen que procesar y secar.

**Una mazorca de cacao por dentro**
La mazorca de cacao es el fruto del cacao. Cada una contiene entre 35 y 50 habas de cacao. Las habas tienen a su alrededor una blanca carne pringosa conocida como pulpa, que debe retirarse antes de elaborar el chocolate. La pulpa fresca tiene un penetrante sabor ácido, igual que otras frutas tropicales, y se puede aprovechar para elaborar zumos, helados o mermeladas.

**Corteza dura**
Cada mazorca tiene una dura corteza correosa de 2-3 cm de grosor. Para extraer las habas, los productores cortan la corteza con un machete.

**Pulpa comestible**
La húmeda pulpa blanca que rodea las habas es comestible.

# Plantas sanadoras

**Durante miles de años, las personas han aprovechado las propiedades sanadoras de las plantas para tratar enfermedades. Algunas de las medicinas actuales más eficaces y más utilizadas tienen como base las plantas.**

Antiguamente, se confiaba en las plantas para tratarlo todo, desde heridas pequeñas hasta enfermedades graves. Los antiguos sanadores creían que los remedios herbales tenían propiedades mágicas, y a menudo mezclaban plantas con otros ingredientes que consideraban que tenían poderes especiales, como sal, miel, gusanos, estiércol y animales muertos. Para saber qué funcionaba, y en qué cantidad, seguían el método de prueba y error. Hoy, los científicos realizan complejos ensayos para ver si son efectivos. La ciencia ha demostrado que las plantas producen muchos compuestos capaces de salvarnos la vida.

## SAUCE
*Salix*

**Localización:** centro y sur de Europa
**Parte usada:** corteza

Los antiguos egipcios fueron de los primeros en descubrir las propiedades analgésicas de la corteza del sauce. En el siglo XIX se descubrió su principio activo, con el que se creó la aspirina, uno de los medicamentos más utilizados del mundo.

**CORTEZA DE SAUCE**

## VINCA DE MADAGASCAR
*Catharanthus roseus*

**Localización:** Madagascar
**Parte usada:** raíces y hojas

La vinca de Madagascar se utiliza para elaborar dos fármacos contra el cáncer: la vincristina y la vinblastina. La vincristina aumenta las probabilidades de sobrevivir a la leucemia infantil del 10 al 95 por ciento.

## MENTA PIPERITA
*Mentha x piperita*

**Localización:** Europa, Oriente Medio
**Parte usada:** hojas y tallo

La menta piperita es una especie híbrida: un cruce entre la menta acuática y la hierbabuena. Algunas personas extraen el aceite de las hojas para aliviar los problemas estomacales o digestivos, aunque los beneficios médicos todavía no se han demostrado científicamente.

## ALOE VERA
*Aloe vera*

**Localización:** península arábiga
**Parte usada:** hojas

El aloe vera es una planta del desierto que guarda el agua en la gelatina que llena sus gruesas hojas espinosas. Hace tiempo se descubrió que esta gelatina estimula los movimientos del intestino, lo que ayuda a ir al baño. El principio activo es la aloína, sustancia que se utiliza como laxante (un fármaco contra el estreñimiento). A veces también se usa su gelatina para calmar las quemaduras solares y las irritaciones de la piel.

**Reserva de agua**
La gelatina natural del aloe vera se utiliza en cosméticos, jabones e hidratantes para la piel.

## TEJO
*Taxus baccata*

**Localización:** Europa, norte de África
**Parte usada:** hojas y corteza

La corteza, las hojas y las semillas del tejo son muy tóxicas para los animales. Aunque supone un riesgo comérsela, la corteza contiene una sustancia química conocida como paclitaxel, que se utiliza en quimioterapia para tratar el cáncer. No es una cura, pero puede alargar la vida de las personas.

Hace falta media tonelada de vinca de Madagascar para crea solo **1 g del fármaco para el cáncer** vinblastina.

La tónica que contiene quinina **brilla en la oscuridad** si se ilumina con luz ultravioleta.

**145**

## ADORMIDERA
*Papaver somniferum*
**Localización:** Europa, Asia
**Parte usada:** cápsulas de semillas

Hemos utilizado las cápsulas de semillas de la adormidera durante miles de años para tratar el dolor de cabeza y la tos, y como sedante para facilitar el sueño. Los analgésicos potentes, además de muy adictivos, como la morfina y la codeína, se elaboran a partir del líquido lechoso que producen las cápsulas de semillas sin madurar al abrirse.

## VID DE MAGNOLIA CHINA
*Schisandra chinensis*
**Localización:** China, Corea, Japón
**Parte usada:** fruto

Las bayas rojas de la vid de magnolia china contienen varios compuestos que se han utilizado para tratar trastornos hepáticos, cáncer y problemas del sistema inmunitario. Estas bayas se conocen como el «fruto de los cinco sabores», ya que saben a dulce, salado, amargo, picante y ácido a la vez.

## ARTEMISA
*Artemisia annua*
**Localización:** Asia, Europa
**Parte usada:** hojas

También conocida como ajenjo dulce, hace mucho tiempo que la artemisa se utiliza como remedio popular para la malaria, así como para rebajar la fiebre y la hinchazón. Se ha elaborado un fármaco conocido como artemisinina, que se utiliza para tratar la malaria, aunque ya está apareciendo resistencia a sus efectos.

## CÍTRICOS
*Citrus*
**Localización:** China, sudeste de Asia
**Parte usada:** fruto

El escorbuto es una enfermedad que puede ser mortal cuando alguien no toma suficiente vitamina C. Durante siglos, el escorbuto causaba estragos entre los marineros que realizaban grandes viajes por el mar, hasta que se descubrió que se podía prevenir comiendo cítricos.

Los cítricos como las naranjas tienen mucha vitamina C.

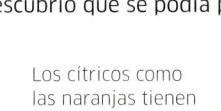

## DEDALERA
*Digitalis*
**Localización:** Europa, Asia occidental, noroeste de África
**Parte usada:** toda la planta

La dedalera es una planta alta con flores en forma de campana. Todas las partes de la planta contienen un veneno mortal, la digoxina, que puede detener el corazón de quien lo consume. Sin embargo, en pequeñas cantidades puede estabilizar los latidos irregulares, lo que hace que la digoxina sea un fármaco vital.

**146** personas y plantas ○ ORIGEN VEGETAL

Los antiguos egipcios **momificaban a sus muertos** envolviéndolos con tiras de lienzo.

## Energía de las plantas

Las plantas, además de proporcionarnos materia prima para elaborar cosas, también nos dan energía. Los combustibles fósiles que utilizamos para generar electricidad, calentar nuestro hogar y hacer que los coches se muevan provienen de los antiguos restos de plantas o algas que vivieron hace millones de años. En muchas partes del mundo las personas solo tienen fuegos de leña para calentarse y cocinar.

### Coste para el medio ambiente

Quemando combustibles fósiles se obtiene una energía que podemos utilizar para generar electricidad y calor para nuestros hogares. Sin embargo, al hacerlo también se liberan grandes cantidades de dióxido de carbono a la atmósfera. Este dióxido de carbono adicional está calentando el planeta y hace que se derritan los glaciares, que suba el nivel del mar y que el clima sufra fenómenos más extremos.

## Materiales del futuro

Casi todos los edificios modernos se construyen con hormigón y cemento, pero la fabricación de estos materiales es perjudicial para el medio ambiente. Para mejorar las cosas, científicos, ingenieros y arquitectos se están pasando al mundo natural. Esperan que los nuevos materiales hechos con plantas y hongos reduzcan las emisiones de carbono y hagan que la construcción sea un sector más sostenible.

### Hormigón de cáñamo

El hormigón de cáñamo es un material de construcción que mezcla fibras de cáñamo con arena o cal. Los bloques resultantes pueden utilizarse como si fuera hormigón, pero son más ligeros y aíslan mejor.

### Micelio

El micelio, las fibras de crecimiento rápido que parecen las raíces de los hongos, se pueden secar y moldear para crear materiales de construcción y de aislamiento, así como telas y envases (izquierda).

# Origen vegetal

**Durante miles de años las personas han utilizado las plantas que crecían a su alrededor para construir casas y crear elementos esenciales para su vida diaria.**

Las robustas vigas de madera aportan estructura y solidez a los edificios, mientras que las suaves fibras de plantas como el algodón se tejen para convertirlas en telas. Al contrario que los plásticos y muchos otros materiales sintéticos, los materiales de las plantas son renovables, lo que significa que nunca se acabarán. También son biodegradables, es decir, que se descomponen de manera natural cuando se desechan.

### Algodón

El algodón se puede hilar y tejer para crear telas, desde trapos de cocina hasta edredones. El algodón es el cultivo no comestible más grande del mundo, pero sus plantaciones consumen mucha agua, por lo que es perjudicial para el medio ambiente.

### Madera

Los muebles de casa se suelen hacer con madera de alguna conífera de crecimiento rápido, como el pino.

### Yute

Las alfombras suelen tener debajo una capa de material duro y áspero conocido como yute, que se hace con las fibras del gregue.

### Papel

El papel se elabora a partir de pulpa de madera, una mezcla mojada de fibras vegetales, normalmente de árboles, y agua. Se estira para hacerla muy fina, se deja secar y a continuación se corta en hojas. En una casa se utiliza mucho, por ejemplo en elementos como papel pintado para la pared, papel higiénico y libros.

Los habitantes del Perú llevan como mínimo **8000 años** utilizando algodón para tejer telas.

La primera **bombilla eléctrica del mundo** contaba con un fino filamento de algodón para emitir luz.

**147**

# Casa de origen vegetal

Mires donde mires, en una casa siempre vas a encontrar algo que antes había sido una planta. Algunos de estos materiales de origen vegetal, como por ejemplo la madera, el algodón y el lino, son tan habituales que es fácil olvidarse de que provienen del reino vegetal.

## Viscosa

La viscosa, también conocida como rayón, es una tela artificial de origen vegetal. Primero, se trata químicamente la pulpa de madera o bambú, y después se hila en fibras para elaborar hilo. La tela de viscosa tiene un tacto suave y sedoso, lo que la convierte en una candidata ideal para utilizarse en piezas de ropa.

## Tela vaquera

La tela vaquera, utilizada a menudo para elaborar chaquetas o pantalones vaqueros, se elabora con las esponjosas fibras blancas de la planta del algodón.

## Lino

El lino se produce con el tallo de la planta. Durante miles de años se ha usado para elaborar ropa de cama y prendas de vestir. Hoy, esta transpirable tela de secado rápido se usa en casa en sábanas, cortinas, manteles y toallas de baño.

## Madera

Es fácil cortar la madera en forma de robustas vigas de carga o parqué para el suelo; también sirve para hacer puertas.

## Mimbre

Los juncales, las cañas y las juncias son unas plantas altas y rígidas que crecen cerca del agua y que se pueden doblar y tejer para crear las típicas cestas de la colada de mimbre.

## Bambú

Los duros pero flexibles tallos del bambú se aprovechan para crear cercas y muebles. En algunas partes del mundo se utilizan gigantescas cañas de bambú para montar andamios.

## Bonote

El bonote proviene de las fibrosas cortezas del coco. Es duro y muy resistente, ideal para cepillos y escobas, relleno de colchones y felpudos.

## Caucho

Este elástico material impermeable se elabora a partir de la lechosa savia del árbol del caucho. Se puede moldear para darle diferentes formas; se utiliza para elaborar guantes de limpieza, juguetes para perros y botas de agua.

# Plantas en peligro

**Más de una cuarta parte de las especies vegetales que conoce la ciencia están amenazadas por los cambios en el mundo natural.**

Las plantas del mundo están desapareciendo a una velocidad alarmante. La pérdida de hábitats silvestres como las selvas tropicales es la causa principal, pero las plantas también están bajo amenaza por la contaminación, el cambio climático, las enfermedades, los animales herbívoros como las cabras, y las plantas invasoras introducidas de otras partes del mundo. Las plantas más raras se consideran ya extinguidas en estado silvestre y tan solo sobreviven como ejemplares en colecciones botánicas. Los científicos clasifican las plantas en peligro en cinco grandes grupos, según las probabilidades que tienen de desaparecer: preocupación menor, casi amenazadas, vulnerables, en peligro de extinción y en peligro crítico de extinción.

## HIBISCUS FRAGILIS
**Origen:** Mauricio
**Estado:** en peligro crítico de extinción

Existen menos de 50 plantas de *Hibiscus fragilis* en Mauricio, la isla nativa de esta especie situada en el océano Índico. Estos insólitos arbustos no se pueden reproducir de manera natural en estado silvestre porque se hibrida con una especie introducida de la misma familia, la rosa de China. Los científicos esperan que algún día puedan volver a implantar la especie en estado silvestre con plantas criadas en jardines botánicos.

## PEPINO DE GALÁPAGOS
*Sicyos villosa*
**Origen:** Isla Floreana, Galápagos, Ecuador
**Estado:** extinto

Todo lo que queda de esta especie extinta es un ejemplar prensado en el herbario de la Universidad de Cambridge, en el Reino Unido. El naturalista inglés Charles Darwin descubrió la planta en una isla del Pacífico en 1835, antes de que las cabras introducidas devoraran hasta el último ejemplar de la especie. El ADN de la muestra de Darwin indica que era de la familia del pepino.

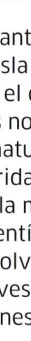

## ORQUÍDEA FANTASMA
*Dendrophylax lindenii*
**Origen:** Florida, Estados Unidos
**Estado:** en peligro de extinción

La orquídea fantasma debe el nombre a sus flores blancas; crece en árboles de ciénagas tropicales. No tiene hojas y depende de las raíces para realizar la fotosíntesis. Las orquídeas fantasma necesitan polillas que tengan la lengua larga para su polinización y no sobreviven mucho tiempo cuando se las saca de su hábitat.

## ORQUÍDEA DE SANDER
*Paphiopedilum sanderianum*
**Origen:** Borneo
**Estado:** en peligro crítico de extinción

Los científicos la creían extinta hasta que se volvió a descubrir en estado silvestre en 1978. Es famosa por sus largos tépalos rizados, que pueden llegar a 1 m de longitud. El resto de las plantas crece protegido en el Parque Nacional de Gunung Mulu.

Tépalo

## CÍCADA DE WOOD
*Encephalartos woodii*
**Origen:** sur de África
**Estado:** extinta en estado silvestre

Las cícadas son plantas que parecen palmeras y que han existido desde antes que los dinosaurios. La cícada de Wood es una de las diversas especies que se han extinguido en estado silvestre. Solo un puñado sobreviven en jardines botánicos y todas son macho, lo que significa que ya no pueden reproducirse sexualmente.

**Piñas masculinas**
La cícada de Wood produce polen en las piñas masculinas. Como las piñas femeninas ya no existen, la especie no puede producir semillas.

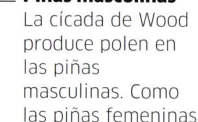

**42** por ciento: proporción de plantas de comercio ilegal que son **orquídeas silvestres**, muchas en peligro de extinción.

**2400** millones: semillas almacenadas en el Banco de Semillas del Milenio de Londres, Reino Unido, para ayudar a **conservar las plantas raras**.

**149**

## NEPENTHES ARISTOLOCHIOIDES

**Origen:** Sumatra, Indonesia
**Estado:** en peligro crítico de extinción

Apreciada por su forma única, esta planta carnívora de jarra está al borde de la extinción porque muchas se han sacado de su hábitat. Solo crece en la cumbre de unas pocas montañas de la isla de Sumatra, en el sudeste asiático. Sus presas son insectos pequeños, que se arrastran o vuelan por su rendija y se ahogan dentro en el pegajoso moco.

Es habitual que las cícadas se confundan con palmeras porque sus enormes hojas tienen la misma forma de pluma. De hecho, botánicamente están más cerca de las coníferas.

**Con calma**
Las cícadas crecen con lentitud: el tronco solo gana 2-3 cm cada año.

## ÁRBOL DE LA SANGRE DE DRAGÓN

*Dracaena cinnabari*
**Origen:** Yemen
**Estado:** vulnerable

Este árbol en forma de paraguas solo crece en unas pocas islas desiertas del mar Arábigo. Debe su nombre a su savia roja, usada tradicionalmente como medicina y tinte. La sobreexplotación, el pasto por parte de las cabras introducidas y el calentamiento global son causas de su declive.

Las apretadas ramas del árbol de la sangre de dragón tienen forma de paraguas.

## CAFÉ SALVAJE

*Ramosmania rodriguesii*
**Origen:** Isla Rodrigues, Mauricio
**Estado:** en peligro crítico de extinción

Este cafeto silvestre fue considerado extinto hasta 1979, cuando un maestro mostró en clase la única imagen existente de esta planta: una ilustración de 1877. Un chico levantó la mano y dijo que la había visto cerca de su casa. Los científicos confirmaron el descubrimiento y se llevaron unos esquejes al Jardín Botánico de Kew, en el Reino Unido. Más adelante se produjeron semillas, lo que hizo pensar en reintroducirla en estado silvestre.

## ÁRBOL DE FRANKLIN

*Franklinia alatamaha*
**Origen:** Georgia, Estados Unidos
**Estado:** extinto en estado silvestre

Este precioso arbusto tiene grandes flores con olor a miel y hojas que cobran un color rojo intenso en otoño. No se ha visto en estado silvestre desde 1803, pero aún hay miles de ejemplares en parques y jardines gracias al botánico norteamericano William Bartram, que se encargó de recoger sus semillas. Bautizó la planta con el nombre del estadista norteamericano Benjamin Franklin.

## ESPADA DE PLATA DE HALEAKALA

*Argyroxiphium sandwicense*
**Origen:** Maui, Hawái, Estados Unidos
**Estado:** en peligro crítico de extinción

La espada de plata de Haleakala solo crece en el volcán Haleakala de la isla de Maui, en Hawái. Estuvo a punto de extinguirse a principios del siglo XX porque los turistas se divertían arrancando estas plantas en forma de pelota y tirándolas montaña abajo. Las cabras y ovejas que pastaban por la zona empeoraron el problema.

Las hojas deben su color plateado a unos minúsculos pelitos.

## HIEDRA COMÚN
*Hedera helix*

**Origen:** Europa, Asia occidental, norte de África
**Invasora en:** Estados Unidos, Australia, Nueva Zelanda

Esta hiedra trepadora de rápido crecimiento escala árboles usando sus raíces adherentes para aferrarse a la corteza. Fuera de su zona autóctona, crece con tanta densidad que deja a los árboles sin luz y los puede hacer caer con su peso. Puede provocar daños en edificios perforando los ladrillos con sus raíces.

Las raíces aéreas que se forman a lo largo de los tallos de la hiedra le permiten aferrarse a superficies verticales.

## COLA DE ZORRO ACUÁTICA
*Myriophyllum aquaticum*

**Origen:** Sudamérica
**Invasora en:** todo el mundo salvo la Antártida

Sus hojas plumadas y las pequeñas flores rosas la hacen muy atractiva en estanques, pero prolifera a gran velocidad, pues cada fragmento se convierte en una nueva planta. Enormes extensiones de cola de zorro acuática obstruyen los cursos de agua y dejan en la sombra a las plantas acuáticas autóctonas. Son también un terreno ideal para que proliferen los mosquitos.

Las minúsculas flores blancas crecen en los lugares donde las hojas parten del tallo.

# Plantas invasoras

**Cuando las plantas de una parte del mundo se introducen en cualquier otro sitio, a veces proliferan hasta descontrolarse y se convierten en una amenaza. Estas plantas problemáticas se conocen como «invasoras».**

En un mundo conectado, es fácil que las plantas lleguen a nuevos lugares. La mayoría de las plantas introducidas en nuevos lugares provocan pocos problemas, pero hay algunas que se descontrolan, se reproducen en estado silvestre y modifican el funcionamiento de los ecosistemas. Sin sus predadores o enfermedades naturales que las mantengan bajo control, las plantas invasoras crecen a mayor velocidad y más fuertes que las autóctonas. Pueden extenderse con rapidez clonándose o produciendo un gran número de semillas. Las plantas autóctonas tienen problemas para competir contra las invasoras. Las plantas importadas también pueden llevar nuevas plagas y enfermedades capaces de acabar con las plantas del nuevo hábitat.

## HIERBA DE LA PAMPA DE LOS ANDES
*Cortaderia jubata*

**Origen:** Sudamérica
**Invasora en:** Estados Unidos, Australia, Nueva Zelanda, Sudáfrica

La hierba de la pampa de los Andes es una preciosa planta ornamental, pero cada ejemplar produce millones de semillas. En varios países ha salido de jardines y ha proliferado a toda velocidad. Su venta está prohibida en algunos países.

## HIERBA NUDOSA JAPONESA
*Fallopia japonica*

**Origen:** China, Japón, Corea
**Invasora en:** Estados Unidos, Canadá, Europa, Nueva Zelanda

La hierba nudosa japonesa es una de las peores invasoras del mundo. Fue una planta de jardín popular hasta que se vio lo difícil que es matarla. Se regenera a partir de fragmentos diminutos, y sus gruesas raíces dañan edificios y alcantarillado.

Estados Unidos dedica **100 millones de dólares al año** a la destrucción de plantas acuáticas invasoras.

Una única rosa vagabunda puede producir **500 000 semillas** al año.

**151**

## TARAY
*Tamarix ramosissima*
**Origen:** Europa, Asia, África
**Invasor en:** sudoeste de Estados Unidos

En el siglo XIX, se plantó este arbusto en las orillas áridas de las calurosas partes secas de Estados Unidos para frenar la erosión, pero se descontroló rápidamente y acabó con los sauces y álamos autóctonos. En la década de 1990 los científicos intentaron acabar con él mediante un escarabajo asiático devorador de hojas, pero también se escapó de su control y acabó convertido en otra plaga.

El taray tiene unas plumosas flores rosas muy características.

## AILANTO
*Ailanthus altissima*
**Origen:** China
**Invasor en:** Estados Unidos, Europa

Este árbol ornamental se plantó en Europa y Estados Unidos en el siglo XVIII, pero se dejó de lado por su apestoso olor y su capacidad de proliferar rápidamente a partir de brotes que saca por la base. También da cobijo a la mosca linterna con manchas, famosa por causar plagas que arruinan las cosechas de fruta. Lo único que se consigue al talarlo es que crezca con más vigor.

**Invasores alados**
El ailanto produce miles de semillas que se lleva el viento a nuevas áreas, donde germinan con facilidad.

## REPOLLITO DE AGUA
*Pistia stratiotes*
**Origen:** desconocido; posiblemente Sudamérica
**Invasor en:** todos los países tropicales

El repollito de agua crece en aguas de cauce lento, flotando en la superficie y con las raíces colgando. Forma densas marañas que no dejan pasar la luz del sol, privan al agua de oxígeno y acaban con toda la vida acuática. Igual que otras plantas acuáticas invasoras, es probable que haya proliferado en tantos lugares del mundo viajando en forma de diminutos fragmentos en el agua de lastre de los barcos.

El repollito de agua prolifera hasta cubrir toda la superficie del agua.

## ROSA VAGABUNDA
*Rosa multiflora*
**Origen:** China, Japón, Corea
**Invasora en:** Norteamérica oriental

Este rosal invasor produce grupos de grandes flores que sacan más frutos y más semillas que los rosales silvestres. Se introdujo en Norteamérica como planta para setos, pero tardó muy poco en descontrolarse porque las aves distribuyeron sus semillas. En primavera sus hojas se abren antes que las de otras plantas, y tarda más tiempo en perderlas, lo que le da una clara ventaja frente a las especies autóctonas. También es complicado erradicarla sin cavar y extraer hasta el último fragmento de su sistema radicular.

**Grupos de flores**
Las flores crecen en grupos de más de una docena de unidades, mientras que las rosas autóctonas producen unas pocas flores en cada rama.

**Matorrales**
Además de propagarse por semillas, la rosa vagabunda tiene unos largos tallos en forma de arco que echan raíz cuando tocan el suelo; así es como adquiere su forma de matorral.

# EL REINO DE LOS HONGOS

Los hongos, que no son ni plantas ni animales, forman uno de los principales reinos de la vida. Los hongos son los grandes recicladores de la naturaleza: convierten los residuos orgánicos en nutrientes útiles para otros organismos. Algunos de ellos son peligrosos e incluso pueden llegar a ser letales.

**148 000** especies de hongos con **descripción y nombre** científico.

# ¿Qué es un hongo?

**Los hongos no son plantas, animales ni bacterias, sino que forman su propio reino.**

Durante siglos, se habían considerado los hongos como parte del reino vegetal, ya que las setas brotan del suelo igual que las plantas. Ahora sabemos que funcionan de forma muy diferente a las plantas o cualquier otro organismo. Mientras que las plantas fabrican alimento a partir de la luz y los animales obtienen el alimento comiendo, los hongos crecen en el interior de su alimento y lo digieren externamente. El cuerpo principal de la mayoría de los hongos es el micelio, una red de filamentos que vive en el interior de lo que se esté alimentando el hongo. Aunque la mayoría de los hongos vive en forma de micelio, algunos pasan parte de su vida, o toda ella, como organismos unicelulares conocidos como levaduras.

## CUERPOS FRUCTÍFEROS

Una seta quizá parece un organismo completo, pero es tan solo una pequeña parte de un hongo que vive prácticamente oculto. Igual que un árbol produce frutos para esparcir sus semillas, los hongos producen «cuerpos fructíferos», como las setas, para esparcir sus esporas. Existen muchos más tipos de cuerpos fructíferos, desde vasos y bolas hasta cuerpos fructíferos que parecen gelatina o pelo.

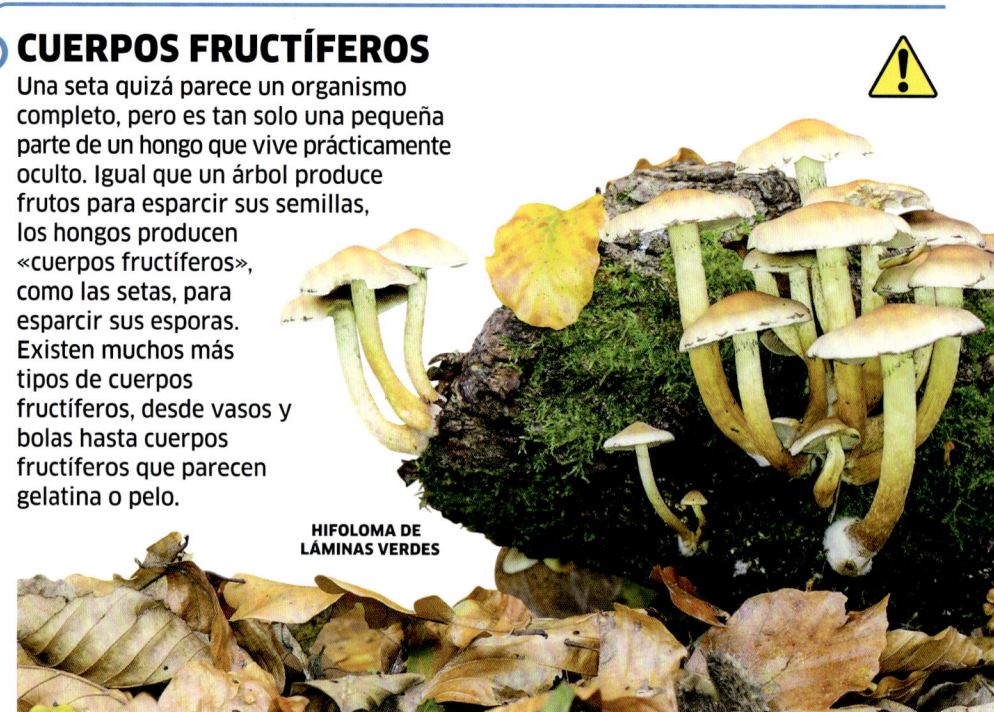

HIFOLOMA DE LÁMINAS VERDES

## TIPOS DE HONGOS

Los miles y miles de especies diferentes del reino de los hongos se dividen en un árbol genealógico que tiene cinco grupos principales, cada uno con su propio nombre científico, largo y complicado de pronunciar: Basidiomycota, Ascomycota, Zoopagomycota, Chytridiomycota y Mucoromycota. A veces los simplificamos.

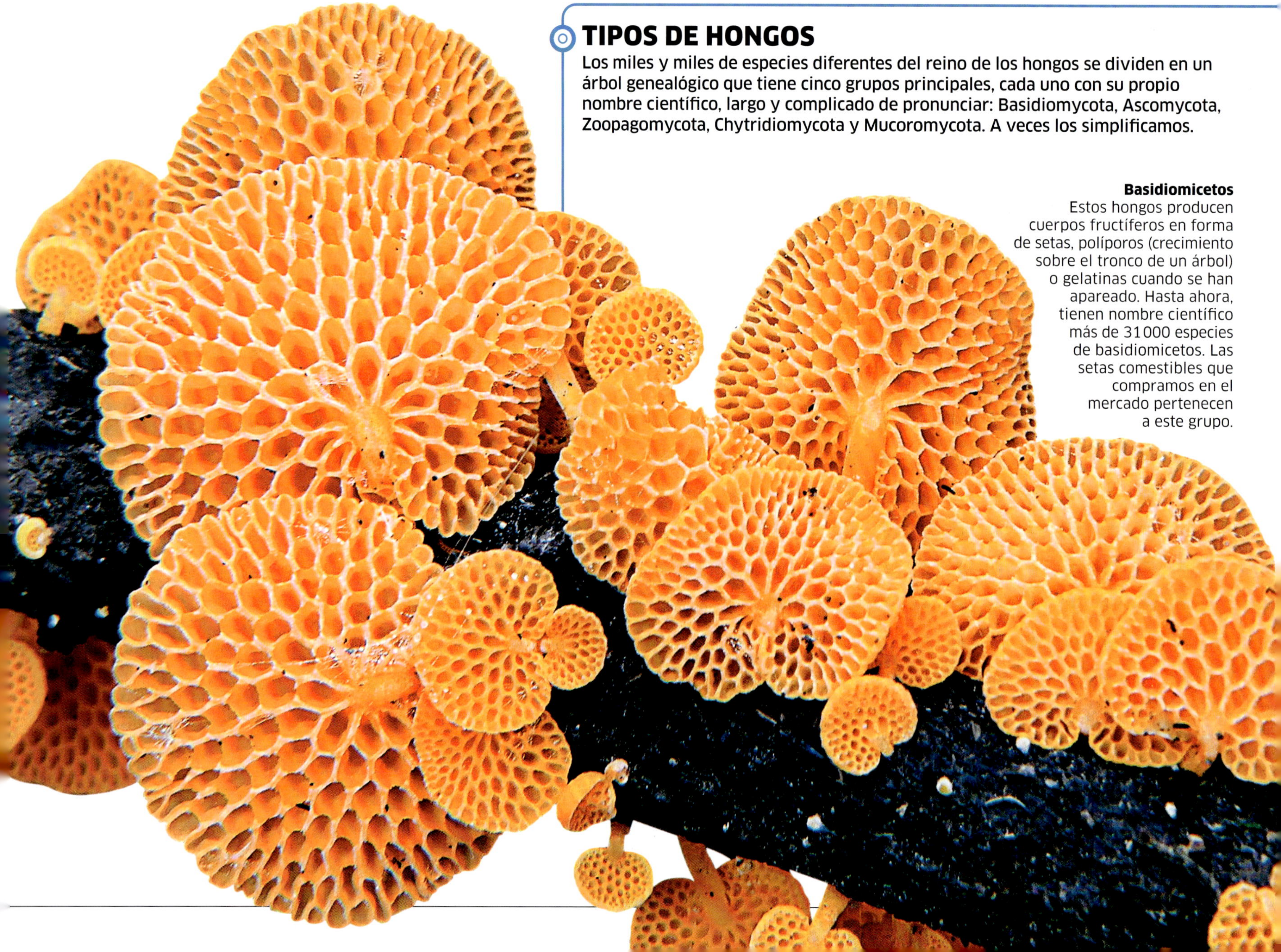

**Basidiomicetos**
Estos hongos producen cuerpos fructíferos en forma de setas, políporos (crecimiento sobre el tronco de un árbol) o gelatinas cuando se han apareado. Hasta ahora, tienen nombre científico más de 31 000 especies de basidiomicetos. Las setas comestibles que compramos en el mercado pertenecen a este grupo.

Cada vez que **inhalas aire**, entran hongos microscópicos en tu cuerpo.

La oronja verde es la seta **más venenosa del mundo**.

# NOMBRES DE LOS HONGOS

Igual que cualquier otro organismo, cada tipo de hongo tiene un nombre científico en latín compuesto por dos partes: primero el género y después la especie. Por ejemplo, la seta comestible más vendida en las tiendas es *Agaricus bisporus*. Muchos hongos también tienen un nombre común que describe el aspecto de la parte visible.

HONGO COLIFLOR
(*SPARASSIS CRISPA*)

BOLA DE CARBÓN
(*DALDINIA CONCENTRICA*)

TREMELLA NEGRA
(*EXIDIA GLANDULOSA*)

GELATINA AMARILLA
(*TREMELLA MESENTERICA*)

OREJA DE JUDAS
(*AURICULARIA*)

GARDINGA

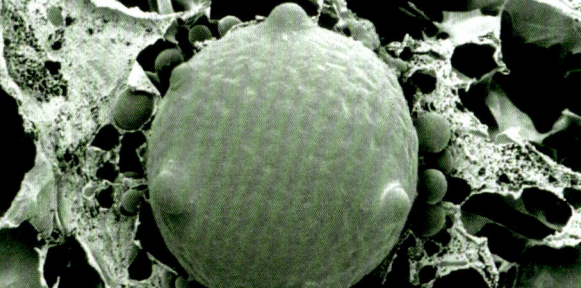

QUITRIDIO VISTO A TRAVÉS DEL MICROSCOPIO

## Ascomicetos

Este grupo de hongos es el más grande, cuenta con 83 000 especies con nombre científico, pero todavía quedan miles por estudiar. Los ascomicetos que crecen en la madera en descomposición producen cuerpos fructíferos en forma de minúsculos frascos, vasos o bolas. Otras especies producen el moho verde y azul de la fruta al pudrirse. Por lo general, las esporas se producen en bolsas de ocho, y se conocen como tecas, o ascas, que es el origen del nombre de su grupo.

## Quitridios

También conocidos como hongos flagelados, viven en el agua y el suelo húmedo. Algunos se alimentan de materia en descomposición, pero otros son parásitos que provocan enfermedades en animales y plantas. Cuando los quitridios encuentran alimento, crecen en forma de bola sobre su superficie o en sus células, con unos filamentos en forma de raíz que penetran en el alimento. Sus esporas tienen cola y pueden nadar.

## Zoopagomicetos

Los miembros de este grupo infectan y a menudo matan a otros organismos pequeños, insectos incluidos. Las especies que se alimentan de insectos crecen en el cuerpo vivo de la víctima y emergen como hilos blancos para liberar esporas tras la muerte de la víctima.

El hongo *Entomophthora* se ha comido viva a esta mosca.

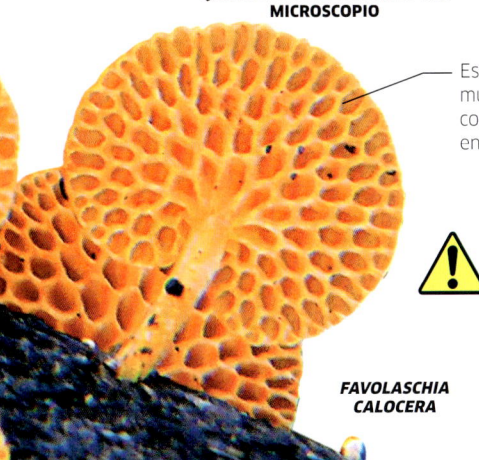

Esta especie tropical está muy extendida, e incluso se considera especie invasora en algunas partes del mundo.

FAVOLASCHIA CALOCERA

## Mucoromicetos

La gran mayoría de estos hongos son microscópicos, pero se hacen visibles en forma de moho cuando crecen sobre alimentos en descomposición. Por ejemplo, *Rhizopus* forma un esponjoso moho blanco o negro sobre el pan húmedo.

# Moho mucilaginoso

**Aunque parecen hongos diminutos son mohos mucilaginosos, unos de los organismos más curiosos que se conocen.**

Tienen una vida muy extraña y cambian entre formas muy diferentes. Una forma es una única célula microscópica conocida como ameba. A veces se desarrolla una masa más grande, pringosa y deslizante: el plasmodio. Quizá puedas detectar alguno en verano en el césped, un camino o un tronco viejo. El plasmodio no tiene forma fija y se mueve fluyendo. Se alimenta de pequeñas moléculas o envolviendo trozos de alimento más grandes. Los mohos mucilaginosos pueden dispersarse hacia nuevos hogares creando esporas en minúsculos cuerpos fructíferos. Antes se les clasificaba como hongos, pero ahora están en otro reino de la vida diferente: el reino protista.

*Penicillium*
El responsable de las manchas de moho azul o verde en el pan es un tipo de hongo conocido como *Penicillium*.

**Moho del pan**
*Rhizopus* es un tipo de hongo que se alimenta de pan.

## Cómo se alimentan las levaduras

Las levaduras son hongos que pasan parte o toda su vida en forma de organismo unicelular. Muchas obtienen energía descomponiendo azúcar; durante el proceso, producen dióxido de carbono en gas y alcohol. Las burbujas de dióxido de carbono se pueden utilizar para hacer subir el pan, y el alcohol se puede utilizar para fermentar cerveza y vino.

La masa del pan sube porque la levadura del interior produce burbujas de dióxido de carbono.

# Cómo se alimentan

**Los hongos no pueden fabricar su propio alimento como hacen las plantas, sino que absorben alimentos que ya han creado otros organismos.**

Al comer alimentos, los digerimos en el estómago y los intestinos. Las enzimas digestivas descomponen las grandes moléculas de los alimentos en otras más pequeñas, que se pueden absorber y utilizar para obtener energía y crecer. Los hongos, en cambio, digieren los alimentos fuera de su cuerpo. Crecen por el interior del alimento en forma de red compuesta por unos minúsculos filamentos conocidos como hifas. Estas hifas segregan enzimas digestivas en el alimento y a continuación absorben las moléculas liberadas al descomponerse aquel. Así, los hongos pueden descomponer cualquier sustancia orgánica creada por animales, plantas y microorganismos.

Las hifas crecen por el interior del pan y lo van digiriendo sobre la marcha.

## Pan con moho

El pan es una fuente de alimento ideal para *Rhizopus*, un hongo de crecimiento rápido que provoca moho en el pan. Las hifas de *Rhizopus* crecen por el interior del pan y lo digieren con sus enzimas. Al cabo de unos días, el hongo empieza a crear esporas. Miles de diminutas estructuras que crean esporas proliferan en la superficie y cubren el pan con una maraña de moho gris.

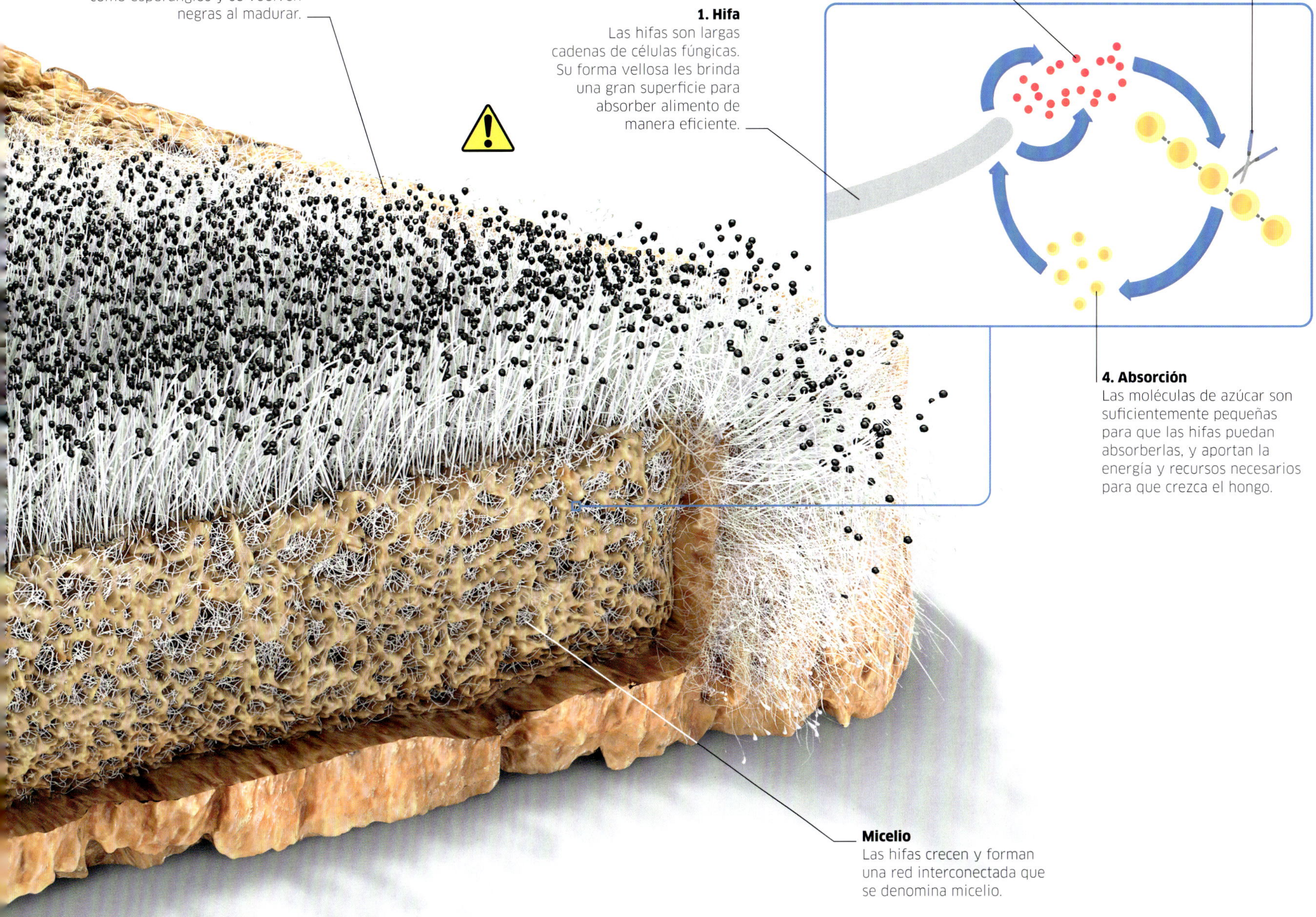

La gírgola es capaz de **descomponer algunos plásticos** intentando comérselos.

Algunos hongos pueden **infectar hormigas y controlar su cerebro** mientras se alimentan de ellas.

**159**

**Cápsulas de esporas**
*Rhizopus* crea sus esporas en el interior de unas minúsculas cápsulas redondas que se conocen como esporangios y se vuelven negras al madurar.

**2. Secreción de enzimas**
Las jóvenes hifas de alimentación liberan enzimas digestivas (en rojo) en el pan.

**3. Digestión del almidón**
Las enzimas dividen las largas moléculas de almidón del pan en fragmentos más pequeños: moléculas de azúcar.

**1. Hifa**
Las hifas son largas cadenas de células fúngicas. Su forma vellosa les brinda una gran superficie para absorber alimento de manera eficiente.

**4. Absorción**
Las moléculas de azúcar son suficientemente pequeñas para que las hifas puedan absorberlas, y aportan la energía y recursos necesarios para que crezca el hongo.

**Micelio**
Las hifas crecen y forman una red interconectada que se denomina micelio.

# Funciones ecológicas

Los hongos pueden ocupar varias posiciones diferentes en las cadenas tróficas, ya sea como consumidores de materia viva o como descomponedores de materia muerta. Tienen un papel muy importante en todos los ecosistemas, pues reciclan los nutrientes del suelo y permiten así que las plantas los vuelvan a utilizar.

**Descomponedores**
Los organismos que descomponen materia orgánica muerta y residuos se conocen como descomponedores. Los hongos descomponedores se pueden alimentar de organismos muertos enteros o de algunas partes, como hojas, piel, pelo, plumas y excrementos.

**Parásitos**
Los parásitos son organismos que viven sobre o dentro de otros organismos vivos y se alimentan de ellos, normalmente perjudicándoles. La roya del peral es un parásito del peral. Causa ampollas coloradas en las hojas cuando produce las esporas.

**Aliados**
Muchos hongos se alían con otros organismos. En los líquenes, por ejemplo, las algas proporcionan a los hongos el alimento que crean con la fotosíntesis, mientras que aquellos, a cambio, les dan nutrientes minerales, agua, soporte físico y protección.

Hacen falta **cuarenta hifas de hongo** para llegar al mismo grosor que un cabello humano.

## A buscar alimento

El micelio de algunos hongos busca nuevas fuentes de alimento de manera activa. Cuando encuentra el alimento adecuado, envía señales al resto del micelio para cambiar el patrón de crecimiento. Las hifas se pueden unir para formar cordones gruesos. El agua y los nutrientes avanzan rápidamente a través de estos cordones.

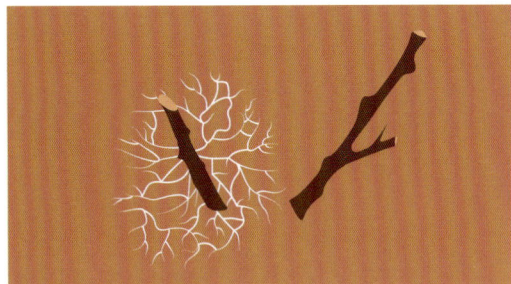

**1** El micelio crece y sale de una fuente de alimento, como esta ramita.

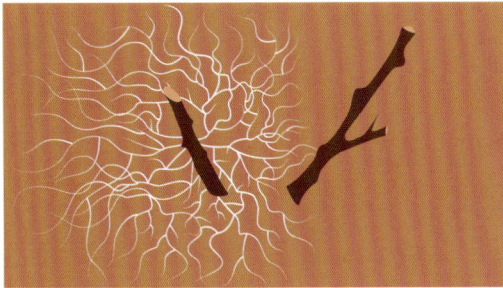

**2** El micelio encuentra una nueva fuente de alimento y crece en su interior.

**3** Los mensajes que recibe el micelio original le indican que deje de buscar en otras direcciones.

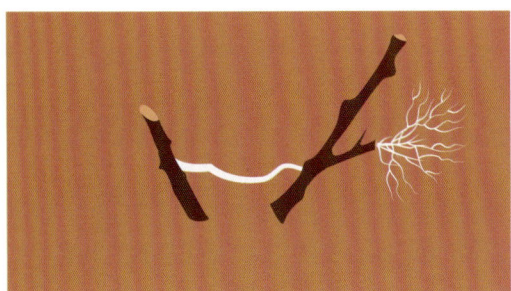

**4** Un cordón transporta recursos del viejo sitio al nuevo. El micelio crece y sale del nuevo sitio para buscar más alimento.

# Cómo crecen

**El hongo empieza su vida en forma de espora, una célula individual. En condiciones adecuadas, la espora germina.**

Los minúsculos filamentos conocidos como hifas empiezan a crecer alejándose de la espora y hacia el interior del alimento. Crecen por la punta, se ramifican repetidamente para formar una red interconectada conocida como micelio. El micelio es el cuerpo principal de la mayoría de los hongos, y normalmente queda oculto a la vista en el interior de la materia a través de la que crece el hongo. Las hifas quizá empiezan creciendo al tuntún, pero al cabo de poco avanzan de manera uniforme en el espacio para absorber alimento con más eficiencia a medida que se extiende el micelio.

**Bellota en descomposición**
Las esporas fúngicas proliferan por el aire que nos envuelve y colonizan rápidamente la materia muerta. Después de que una espora germine en la superficie de una bellota muerta, las hifas empiezan a alimentarse y crecer por su interior, ramificándose sobre la marcha hasta formar un micelio. Las hifas de algunos hongos crecen hacia el suelo y exploran el entorno. Si descubren alguna nueva fuente de alimento, un cordón grueso de hifas forma una especie de carretera entre las dos ubicaciones.

**Nuevo micelio**
Cuando el hongo descubre una nueva fuente de alimento en la cúpula de la bellota, las hifas proliferan por su interior.

**Cordón**
Un grueso cordón de hifas conecta el micelio de las dos fuentes de alimento.

El **hongo más grande del mundo** es un micelio de armilaria de color miel que ocupa 9,5 km² de suelo

Un micelio se puede **dividir en dos organismos** y después volver a unirse para convertirse en un único organismo de nuevo.

**161**

**Hifa**
Hace falta un microscopio para observar una hifa, ya que mide tan solo una célula de ancho, aunque los haces de hifas más gruesos son visibles a simple vista. Las hifas de la mayoría de los hongos están divididas por paredes, cada una con un pequeño orificio que permite el paso de algún contenido de su interior de una célula a otra. Si una hifa se daña, los orificios se taponan rápidamente para evitar cualquier fuga.

Las hifas crecen por la punta, donde se forman nuevas células.

Los núcleos celulares contienen el ADN. Algunos hongos tienen dos núcleos por célula en ciertos momentos de su vida.

Las mitocondrias liberan energía de las moléculas de alimento.

Las vacuolas almacenan pequeñas moléculas.

Las vesículas transportan sustancias a la punta para construir una nueva pared a medida que la hifa crece.

La pared celular suele ser fina en las hifas jóvenes para que puedan absorber el alimento del entorno.

**Punto de entrada**
Las hifas penetran en la bellota a través de la superficie, donde una espora se ha posado y germinado. Consiguen abrirse camino con enzimas digestivas y aplicando fuerza.

**Ramificación**
Las hifas se ramifican para llenar el espacio.

**Espacio uniforme**
Las hifas están separadas de manera uniforme y no se solapan, así se aseguran que las hifas vecinas no compiten por el alimento.

**Formación de una red**
Las interconexiones unen las hifas y forman una red.

# Ciclos de vida

**Un ciclo de vida es la secuencia de etapas que supera un organismo desde su nacimiento hasta que nace su propia descendencia. Los ciclos de vida de los hongos varían muchísimo y pueden incluir etapas sexuales (con dos progenitores) y etapas asexuales (con un solo progenitor).**

Los hongos empiezan su vida en forma de espora. Los filamentos de las hifas crecen desde la espora para formar un micelio. En algún momento, este micelio puede coincidir con otro micelio de la misma especie. Si sus hifas se unen para aparearse, pueden producir esporas con una mezcla de genes de ambos progenitores. Algunos hongos crean cuerpos fructíferos inmediatamente después de aparearse, mientras que otros los sacan al cabo de un tiempo. Todo este proceso se conoce como reproducción sexual. Muchos hongos también pueden crear esporas sin aparearse; es lo que se conoce como reproducción asexual. La descendencia obtenida de esta manera tiene exactamente los mismos genes que el progenitor.

## Apareamiento de mohos

*Mucor* es un moho que crece en los alimentos. Cuando coinciden dos individuos de sexo opuesto, se aparean. Sus núcleos celulares se unen, mezclan sus genes y luego se dividen para crear núcleos nuevos. Estos núcleos contienen una mezcla de genes de ambos progenitores.

**Mucorales**
Las estructuras que crean las esporas (los esporangios) de *Mucor* parecen alfileres. Algunas se forman a partir de una espora de supervivencia producida sexualmente, pero la mayoría las desarrollan asexualmente los micelios no apareados.

**Fresa mohosa**
*Mucor* crece en forma de moho sobre fresas y otros alimentos. Se hace visible cuando empieza a crear esporas.

**1** Una hifa de *Mucor* de un sexo detecta una hifa del sexo contrario. Lateralmente, crecen dos ramificaciones, la una hacia la otra.

**2** Se forman dos bultos, denominados gametangios, en ambas ramificaciones laterales.

**3** Los bultos se unen para formar un cigoto. A continuación se desarrolla una gruesa pared a su alrededor y se forma una estructura conocida como zigospora.

**4** Los núcleos celulares de los progenitores se unen en la zigospora. Se dividen para dar un núcleo con una mezcla de genes de ambos. Las zigosporas sobreviven en condiciones que matarían a las hifas.

No existen **diferencias visibles entre sexos** en la mayoría de los hongos, así que los científicos los denominan *Mucor* «+» y «-» en lugar de macho y hembra.

**163**

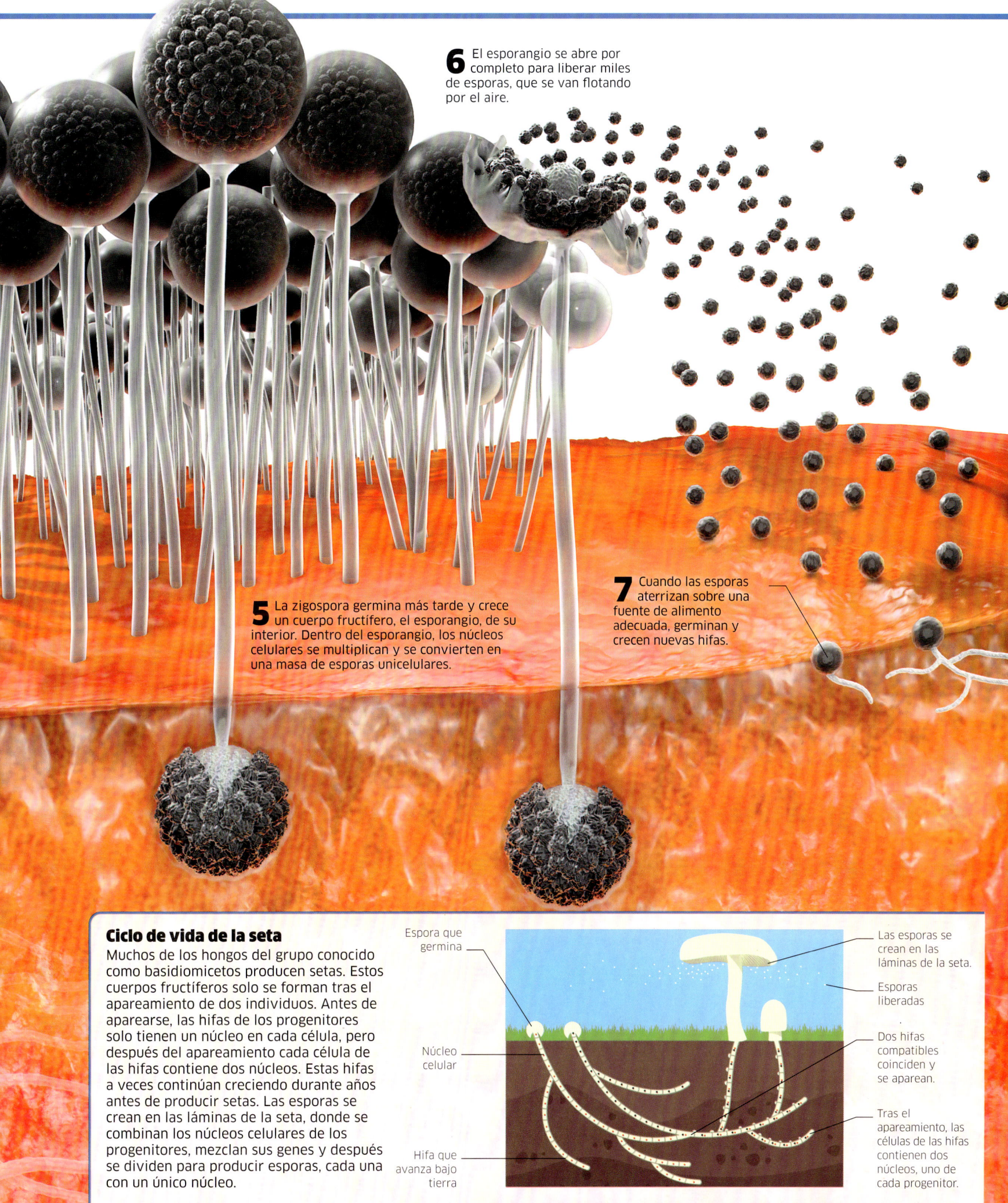

**6** El esporangio se abre por completo para liberar miles de esporas, que se van flotando por el aire.

**5** La zigospora germina más tarde y crece un cuerpo fructífero, el esporangio, de su interior. Dentro del esporangio, los núcleos celulares se multiplican y se convierten en una masa de esporas unicelulares.

**7** Cuando las esporas aterrizan sobre una fuente de alimento adecuada, germinan y crecen nuevas hifas.

### Ciclo de vida de la seta

Muchos de los hongos del grupo conocido como basidiomicetos producen setas. Estos cuerpos fructíferos solo se forman tras el apareamiento de dos individuos. Antes de aparearse, las hifas de los progenitores solo tienen un núcleo en cada célula, pero después del apareamiento cada célula de las hifas contiene dos núcleos. Estas hifas a veces continúan creciendo durante años antes de producir setas. Las esporas se crean en las láminas de la seta, donde se combinan los núcleos celulares de los progenitores, mezclan sus genes y después se dividen para producir esporas, cada una con un único núcleo.

Espora que germina

Las esporas se crean en las láminas de la seta.

Esporas liberadas

Núcleo celular

Dos hifas compatibles coinciden y se aparean.

Hifa que avanza bajo tierra

Tras el apareamiento, las células de las hifas contienen dos núcleos, uno de cada progenitor.

# Cómo crecen las setas

**Las setas solo son las partes visibles de los hongos que viven principalmente ocultos bajo tierra o en el interior de materia vegetal en descomposición. El nombre científico de las setas y sus estructuras relacionadas es cuerpo fructífero, porque estas estructuras facilitan la reproducción sexual de los hongos, igual que las flores y los frutos sirven para la reproducción de las plantas.**

Los cuerpos fructíferos solo se forman si un hongo se ha apareado con otro individuo, pero puede que tengan que pasar meses o incluso años para que aparezcan. Solo crecen cuando se dan las condiciones ideales: el hongo tiene que tener alimento y agua suficientes, y la temperatura idónea. Cuando los cuerpos fructíferos empiezan a crecer, se desarrollan rápidamente; algunos tardan tan solo una noche en llegar a su tamaño completo. La mayoría de las setas tan solo viven unos días, pero los robustos políporos de los árboles pueden llegar a vivir meses. Las setas mueren cuando empieza a helar o el clima es muy seco, pero los políporos sobreviven; los hongos de gelatina a veces pueden rehidratarse tras quedar totalmente secos.

## Temporada de setas

Las diferentes especies producen cuerpos fructíferos en momentos diferentes del año y en diferentes etapas de su vida. En las regiones templadas (entre las regiones tropicales y polares), la mayoría brota en otoño, y se produce un pico más pequeño en primavera. Debido al cambio climático, la temporada de otoño cada vez es más larga, y ahora algunos hongos sacan frutos dos veces: en primavera y otoño.

**HIFOLOMAS DE LÁMINAS VERDES**

## Seta matamoscas

La seta matamoscas empieza a desarrollarse bajo tierra. Pocos días pasan entre que sale a la superficie y se convierte en una seta adulta. Dos «velos» de tejido protegen las láminas, con las preciadas esporas: uno que envuelve toda la seta, y otro que protege la delicada parte inferior del sombrero.

**Segundo velo**
Este segundo velo protege la parte inferior del sombrero. Se rompe cuando el sombrero crece para dejar expuestas las láminas.

**Escamas**
Algunos fragmentos del velo quedan en la parte superior y forman escamas blancas.

**Velo universal**
Una capa de tejido protector cubre la seta joven. Cuando crece, el velo se rompe y deja salir el sombrero.

**Seta emergente**
La seta consigue salir del suelo.

**20 kg** llega a pesar un **hongo polvera gigante.**

Algunas especies de setas **brillan en la oscuridad** y emiten luz: son bioluminiscentes.

**165**

**Sombrero maduro**
El sombrero se aplana al madurar y expone las láminas.

**Sombrero**
La parte superior de una seta se conoce como sombrero y varía de color según la especie. El sombrero de la matamoscas es de color rojo o algo más pálido, y con escamas blancas.

**Láminas**
La parte inferior del sombrero contiene cientos de separaciones verticales, las láminas, que liberan millones de minúsculas esporas al aire, cada una de tan solo una centésima de milímetro de grosor.

**Anillo**
Los restos del segundo velo pueden formar un anillo alrededor del tallo de la seta.

**Pie**
El tallo cilíndrico de las setas se denomina pie y mantiene al sombrero elevado para que sea más fácil que las esporas se vayan volando.

**Volva**
Algunas setas tienen una base hinchada, la volva, a veces con los restos rotos del velo universal.

**Micelio**
El cuerpo principal del hongo es el micelio, que está oculto donde sea que está creciendo el hongo. El micelio de la seta matamoscas crece en el suelo y forma alianzas con raíces de árboles.

**166** el reino de los hongos ○ **CUERPOS FRUCTÍFEROS**

**1,5 m** de diámetro tenía el mayor hongo polvera gigante jamás registrado.

# Cuerpos fructíferos

**Existe una gran gama de colores, formas y tamaños de setas y otros tipos de cuerpos fructíferos. Hasta el momento, los científicos han descrito unos 100 000 tipos diferentes.**

El cuerpo fructífero más habitual es marrón, pero muchos son blancuzcos, grises, rosas, rojos o negros. Unos pocos son azules, el verde es raro, y algunos cambian de color. Los cuerpos fructíferos pueden presentar muchas formas: de campana, de pelota, de repisa, de cono, de vaso, de costra, de plato, etc. Pueden tener la superficie lisa, escamosa, viscosa, pegajosa, grasa, peluda, correosa o dura. Algunos cuerpos fructíferos tienen tallos, mientras que otros no. Y algunos huelen mal.

## SETA DE ORUGA
*Cordyceps militaris*
**Localización:** Asia, Europa y América
**Tamaño:** hasta 9 cm de alto

La seta de oruga mata insectos. Sus esporas se enganchan a algún insecto antes de que los filamentos de las hifas consigan penetrar en su cuerpo para digerirlo. A continuación, los cuerpos fructíferos salen de la víctima para liberar más esporas e infectar otros insectos.

Cuerpo fructífero alargado

Chinche muerta

## MITRA DE LOS PANTANOS
*Mitrula paludosa*
**Localización:** Europa
**Tamaño:** hasta 4 cm de alto

Las mitras de los pantanos apenas se dejan ver, pero cuando lo hacen, suelen formar grupos. Solo aparecen en lugares húmedos, como zanjas o arroyos de cauce lento, donde se alimentan de musgos, algas y hojas muertas.

El sombrero se torna azul si se corta.

Poros en la parte inferior del sombrero

## BOLETO DE SATANÁS
*Rubroboletus satanas*
**Localización:** centro y sur de Europa
**Tamaño:** sombrero de hasta 30 cm de ancho

El venenoso boleto de Satanás tiene poros (pequeños orificios) en lugar de láminas en la cara inferior del sombrero. Este hongo se alía con las raíces de robles y hayas para aportarles agua y nutrientes, a cambio de azúcares.

El cuerpo fructífero del hongo diente sangrante supura **gotitas rojas** que parecen sangre.

El cuerpo fructífero más grande que se conoce pertenece a un hongo políporo de China que **puede llegar a pesar 500 kg.**

**167**

### RORIDOMYCES
*Roridomyces phyllostachydis*
**Localización:** noreste de la India
**Tamaño:** menos de 3 cm de altura

Hace muy poco que se ha descubierto esta seta, un hongo que se alimenta de bambú muerto. Sus cuerpos fructíferos aparecen en la estación húmeda. A pesar de ser diminuto y no contar con colores vivos, su tallo (pero no el sombrero) brilla en la oscuridad. La luz quizá atrae insectos que ayudan a dispersar sus esporas.

### CORAL AMARGO
*Clavaria zollingeri*
**Localización:** por todo el mundo
**Tamaño:** hasta 10 cm de alto

Los hongos de coral se conocen así porque sus cuerpos fructíferos parecen corales del mar. Esta rara especie habita praderas y bosques, donde se alimenta de hojas secas.

### OREJA DE JUDAS
*Auricularia auricula-judae*
**Localización:** por todo el mundo
**Tamaño:** hasta 9 cm de ancho

Los cuerpos fructíferos de la oreja de Judas tienen tacto de gelatina y a menudo tienen aspecto de oreja. Al secarse se vuelven duros, finos y quebradizos. Si llueve y vuelven a humedecerse, a veces crean esporas de nuevo. Antes era típico ver orejas de Judas en saúcos, pero ahora crecen en hayas, quizá debido al cambio climático.

### YESQUERO DEL ABEDUL
*Fomitopsis betulina*
**Localización:** Asia, Europa, Norteamérica
**Tamaño:** unos 6 cm de profundidad, hasta 30 cm de ancho

Este hongo hace pudrir el tronco del abedul. Tiempo atrás se usaba como yesca para encender fuego. Ötzi, el hombre de hielo, un cuerpo de 5300 años de antigüedad que se halló enterrado en un glaciar de los Alpes italianos, llevaba un trozo de yesquero del abedul. Quizá lo tenía para utilizarlo como medicina.

### TERCIOPELO AZUL
*Terana caerulea*
**Localización:** habitual en climas cálidos
**Tamaño:** 1 mm de grosor

El cuerpo fructífero azul oscuro de este hongo crece en la parte inferior de ramas y troncos caídos en bosques húmedos. Es aterciopelado o ceroso si está húmedo, y quebradizo y costroso al secarse.

### ESTRELLA ROJA
*Clathrus archeri*
**Localización:** Australia, Nueva Zelanda, África meridional; introducida en Europa y Norteamérica
**Tamaño:** brazos de hasta 10 cm de longitud

Con 4-8 brazos en una estructura en forma de huevo, el cuerpo fructífero parece una estrella de mar. Al madurar, el hongo huele a carne putrefacta para atraer moscas que esparzan sus pegajosas esporas.

### DIENTE DE CORAL
*Hericium coralloides*
**Localización:** hemisferio norte
**Tamaño:** hasta 25 cm de ancho

Esta rara pero espectacular especie crece en troncos de árboles y leña en descomposición. Las esporas se producen en los cientos de pequeñas espinas que cuelgan de cualquier parte del cuerpo fructífero como carámbanos.

# Bioluminiscencia

**Como las luciérnagas y muchos organismos marinos, algunos hongos brillan en la oscuridad, como el hongo fantasma (*Omphalotus nidiformis*) de Australia.**

Este brillo se conoce como bioluminiscencia. En algunas especies solo brilla el cuerpo fructífero, y en otras el micelio o incluso el hongo entero. Solo los hongos que producen setas que viven en madera putrefacta tienen esta capacidad. Quizá es un producto secundario accidental del proceso químico que utiliza el hongo para descomponer la madera.

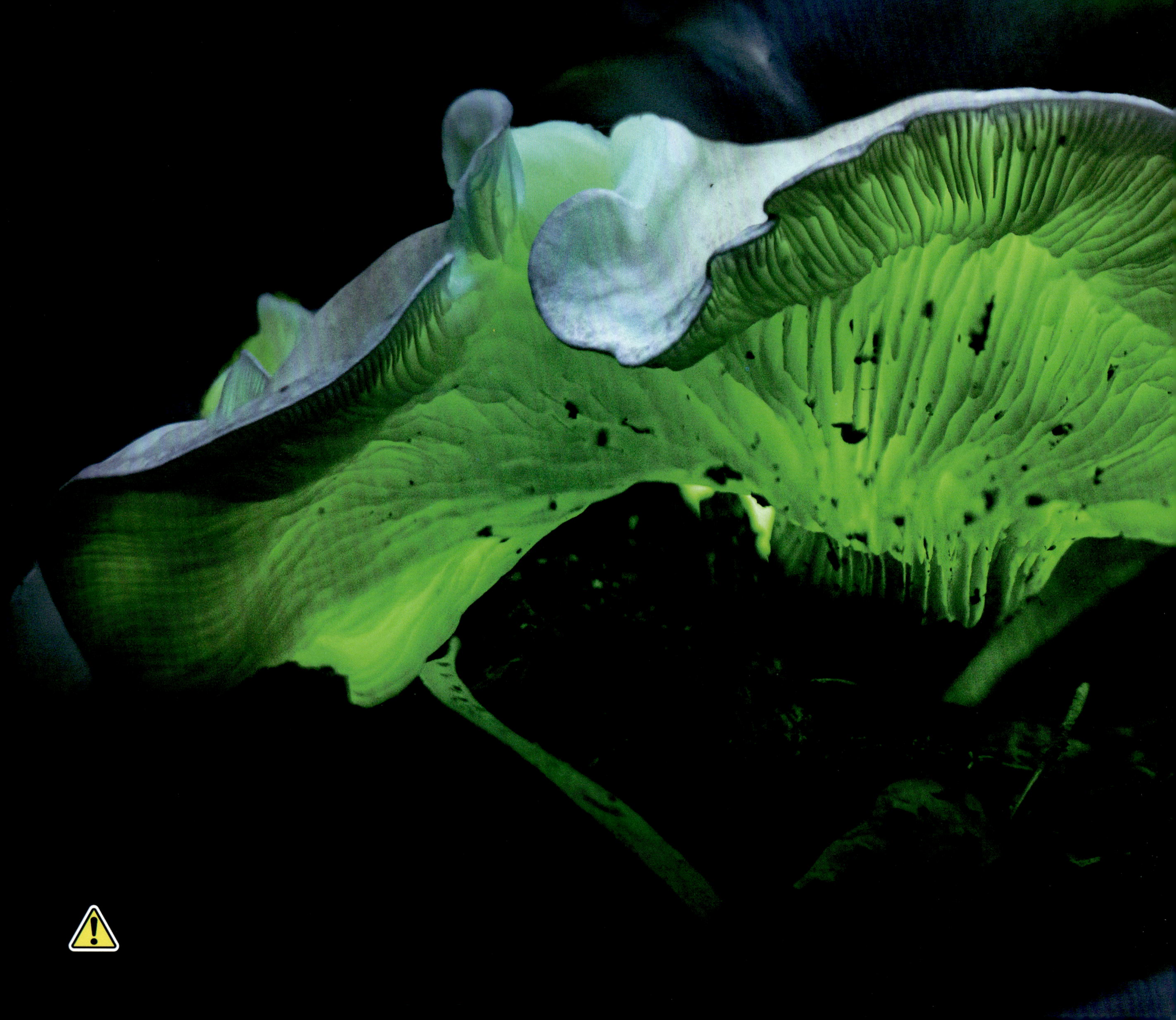

**Sombrero plano**
La parte superior de la seta se denomina sombrero. El sombrero de la seta matamoscas (abajo) tiene forma de bóveda cuando es joven, pero se aplana al madurar.

**Esporas de seta**
Tras aparearse, muchos hongos producen esporas en cuerpos fructíferos. Hay muchos tipos de cuerpos fructíferos, como las setas, los políporos en forma de repisa en los árboles y los hongos polvera. En una seta, las esporas se crean en las láminas, que son las tiras de tejido que cuelgan de la parte inferior del sombrero.

**Pie**
El pie (tallo) de la seta mantiene el sombrero elevado para que las corrientes de aire se lleven las esporas.

# Esparcir esporas

**Los hongos se propagan mediante esporas, unas células microscópicas en el interior de una pared protectora que contiene nutrientes para ayudar al nuevo micelio a crecer.**

La mayoría de las esporas cuentan con una pared fina que a veces contiene un pigmento oscuro (melanina) para protegerlas del sol. Algunas tienen la superficie lisa, y otras, rugosa. Unas se las lleva el agua, pero la mayoría se van con el viento. La posibilidad de que una espora aterrice en el lugar ideal para crecer es muy pequeña, pero cada seta produce más de mil millones de esporas, lo que garantiza que una u otra va a sobrevivir. Para mejorar la probabilidad, algunos hongos tienen estrategias para que los animales ayuden a esparcirlas.

**Dispersión de esporas**
Igual que las plantas propagan las semillas de muchas maneras, los hongos utilizan todo tipo de técnicas para lanzar y dispersar sus esporas.

**Hongos polvera**
Cualquier cosa que caiga sobre un hongo polvera hace que expulse una nube de esporas. Ten cuidado de no inhalar las esporas de un hongo polvera.

**Falos hediondos**
El olor a carne putrefacta atrae las moscas a los falos hediondos. Sus esporas se pegan a los insectos y se propagan cuando se van volando.

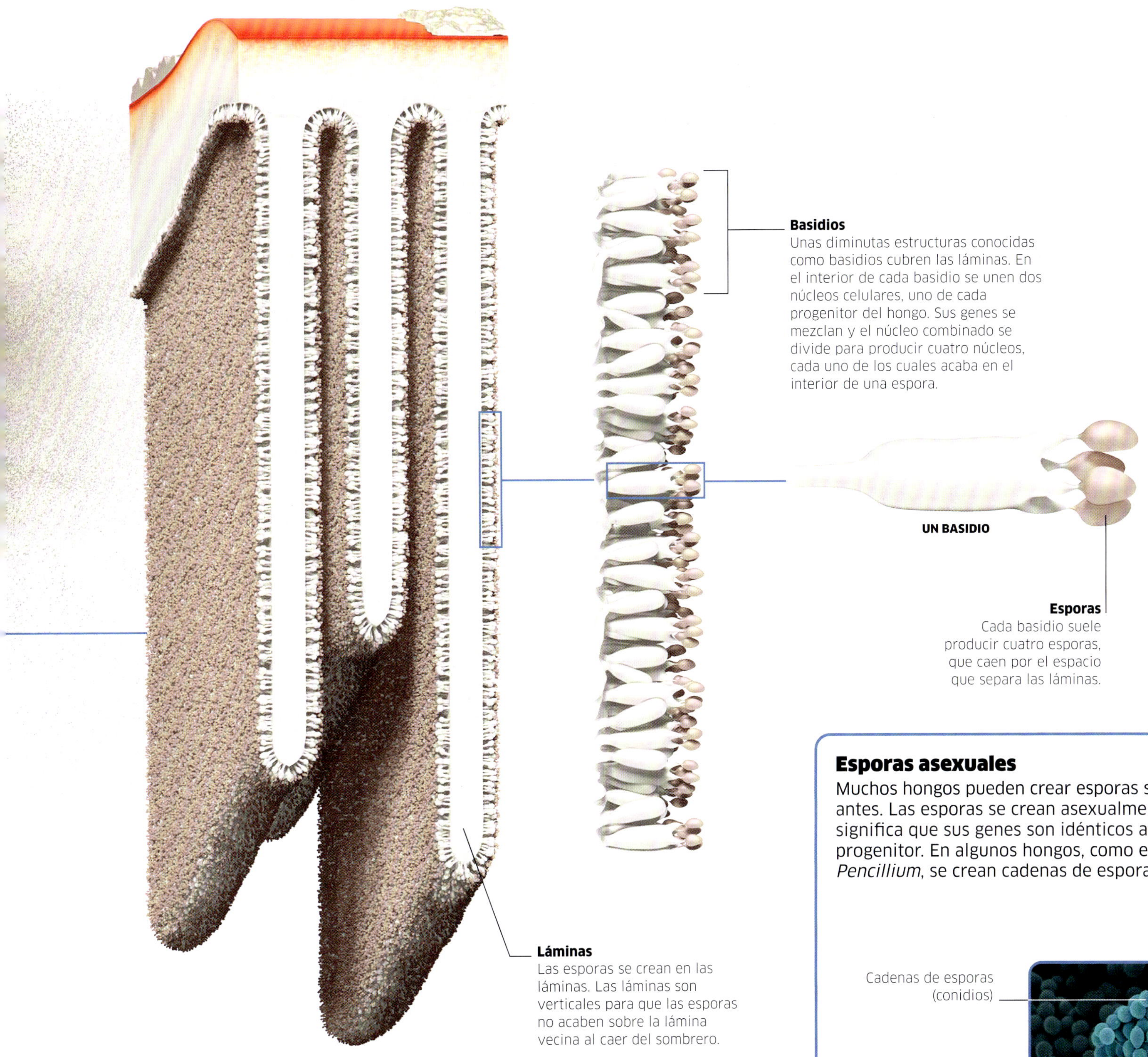

Una seta puede expulsar con fuerza hasta **30 000 espiras en un segundo**.

Algunas esporas fúngicas tienen un grosor de solo **0,003 mm**.

**171**

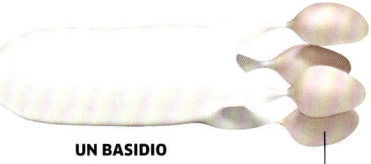

**Basidios**
Unas diminutas estructuras conocidas como basidios cubren las láminas. En el interior de cada basidio se unen dos núcleos celulares, uno de cada progenitor del hongo. Sus genes se mezclan y el núcleo combinado se divide para producir cuatro núcleos, cada uno de los cuales acaba en el interior de una espora.

**UN BASIDIO**

**Esporas**
Cada basidio suele producir cuatro esporas, que caen por el espacio que separa las láminas.

## Esporas asexuales

Muchos hongos pueden crear esporas sin aparearse antes. Las esporas se crean asexualmente, lo que significa que sus genes son idénticos a los del progenitor. En algunos hongos, como el del moho *Pencillium*, se crean cadenas de esporas en los tallos.

**Láminas**
Las esporas se crean en las láminas. Las láminas son verticales para que las esporas no acaben sobre la lámina vecina al caer del sombrero.

Cadenas de esporas (conidios)

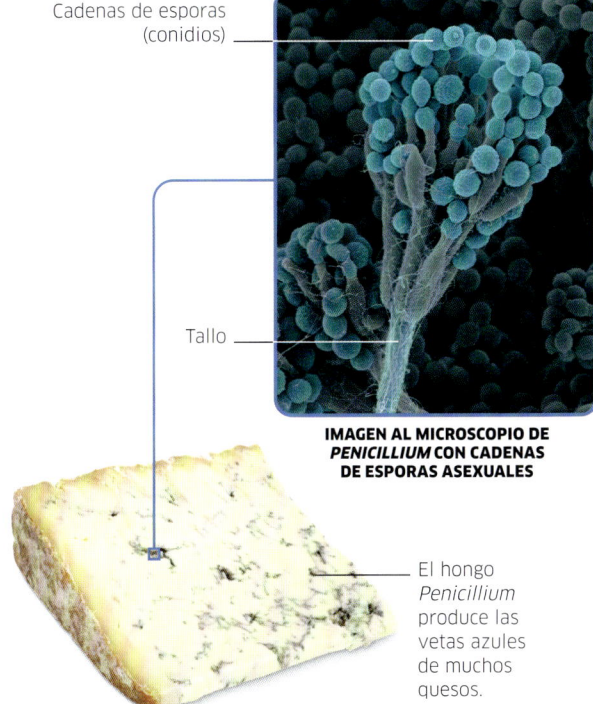

Tallo

**IMAGEN AL MICROSCOPIO DE *PENICILLIUM* CON CADENAS DE ESPORAS ASEXUALES**

El hongo *Penicillium* produce las vetas azules de muchos quesos.

**Hongos nido**
Las esporas de estos hongos están apretujadas en grupos de cuerpos fructíferos que parecen nidos. Cuando la lluvia cae sobre el «nido», los grupos de esporas salen disparados.

**Hongo de cañón**
El minúsculo cuerpo fructífero en forma de vaso de esta seta contiene un único grupo de esporas en forma de bola. Cuando el cuerpo fructífero ha madurado, el recubrimiento se rompe y dispara el grupo de esporas a una distancia de hasta 6 m.

# Hongo polvera

**El cuerpo fructífero del hongo polvera debe su nombre a la manera que tiene de liberar sus esporas.**

Al contrario que las setas con láminas bajo el sombrero, el hongo polvera crea sus esporas en el interior de una bola hueca. Cuando han madurado, se abre un pequeño orificio en la parte superior. Solo hace falta una gota de lluvia, una rama que se cae o el más leve roce de un animal al pasar para emitir una nube de esporas voladoras. La especie más grande, el hongo polvera gigante, puede producir hasta un billón de esporas. Ten cuidado de no respirar la nube de esporas de un hongo polvera, ya que puede ser peligroso.

# Aliados vegetales

**La mayoría de las plantas no podrían absorber el agua y los nutrientes que necesitan del suelo sin la ayuda de los hongos que viven en la superficie y el interior de sus raíces.**

Un 85 por ciento de especies vegetales se alía con hongos del suelo. Estas alianzas se conocen como micorrizas, un vocablo que proviene de las palabras griegas *mykes*, que significa «hongo», y *rhiza*, «raíz». Los dos aliados se ayudan entre sí. La planta obtiene agua y nutrientes minerales del suelo con más facilidad, y el hongo obtiene azúcares que crea la planta a través de la fotosíntesis.

### Micorrizas de árbol

Casi todos los árboles tienen algún tipo u otro de micorriza. Uno de los más típicos se conoce como ectomicorriza (*ecto* significa «fuera»). Los hongos de la ectomicorriza recubren las minúsculas puntas de las raíces del árbol con capas de hifas como si fueran unos calcetines. Las hifas también avanzan por el suelo más allá de las raíces, ampliando su alcance, y algunas hifas crecen hacia el interior de las raíces (pero no hasta el interior de las células de la planta).

### Micorriza en la punta de la raíz

Las ectomicorrizas de los pinos modifican las puntas de las raíces: las hacen más cortas y bifurcadas. Estas raíces se ramifican de manera diferente a las raíces sin hongos y viven más tiempo.

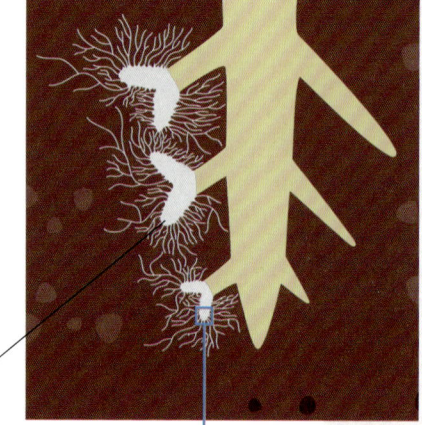

Ectomicorriza

### Hifas en las raíces

Las hifas crecen en las raíces y forman una red alrededor de las células de las raíces. Es aquí donde el hongo intercambia agua y nutrientes del suelo por azúcares de la planta.

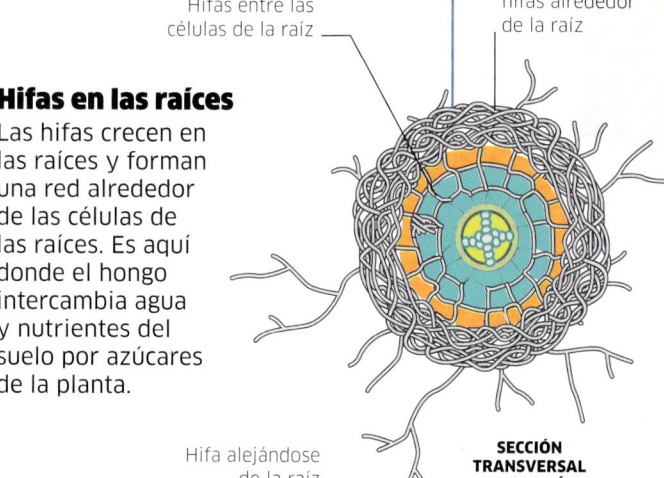

Hifas entre las células de la raíz

«Calcetín» de hifas alrededor de la raíz

Hifa alejándose de la raíz

**SECCIÓN TRANSVERSAL DE LA RAÍZ**

**Cuerpos fructíferos**
Solo vemos los hongos que forman micorrizas cuando producen cuerpos fructíferos, como por ejemplo las setas. Esta ilustración contiene algunas especies de hongos que forman micorrizas con los pinos.

Boleto cetrino

Hongo pambazo

Una cucharadita de tierra contiene **varios cientos de metros** de hifas fúngicas.

**175**

Pino

Níscalo

Boleto pinícola

Oronja verde

**Endofitos**
Todas las plantas, incluido este arbusto de arándanos, tienen unos minúsculos hongos, conocidos como endofitos, dentro de las hojas, los tallos y las raíces. Algunos endofitos aportan beneficios, pero otros están a la espera de una oportunidad para matar la planta o de que muera naturalmente a fin de poder digerir sus restos.

**Hifas en el suelo**
Las hifas crecen desde las raíces del árbol hacia el suelo a su alrededor, donde absorben agua y nutrientes.

**Red de micorrizas**
Cada árbol cuenta con muchas micorrizas. Algunas están formadas por diferentes especies de hongos, mientras que otras son diferentes individuos de la misma especie de hongos. Todas sus hifas juntas forman una descomunal red que a veces conecta las raíces del mismo árbol y de otros árboles. Esta red de hongos se conoce como red de micorrizas. A veces, a través de esta red se transfieren azúcares, nutrientes y agua de un árbol o pimpollo a otros.

# Tramposos e imitadores

**La estrecha alianza entre hongos y plantas no siempre reporta los mismos beneficios para ambos. A veces uno de los aliados se aprovecha del otro.**

Las raíces de las plantas y los hongos del suelo forman micorrizas, que suelen ser beneficiosas para ambos aliados, pues las raíces obtienen más agua y nutrientes minerales del hongo, mientras que este obtiene parte del alimento que crea la planta. No obstante, algunas plantas y hongos hacen trampas y viven como parásitos: roban a su aliado sin dar nada a cambio. Otra táctica tramposa de la naturaleza es imitar a otras especies. Tanto plantas como hongos lo hacen, con falsas flores, setas e incluso huevos de insectos, para engañar a los animales para que les presten su ayuda.

## PIPAS DE INDIO

La pipa de indio es de color blanco ceroso porque no tiene clorofila (el pigmento verde que utilizan las plantas para capturar la luz del sol) y no realiza la fotosíntesis. En lugar de elaborar su propio alimento, lo roba. Sus raíces se alían a un hongo formador de micorrizas que crece en las raíces de los árboles. La pipa de indio obtiene azúcares del árbol a través del micelio del hongo, pero no entrega nada a cambio.

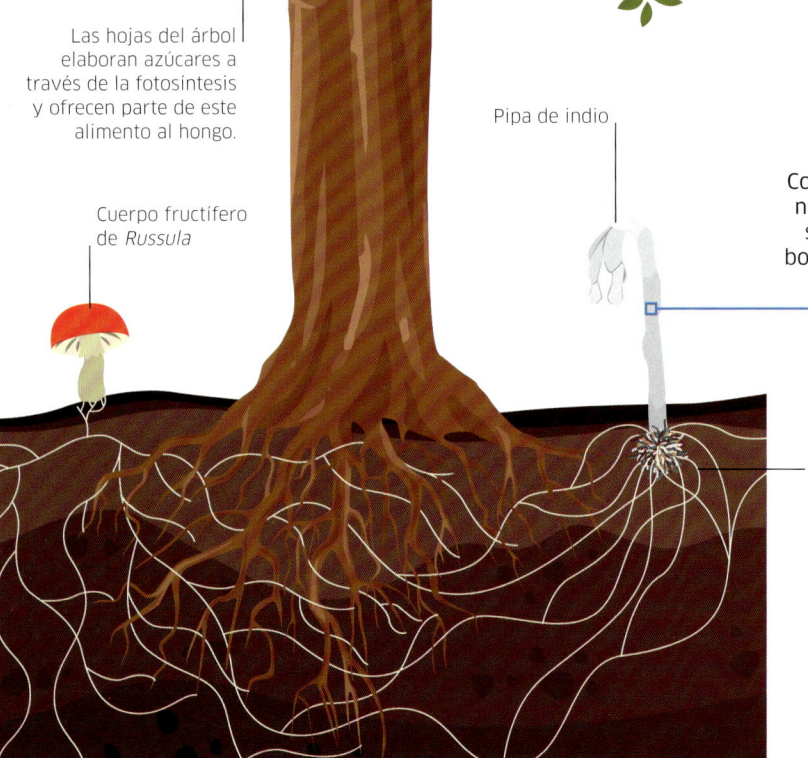

Las hojas del árbol elaboran azúcares a través de la fotosíntesis y ofrecen parte de este alimento al hongo.

Cuerpo fructífero de *Russula*

Pipa de indio

La pipa de indio obtiene alimento del micelio del hongo formador de micorrizas *Russula*.

**A oscuras**
Como la pipa de indio no necesita la luz del sol, puede crecer en bosques muy oscuros.

**PIPA DE INDIO (*MONOTROPA UNIFLORA*)**

Más de 400 especies vegetales son incapaces de realizar la
fotosíntesis y tienen que **robar el alimento de los hongos**.

**177**

# ORQUÍDEAS PARÁSITAS

Las orquídeas tienen unas minúsculas semillas que apenas contienen reserva de alimento. No pueden germinar si no les ayuda algún hongo. Los hongos como *Trametes* y *Marasmius* dan agua, nutrientes e incluso azúcares a las orquídeas. Cuando las orquídeas se han desarrollado por completo, la mayoría cuentan con hojas verdes y pueden elaborar azúcares a través de la fotosíntesis; es entonces cuando comparten este alimento con el hongo. Sin embargo, existen más de 200 especies de orquídeas que nunca pueden realizar la fotosíntesis. Son parásitos y se alimentan exclusivamente del hongo.

**Ladrona del bosque**
La nido de ave no puede realizar la fotosíntesis y obtiene todo su alimento del hongo *Sebacina*, que crece en el bosque. Las raíces de la orquídea se unen a las hifas del hongo y les roban el alimento.

**NIDO DE AVE**

**Mutante albina**
La orquídea heleborina depende de un hongo formador de micorrizas para crecer como plántula, pero normalmente le devuelve el favor realizando la fotosíntesis y dándole alimento a medida que va creciendo. Sin embargo, algunas orquídeas heleborinas presentan una mutación que les impide crear clorofila, lo que acabaría provocando la muerte de la mayoría de las plantas, pero la orquídea continúa prosperando robando alimento a su aliado.

**ORQUÍDEA HELEBORINA**

**Vida subterránea**
La rara orquídea fantasma *Epipogium aphyllum* obtiene alimento robándolo a hongos del suelo de bosques de sombra muy oscura. La planta es incapaz de realizar la fotosíntesis y ni tan solo produce hojas; vive principalmente bajo tierra y apenas emerge para florecer.

**ORQUÍDEA FANTASMA**

# IMITADORES

El engaño es un clásico de la naturaleza. Muchos insectos imitan las rayas amarillas y negras de las avispas para ahuyentar a los predadores, y algunas orugas imitan los excrementos de ave para evitar que se las coman. Las plantas y los hongos también utilizan este truco. La víctima del engaño suele ser un animal que ayudará al imitador a completar su ciclo de vida.

**ORQUÍDEA DRACULA**

Seta de mentira en el centro de la flor

**Setas de mentira**
Las flores de la orquídea Dracula imitan las setas que crecen en los bosques de niebla; incluso llegan a tener un olor parecido. El engaño atrae a insectos que normalmente ponen huevos en setas, lo que ayuda a polinizar la orquídea.

**Ranúnculos de mentira**
Un hongo parásito de nombre científico *Puccinia Monoica* infecta las arábides. Hace que la planta produzca grupos de hojas de color amarillo vivo con el mismo aspecto y olor que el ranúnculo para atraer insectos que buscan néctar. El hongo crea sus estructuras reproductoras en el interior de estas flores de mentira, y los insectos ayudan a diseminar las esporas fúngicas.

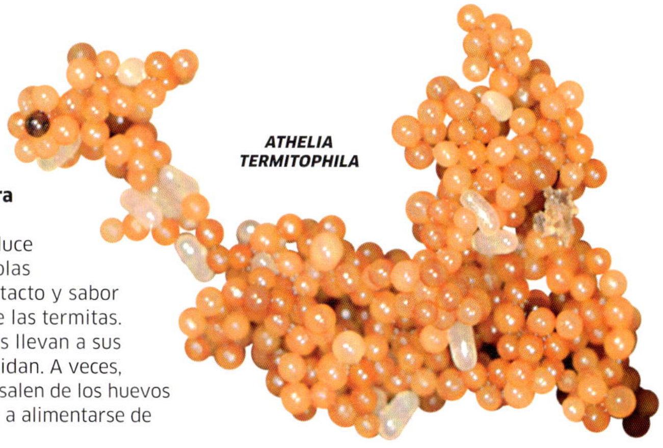

**Huevos de mentira**
El hongo *Athelia termitophila* produce unas pequeñas bolas fúngicas de igual tacto y sabor que los huevos de las termitas. Las termitas se las llevan a sus criaderos y las cuidan. A veces, las hifas crecen y salen de los huevos falsos y empiezan a alimentarse de los de verdad.

***ATHELIA TERMITOPHILA***

Flor real

Flor de mentira que crea el hongo

**Flores de mentira**
El hongo *Fusarium xyrophilum* es un parásito de las xyridáceas. Impide que la planta saque flores y luego crea una estructura que parece una flor, pero que elabora esporas fúngicas en lugar de polen o néctar. Los insectos que visitan el hongo propagan las esporas.

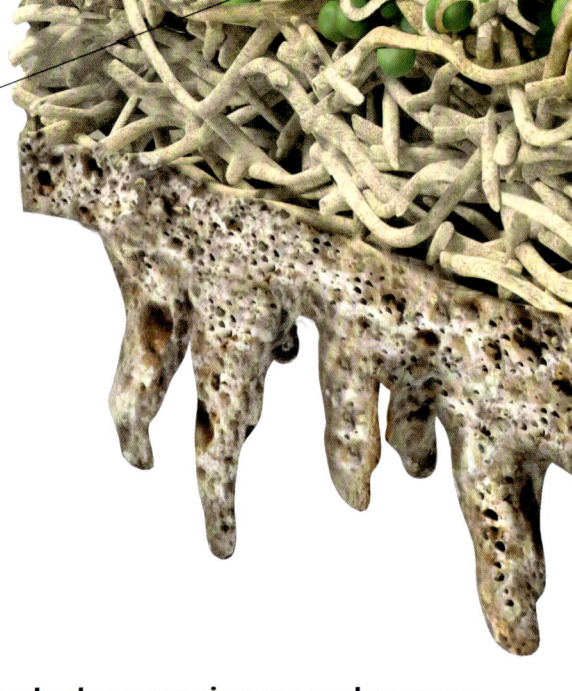

**Superficie**
La capa superior del liquen consiste en hifas (filamentos fúngicos) entretejidas con firmeza que protegen el alga de los nocivos rayos ultravioleta de la luz del sol.

**Algas**
Las células de las algas crean hidratos de carbono a través de la fotosíntesis. Las hifas rodean estas células para obtener hidratos de carbono, y proporcionar a las algas agua y nutrientes, como nitrógeno y fósforo.

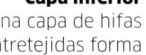

**Capa inferior**
Una capa de hifas entretejidas forma la dura cara inferior del talo.

# Líquenes

**Un liquen es la combinación de dos organismos: un hongo y un microorganismo parecido a una planta. Un 20 por ciento de las especies conocidas de hongos ascomicetos viven así.**

Los líquenes pueden ser de muchos colores: verde, amarillo, naranja, rojo, negro y gris. Parecen plantas, pero son hongos que se han unido a algas verdes o cianobacterias (bacterias que realizan la fotosíntesis) para crear un nuevo organismo. En esta estrecha alianza (simbiosis), el hongo hace de campesino y aporta agua, nutrientes minerales y protección, mientras que las algas o las cianobacterias proporcionan alimento rico en energía.

## Tipos de líquenes

Las especies de líquenes presentan formas diferentes: con hojas (foliáceos), en polvo (leprosos), en costra (crustosos) o ramificados (fruticulosos). Unas 20000 especies de hongos forman líquenes. La mayoría son hongos ascomicetos, pero unos pocos son hongos basidiomicetos que producen setas cuando están a punto para crear esporas.

**Leprosos**
Son los líquenes más simples; tienen aspecto de polvo. Un ejemplo típico es el liquen polvo de oro, que crece en rocas y troncos de árboles.

**Crustosos**
Este es el tipo de liquen más habitual; los líquenes crustosos forman costras que se aferran a los objetos.

**Fruticulosos**
Estos líquenes están compuestos por duras hebras ramificadas. Están de pie, forman penachos o cuelgan de los árboles.

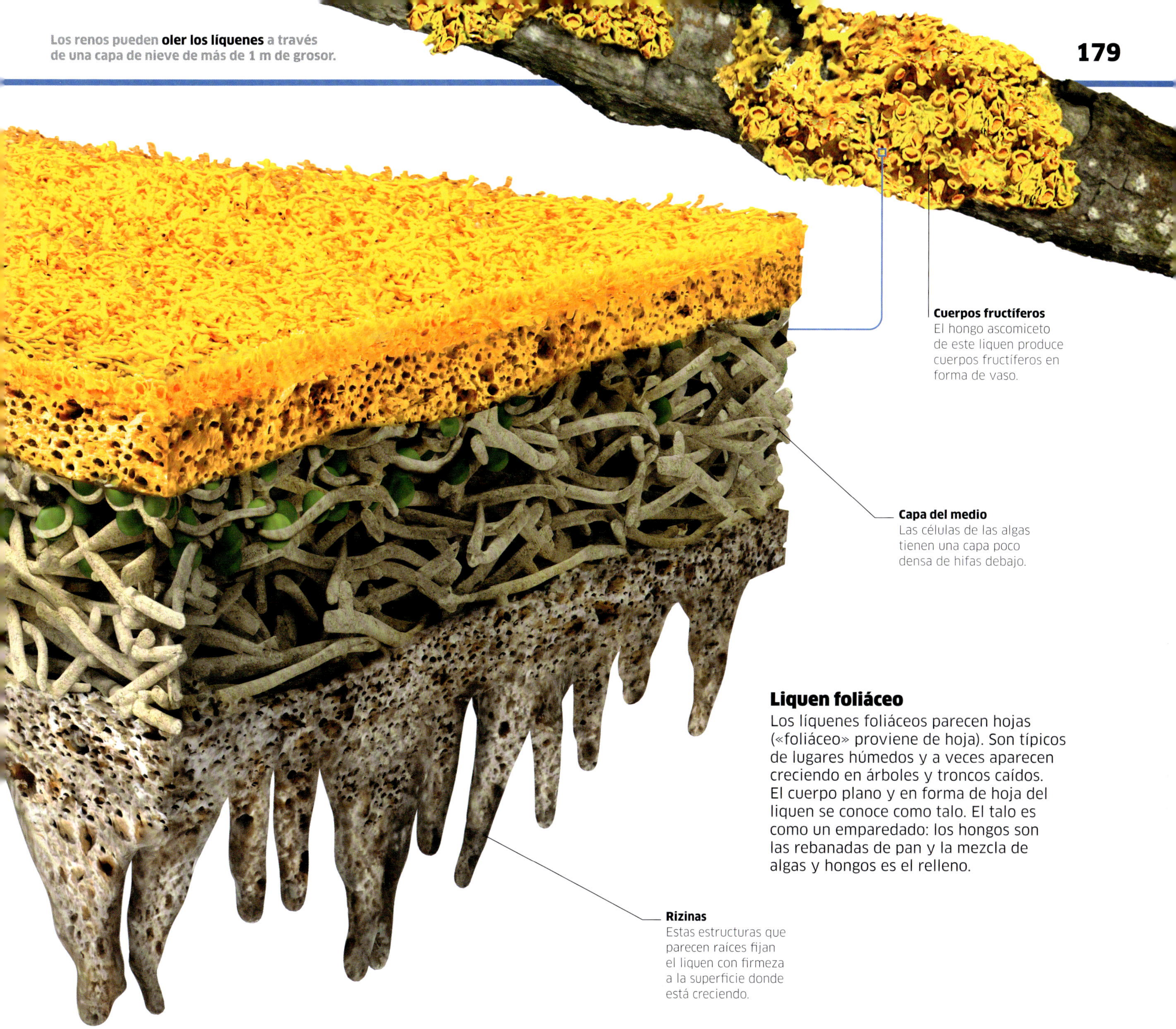

Los renos pueden **oler los líquenes** a través
de una capa de nieve de más de 1 m de grosor.

**179**

**Cuerpos fructíferos**
El hongo ascomiceto de este liquen produce cuerpos fructíferos en forma de vaso.

**Capa del medio**
Las células de las algas tienen una capa poco densa de hifas debajo.

## Liquen foliáceo

Los líquenes foliáceos parecen hojas («foliáceo» proviene de hoja). Son típicos de lugares húmedos y a veces aparecen creciendo en árboles y troncos caídos. El cuerpo plano y en forma de hoja del liquen se conoce como talo. El talo es como un emparedado: los hongos son las rebanadas de pan y la mezcla de algas y hongos es el relleno.

**Rizinas**
Estas estructuras que parecen raíces fijan el liquen con firmeza a la superficie donde está creciendo.

## Supervivientes

Los líquenes crecen lentamente; a menudo, menos de 1 mm por año. Eso sí, pueden vivir en entornos hostiles donde solo es capaz de sobrevivir, desde rocas peladas hasta desiertos calurosos, el Ártico y la Antártida, y cualquier lugar entre estos extremos.

**Roca pelada**
Algunos líquenes pueden colonizar las rocas peladas. Segregan ácidos que descomponen lentamente la roca y liberan sus minerales.

**Liquen del desierto**
El liquen oxidado, de tipo fruticuloso, prolifera en el terreno reseco del desierto africano de Namib, uno de los lugares más secos del mundo.

**Liquen de los renos**
El liquen *Cladonia rangiferina* (también conocido como liquen de los renos) forma una exuberante alfombra de más de 15 cm de profundidad en la tundra ártica; es el principal alimento de los renos durante el invierno.

Los hongos estercoleros se describen como **coprófilos, que significa «les gusta la caca».**

# Pudrición y reciclaje

**Sin los hongos, estaríamos enterrados bajo cosas muertas y caca. Además de los invertebrados y las bacterias, los hongos también descomponen la materia orgánica muerta y reciclan sus nutrientes.**

Todos los organismos generan residuos. Las plantas pierden continuamente hojas muertas y ramas. Los animales esparcen excrementos allí donde van, y pierden pelo, cabello, plumas y piel. Al final, todos mueren. Gracias a los hongos, los nutrientes no se quedan atrapados mucho tiempo en todos estos residuos. Al crecer en la materia orgánica muerta y digerirla desde el interior, los hongos reciclan los nutrientes, abonan el suelo y ayudan a la nuevas plantas a crecer.

## Hongos estercoleros

Algunos hongos han evolucionado para vivir en excrementos. Antes de que lleguen al suelo, las cacas de oveja ya contienen esporas fúngicas. Las esporas germinan, sacan hifas para alimentarse de los excrementos y crean cuerpos fructíferos. Los primeros cuerpos fructíferos que aparecen suelen ser los del hongo cañón, que utiliza la fuerza explosiva para dispersar sus esporas. Así se asegura que aterrizan sobre hierba fresca, donde es probable que otra oveja se las acabe tragando.

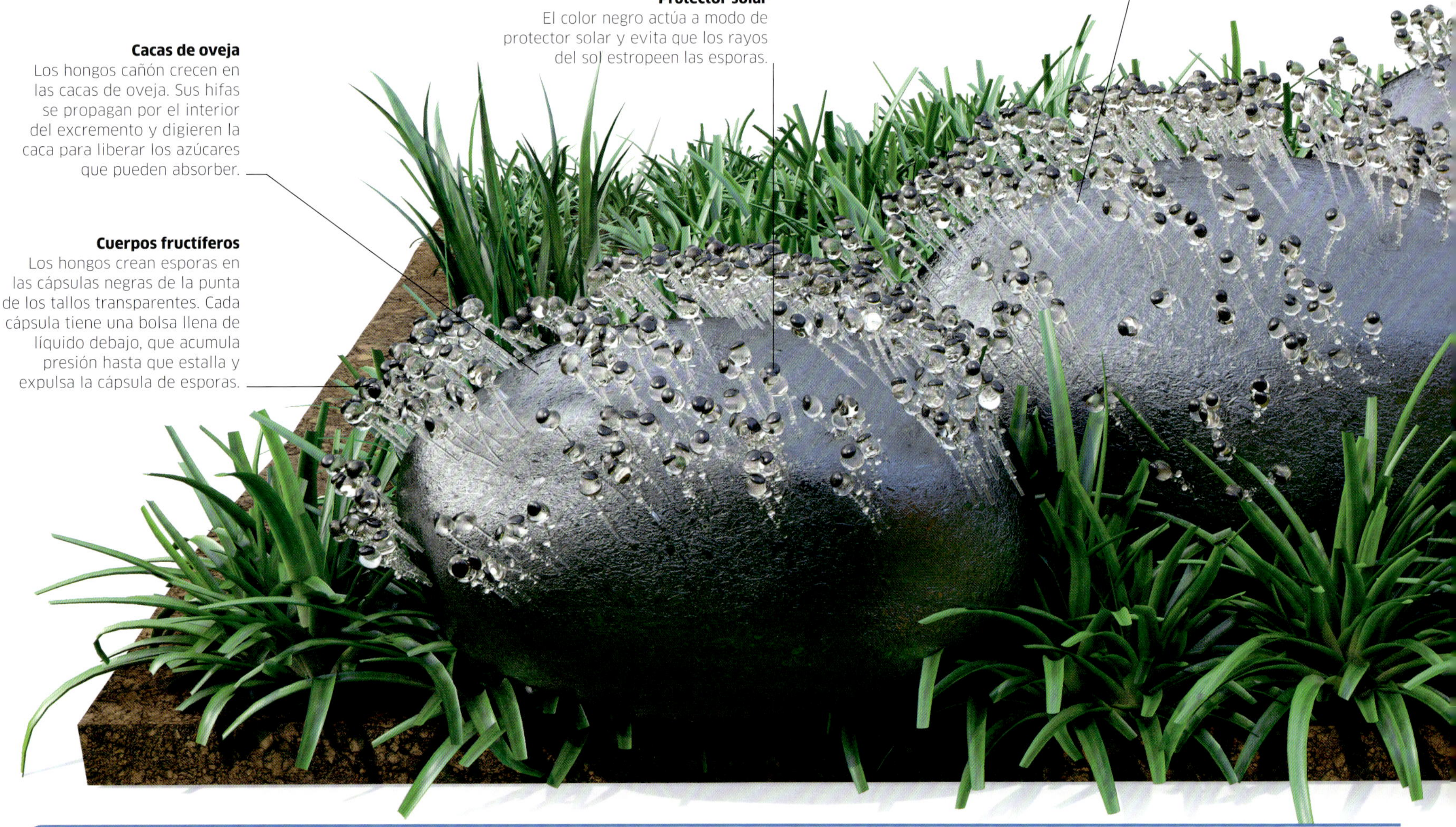

**Sensibles a la luz**
Los cuerpos fructíferos son sensibles a la luz y se orientan hacia el sol. Las cápsulas de esporas son expulsadas cuando el sol está bajo para que lleguen lo más lejos posible.
**Protector solar**
El color negro actúa a modo de protector solar y evita que los rayos del sol estropeen las esporas.
**Cacas de oveja**
Los hongos cañón crecen en las cacas de oveja. Sus hifas se propagan por el interior del excremento y digieren la caca para liberar los azúcares que pueden absorber.
**Cuerpos fructíferos**
Los hongos crean esporas en las cápsulas negras de la punta de los tallos transparentes. Cada cápsula tiene una bolsa llena de líquido debajo, que acumula presión hasta que estalla y expulsa la cápsula de esporas.

## Ciclo de vida de los hongos estercoleros

Para completar su ciclo de vida, el hongo cañón debe asegurarse de que algún animal se traga sus esporas. No obstante, a los animales no les gusta comer hierba cubierta de caca o que esté cerca de alguna caca. Por eso el hongo dispara las esporas lo más lejos que puede. Los pegajosos grupos de esporas se aferran a las hojas de hierba, donde esperan que algún animal de pasto se los trague.

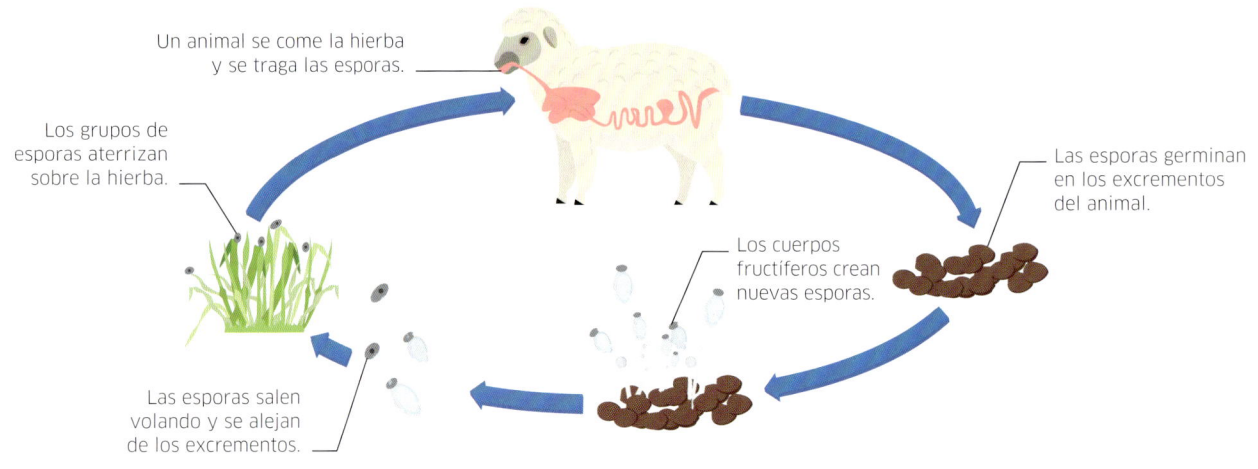

Un animal se come la hierba y se traga las esporas.
Las esporas germinan en los excrementos del animal.
Los cuerpos fructíferos crean nuevas esporas.
Las esporas salen volando y se alejan de los excrementos.
Los grupos de esporas aterrizan sobre la hierba.

Una cápsula de esporas de hongo cañón contiene hasta **90 000 esporas**.

Los hongos **reciclan más de 50 000 millones de toneladas de carbono** cada año por todo el mundo

**181**

**Dispersión**
La bolsa explota y propulsa la cápsula de esporas al aire a una gran velocidad. La cápsula puede llegar a aterrizar a 2,5 m de distancia. Un líquido viscoso ayuda a que se quede pegada a la hierba al aterrizar.

Cápsula de las esporas

Depósito de líquido

**Por turnos**
Al cabo de pocos días, el hongo cañón desaparece y crecen los cuerpos fructíferos de otros hongos. Los hongos de vaso como *Ascobolus* y *Cheilymenia* aparecen al cabo de 5-6 días. Igual que los cañones, utilizan un chorro de líquido para propulsar sus esporas. Al cabo de varias semanas pueden empezar a crecer setas, que producen hongos que se alimentan más lentamente de la dura materia fibrosa que contienen los excrementos.

*Cheilymenia*

*Ascobolus*

Paneolo anillado

## Alimento con moho

La mayoría de los alimentos tienen esporas de hongo en su superficie incluso antes de llegar a nuestra cocina. En condiciones húmedas y cálidas, los hongos empiezan a digerir los alimentos y los reducen a una masa asquerosa. Algunos hongos de los alimentos, como *Aspergillus*, *Penicillium* y *Fusarium*, producen sustancias tóxicas, así que lo mejor es evitar cualquier alimento con moho.

El moho aparece más o menos en una semana.

Las fresas se quedan mustias cuando se consume su carne.

**FRESAS FRESCAS**

**TRAS 10 DÍAS**

**TRAS 12 DÍAS**

## Elaboración de compost

Los jardineros utilizan hongos para reciclar los desperdicios, como hojas, maleza y frutas y verduras no consumidas. Los hongos, junto a otros organismos, digieren la pila de desechos durante varios meses hasta transformarla en un grumoso material negro conocido como compost, rico en nutrientes buenos para las plantas. Si manipulas compost, ten cuidado de no respirar su polvo, pues puede contener nocivas esporas.

### Hongos a caballito
Algunos hongos crean sus cuerpos fructíferos encima de los de otros hongos. A menudo son parásitos del hongo sobre el que crecen.

*Spinellus fusiger*
Este hongo crece en el sombrero de los hongos bonete. *Spinellus fusiger* está emparentado con el moho del pan, con sus masas de minúsculas esporas abarrotadas en pequeñas cápsulas negras en el extremo de los finos filamentos.

*Setas sobre setas*
Los níctalos parásitos producen setas que brotan sobre el escleroderma amarillo, de mucho mayor tamaño.

*Níctalo polvoriento*
La seta del níctalo polvoriento crece sobre la rusula negruzca, mucho más grande y oscura. Como su nombre sugiere, la rusula negruzca es oscura, pero solo al madurar, ya que cuando sale es más clara.

# Guerras de hongos

**Allí donde crezca un hongo, también habrá otros hongos y bacterias. Entre ellos compiten por las fuentes de alimento, a veces con resultados letales.**

Los hongos tienen un gran abanico de estrategias diferentes para ganar la batalla por el alimento. Algunos producen enormes cantidades de esporas para asegurarse de llegar los primeros, y a continuación crecen rápidamente en el interior del alimento antes de que lleguen los otros hongos, y se van, creando cuerpos fructíferos y esporas, justo cuando llegan los rivales para competir contra ellos. Los hongos que llegan más tarde suelen ser luchadores agresivos. Los que ganan se quedan el territorio y el alimento.

**Paredes de defensa**
Los hongos que crecen en la madera a veces rodean su territorio con paredes de denso tejido fúngico para protegerse de los vecinos. Estas paredes se perciben en forma de líneas oscuras en la madera.

### Hongos luchadores
Los hongos pelean por el territorio, independientemente de que crezcan en un tronco en descomposición, en el suelo o en cualquier otra fuente de alimento. Lo hacen liberando sustancias químicas que matan o frenan a sus oponentes. También pueden cambiar la acidez del entorno para que les favorezca. Los diferentes hongos tienen diferentes opciones de batalla. Algunos atacan muy bien, mientras que otros son buenos defensores. Algunos son buenos en ambos aspectos, y algunos, muy pocos, son malos en todo.

Utilizamos el **armamento químico** que produce el hongo *Penicillium* como fármaco para matar bacterias.

**183**

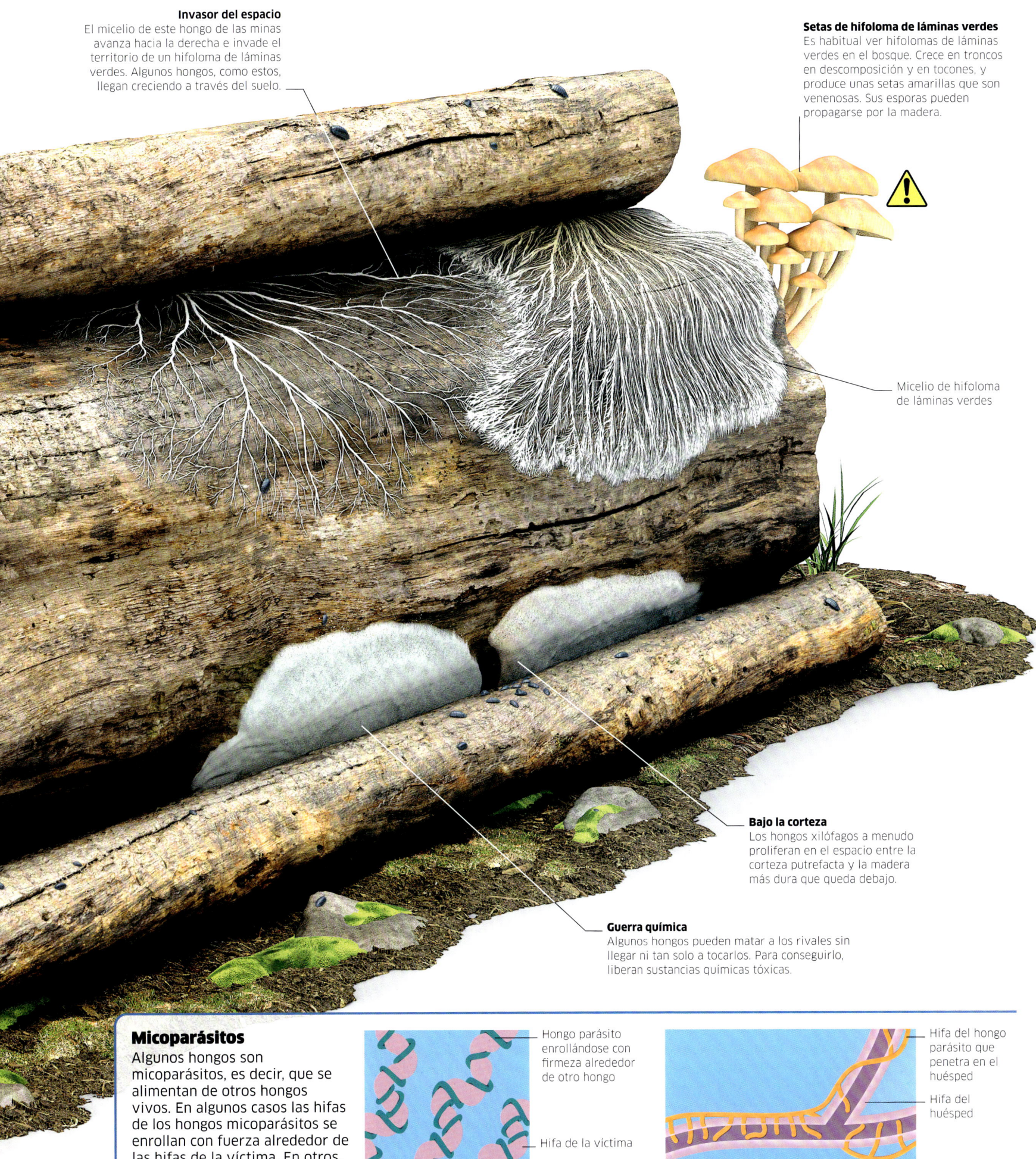

**Invasor del espacio**
El micelio de este hongo de las minas avanza hacia la derecha e invade el territorio de un hifoloma de láminas verdes. Algunos hongos, como estos, llegan creciendo a través del suelo.

**Setas de hifoloma de láminas verdes**
Es habitual ver hifolomas de láminas verdes en el bosque. Crece en troncos en descomposición y en tocones, y produce unas setas amarillas que son venenosas. Sus esporas pueden propagarse por la madera.

Micelio de hifoloma de láminas verdes

**Bajo la corteza**
Los hongos xilófagos a menudo proliferan en el espacio entre la corteza putrefacta y la madera más dura que queda debajo.

**Guerra química**
Algunos hongos pueden matar a los rivales sin llegar ni tan solo a tocarlos. Para conseguirlo, liberan sustancias químicas tóxicas.

## Micoparásitos

Algunos hongos son micoparásitos, es decir, que se alimentan de otros hongos vivos. En algunos casos las hifas de los hongos micoparásitos se enrollan con fuerza alrededor de las hifas de la víctima. En otros, en cambio, el parásito crece en el interior de su presa.

Hongo parásito enrollándose con firmeza alrededor de otro hongo

Hifa de la víctima

Hifa del hongo parásito que penetra en el huésped

Hifa del huésped

# Asesinos de plantas

**Los hongos viven en todas las partes de las plantas, y a menudo las ayudan. No obstante, algunos hongos son parásitos de las plantas o incluso llegan a matarlas.**

Las plantas tienen muchas defensas para protegerse de los hongos letales. Las sólidas barreras, como la corteza, las capas de cera sobre las hojas y unas gruesas paredes celulares, complican la entrada de los hongos. Si un hongo las supera, las plantas pasan a utilizar sustancias químicas para defenderse. No obstante, no siempre funcionan, y puede que aparezcan síntomas de alguna enfermedad. Es posible que surjan hinchazones en forma de verruga, puntos negros, puntos rojos, moho, brotes que se marchitan o tallos blandos que se mustian y mueren. Los jardineros y campesinos conocen bien estas enfermedades que pueden acabar con campos enteros.

### Enemigos de los jardineros

Las plantas pueden contraer muchas enfermedades fúngicas diferentes, pero normalmente no todas al mismo tiempo. Algunos hongos solo infectan pequeñas áreas, mientras que otros estropean la planta entera. Algunos matan con rapidez y se dan un festín con la planta muerta. Otros mantienen viva la víctima durante mucho tiempo y actúan como un parásito, robando alimento y debilitando la planta.

**Podredumbre gris**
*Botrytis fabae* y *Botrytis cinerea* causan esta enfermedad en las habas. En primavera aparecen unas manchas marrones que se extienden hasta cubrir toda la hoja. Las vainas se echan a perder y las habas del interior se vuelven negras.

**Mildiu**
Este hongo blanco crece en la superficie de las hojas. Con sus hifas penetra en las células de las hojas para alimentarse, pero no mata a la planta. No obstante, puede tapar mucha luz del sol, lo que debilita la planta.

**Marchitamiento**
Esta enfermedad hace que los tallos y las raíces de las plántulas queden blandos y se pudran; el ejemplar acaba muriendo. La causa pueden ser hongos como *Rhizoctonia*, que sobreviven en el suelo como esporas.

Todas las habas son negras.

**Fusariosis**
El hongo *Fusarium* penetra por las raíces, crece hacia arriba y no deja que la planta reciba el agua que necesita. Es posible que muera la planta entera. Si ocurre, el hongo se alimenta del tejido muerto.

**Antracnosis**
El hongo *Colletotrichum* causa unas oscuras manchas hundidas en las fresas; también puede dañar hojas y tallo. El hongo puede sobrevivir durante meses en el suelo y colonizar nuevas plantas cuando algún chaparrón las salpica con tierra.

**Moho gris**
El hongo *Botrytis cinerea* penetra en la planta por una herida. Su esponjoso micelio gris hace que las frutas blandas, como las fresas, se pudran, lo que puede provocar pérdidas muy importantes.

El hongo *Colletotrichum* puede sobrevivir **dos años** en las semillas de las habas.

**50** **por ciento: fresnos** de Europa que ha matado el hongo *Hymenoscyphus fraxineus.*

**185**

### Roya

El hongo *Uromyces viciae-fabae* causa la roya de las habas, que produce unas pequeñas motas marrones en las hojas de las habas en verano. No mata las hojas, pero el hongo es un parásito y quita mucho alimento a la planta.

### Carbón de la espiga

El hongo *Ustilago maydis* es el culpable del carbón de la espiga. También se conoce como «huitlacoche»; estropea las mazorcas y arruina los cultivos. No obstante, en México este tejido deformado por el ataque del hongo se cocina y se come. Dicen que es una delicia absoluta.

### Podredumbre de la mazorca

El hongo *Gibberella zeae* infecta las sedosas hebras de la parte superior de la mazorca del maíz y baja hasta cubrir toda la mazorca de un micelio rojo rosado. Puede arruinar todo el cultivo y produce unas toxinas que son nocivas si se comen.

### Salvemos los plátanos

Casi todos los plátanos que comemos son de una variedad sin semillas conocida como Cavendish. Los plátanos Cavendish se cruzaron para resistir el hongo *Fusarium*, que casi acabó con su cultivo en la década de 1950. Durante un tiempo funcionó, hasta que evolucionó una nueva variedad de *Fusarium* que ataca los plátanos Cavendish. Y lo peor de todo es que es muy letal, porque todos los plátanos Cavendish son plantas genéticamente idénticas, obtenidas de esquejes.

**PLÁTANO AFECTADO POR *FUSARIUM***

### Motas verdes

Cuando las hojas cobran los colores del otoño, a veces quedan manchas de color verde vivo, que es donde un hongo parásito mantiene con vida las células vegetales para poder continuar obteniendo su alimento.

# Asesinos de animales

**Algunos hongos atacan a animales, llegando a provocar su muerte. A veces han puesto en riesgo toda una especie.**

Muchos hongos son muy nutritivos, y los animales se los comen. No obstante, también los hay que se alimentan de animales. Algunos hongos consumen partes muertas de animales, como por ejemplo la piel, el pelo y las uñas. Otros atacan tejido vivo, se alimentan de él y provocan enfermedades fúngicas. Y algunos hongos van un paso más allá: atrapan animales microscópicos que después matan para comérselos.

## DESTRUIR HUEVOS

Las tortugas marinas ponen sus huevos en hoyos en playas de arena y vuelven al mar. El sol calienta la arena y mantiene los huevos a la temperatura óptima hasta que las tortuguitas están a punto de salir del cascarón. No obstante, en la arena se encuentra el hongo *Fusarium*, que puede infectar y matar los huevos. Las tortugas marinas ya son una especie delicada, por lo que este hongo es una enorme amenaza para su supervivencia.

TORTUGA VERDE PONIENDO HUEVOS

ESPORA DE *FUSARIUM*

## ENFERMEDAD DE LA NARIZ BLANCA

Muchos murciélagos pasan el invierno hibernando en cuevas, donde hace frío pero casi nunca hiela, unas condiciones también ideales para el hongo *Pseudogymnoascus destructans*. Este hongo causa la enfermedad de la nariz blanca, que avanza por la piel del murciélago y hace que el hocico se vuelva blanco. Los murciélagos afectados se despiertan con más frecuencia, lo que hace que consuman las reservas de grasa y mueran de hambre antes de que llegue la primavera.

**Pequeños murciélagos café**
Los murciélagos *Myotis* infectados presentan la nariz blanca cuando el hongo se expande por el hocico. A veces, las orejas y las alas también se vuelven blancas.

## ASESINOS DE CORAL

El calentamiento global está perjudicando los arrecifes de coral, hogar de una cuarta parte de todas las especies marinas. El problema ha empeorado por el hongo *Aspergillus sydowii*. Esta especie se lleva encontrando en el agua del mar Caribe desde la década de 1990. Infecta los corales conocidos como abanicos de mar. Los corales infectados presentan manchas de colores y acaban muriendo.

CORAL AFECTADO POR EL HONGO *ASPERGILLUS*

## HONGOS CARNÍVOROS

Los hongos que viven en suelos pobres en nutrientes a veces obtienen alimento adicional atrapando unos gusanos microscópicos conocidos como nematodos. Más de 300 especies de hongos capturan nematodos o se alimentan de sus huevos. Utilizan todo tipo de trucos y trampas para inmovilizar sus minúsculas víctimas serpenteantes.

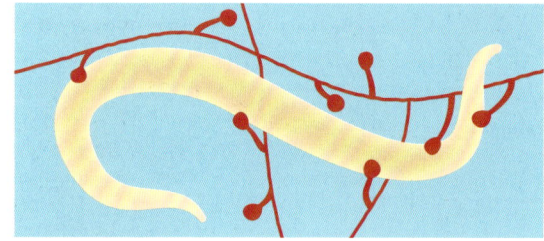

**Piruletas letales**
Las trampas más sencillas son unos puntos pegajosos que crecen en las hifas. Cuando un nematodo toca una de estas piruletas letales, queda enganchado. La hifa crece a partir de la bola hacia el interior del nematodo y se lo come desde dentro.

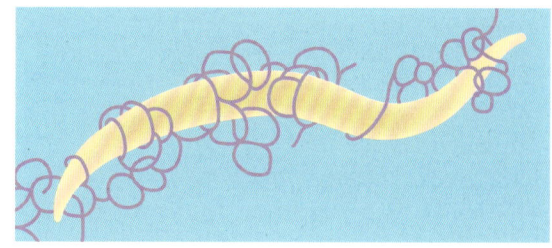

**Atrapado en la red**
Algunos hongos, como el *Arthrobotrys oligospora*, atrapan los nematodos en una maraña de lazos pegajosos y a continuación el hongo crece en los gusanos atrapados.

Hasta **90 especies de anfibios** se han extinguido por culpa de los hongos.

Las esporas de quitridio miden **menos de cinco milésimas de milímetro** de ancho.

**187**

# DESAPARICIÓN DE RANAS

Desde la década de 1980, cada vez hay menos ranas y otros anfibios por todo el mundo. Existen diversas causas, como la pérdida de hábitat, la contaminación y las especies invasoras. Sin embargo, el principal motivo es una enfermedad causada por quitridios, que son unos hongos que viven en el agua. El comercio de mascotas exóticas de un país a otro ha propagado los quitridios. Algunas especies de anfibios se han extinguido por su culpa.

**RANA MUERTA POR QUITRIDIOS**

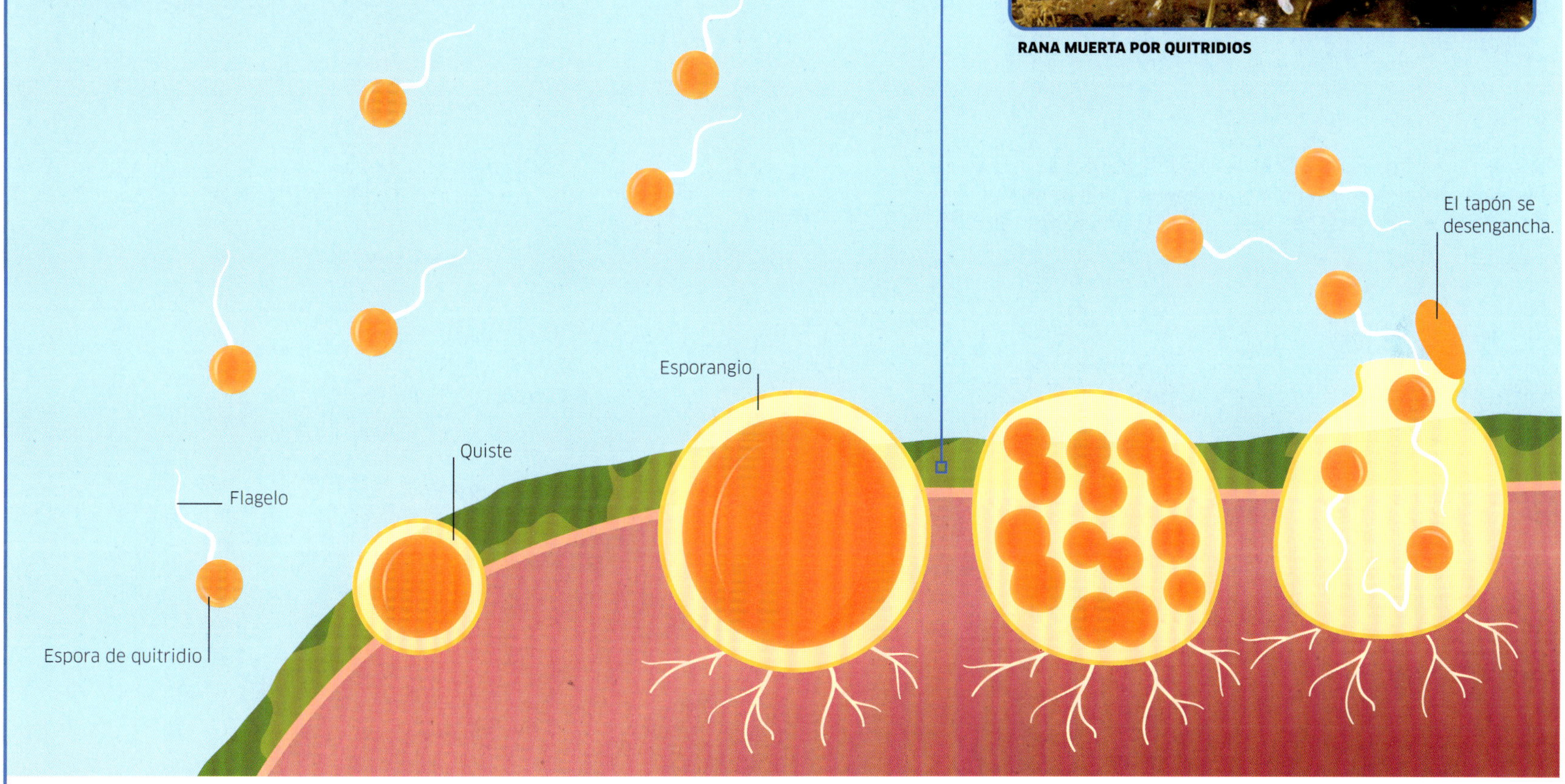

El tapón se desengancha.

Esporangio

Quiste

Flagelo

Espora de quitridio

**1 Espora nadadora**
Las esporas de quitridio son microscópicas, es decir, demasiado pequeñas para verse a simple vista. Nadan por el agua buscando una rana moviendo el flagelo, una especie de cola.

**2 Perforación**
Cuando la espora halla la rana adecuada, se pega a ella y le perfora la piel. La espora absorbe el flagelo y forma una estructura redondeada conocida como quiste.

**3 Crecimiento**
Las hifas en forma de raíces crecen por el interior de las células de la piel de la rana para que el quitridio pueda alimentarse y crecer hasta ser una estructura más grande, el esporangio.

**4 Formación de nuevas esporas**
A medida que el esporangio va madurando, sus células se dividen para producir nuevas esporas.

**5 Esporas liberadas**
Finalmente se desengancha el tapón de la parte superior del esporangio para que salgan las esporas e infecten más ranas.

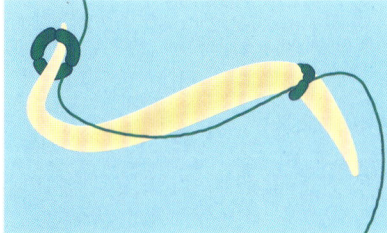

**Nudo corredizo**
El hongo *Arthrobotrys dactyloides* atrapa a sus presas con un nudo compuesto por tres células en forma de anillo. Cuando un nematodo pasa por dentro y toca la trampa, las tres células se hinchan de agua y el nudo se cierra.

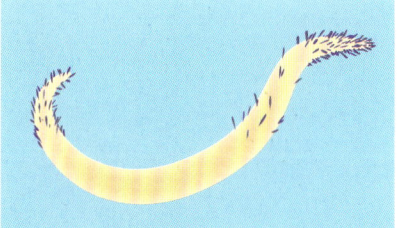

**Esporas pegajosas**
En lugar de elaborar trampas para gusanos, los hongos como *Drechmeria coniospora* producen esporas que se pegan a los nematodos y entonces crecen en su interior.

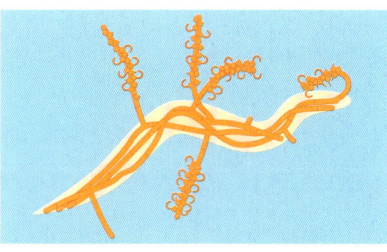

**Con gancho**
Las esporas del hongo *Harposporium anguillulae* tienen ganchos que se clavan en la garganta de los nematodos cuando se las tragan. Cuando las hifas han devorado el interior del gusano, salen de su cuerpo y liberan nuevas esporas.

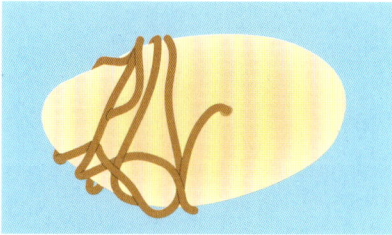

**Parásitos de huevos**
El hongo *Amylostereum areolatum* crece en el exterior de los huevos de nematodo y a continuación penetra en su interior para alimentarse del cuerpo del nematodo en desarrollo.

**Hifas fijadoras**
Salen hifas fúngicas por las articulaciones y orificios del exoesqueleto de la hormiga. Las hifas cubren el cuerpo y fijan con firmeza la hormiga a la hoja.

**Digestión**
El hongo se alimenta en el interior de la hormiga digiriendo sus blandos tejidos internos.

## Ciclo de vida de un hongo zombi

Para el hongo *Ophiocordyceps unilateralis*, una hormiga infectada es una fuente de alimento y también un vehículo para esparcir esporas desde el mejor sitio posible.

**1 INFECCIÓN**
Una espora infecta la hormiga mientras esta busca alimento por el suelo de la selva. Vuelve al hormiguero en las alturas de algún árbol, pero el hongo empieza a crecer en el cuerpo de la hormiga.

**2 REUBICACIÓN**
Al cabo de unos días, las sustancias que produce el hongo alteran la mente de la hormiga y la confunden. Se tambalea, se sube a una pequeña planta y se detiene a unos 25 cm del suelo, donde las condiciones son ideales para el hongo.

**4 ESPORAS AL AIRE**
El hongo crece y sale de la hormiga. Un cuerpo fructífero con un largo tallo brota del cuerpo de la hormiga y libera esporas que infectarán a más hormigas.

**3 PÉRDIDA DEL CONTROL**
Con el hongo al mando del cerebro, la hormiga muerde una hoja y deja las mandíbulas cerradas. Entonces muere.

# Zombis y momias

**Hablar de hongos letales que convierten a sus huéspedes en zombis sin voluntad puede parecer una película de terror, pero eso es lo que hacen muchas especies. Sus víctimas son pequeños animales como insectos.**

Más de mil tipos de hongos diferentes son asesinos de insectos. El hongo empieza en forma de espora y crece a través de algún resquicio del exoesqueleto del insecto antes de propagarse por su cuerpo, ya sea en forma de células individuales (levaduras) o como hifas. A continuación, el hongo se come al insecto a lo vivo hasta que acaba matándolo y liberando más esporas que infectarán más insectos. Para asegurarse de que las esporas den con los huéspedes adecuados, algunos hongos toman el control del cerebro y el cuerpo de la víctima para hacer que se desplace hasta el lugar idóneo para esparcir las esporas.

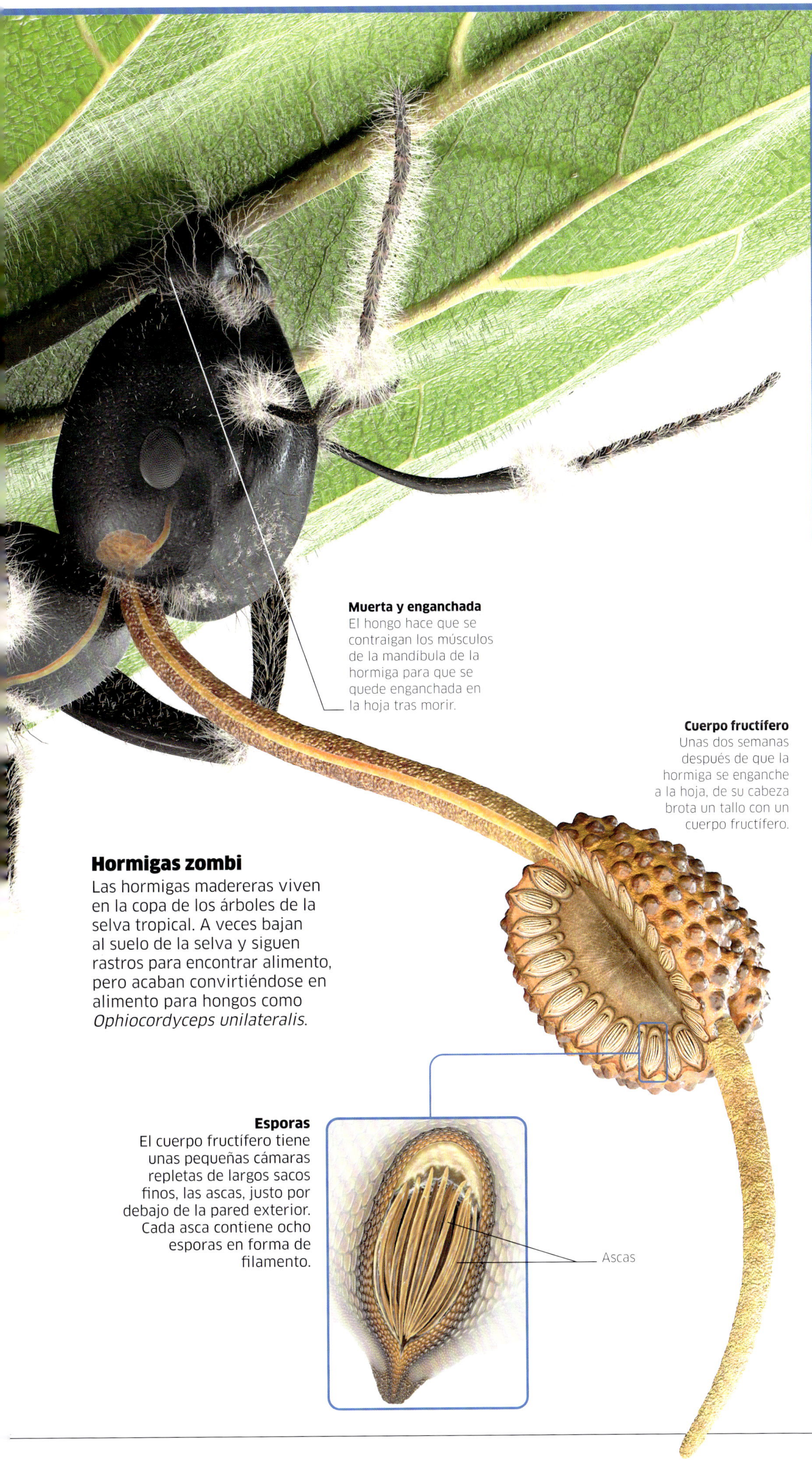

Se han utilizado hongos asesinos de insectos para **acabar con plagas de cultivos** y reducir así el uso de pesticidas químicos.

Cuando las **cigarras infectadas por hongos asesinos** intentan aparearse, contagian a sus parejas con esporas fúngicas.

**189**

## Lanzacohetes

Los hongos Strongwellsea se comen a las moscas Helina a lo vivo y desde el interior. A continuación el hongo crea unos orificios en el abdomen de la mosca y se dedica a disparar esporas como si fueran cohetes. El lanzamiento de esporas dura varios días antes de que la mosca acabe muriendo.

**Muerta y enganchada**
El hongo hace que se contraigan los músculos de la mandíbula de la hormiga para que se quede enganchada en la hoja tras morir.

**Cuerpo fructífero**
Unas dos semanas después de que la hormiga se enganche a la hoja, de su cabeza brota un tallo con un cuerpo fructífero.

## Asesinos de cigarras

Las cigarras periódicas pasan casi toda su vida bajo tierra, robando savia de las raíces de las plantas. Cada 13 o 17 años emergen todos los adultos para aparearse, pero el hongo *Massospora cicadina* las está esperando. Crece en el interior de la parte trasera, que se pudre y se cae.

## Hormigas zombi

Las hormigas madereras viven en la copa de los árboles de la selva tropical. A veces bajan al suelo de la selva y siguen rastros para encontrar alimento, pero acaban convirtiéndose en alimento para hongos como *Ophiocordyceps unilateralis*.

**Esporas**
El cuerpo fructífero tiene unas pequeñas cámaras repletas de largos sacos finos, las ascas, justo por debajo de la pared exterior. Cada asca contiene ocho esporas en forma de filamento.

Ascas

## Polillas momificadas

Algunos hongos, como *Cordyceps*, momifican a sus víctimas, haciendo crecer una especie de mortaja de material fúngico a su alrededor. El hongo se alimenta del cadáver hasta que está a punto para producir esporas. Entonces hace que las polillas infectadas se desplacen hasta un lugar elevado antes de morir para que las esporas lleguen a un área mayor.

# Comido vivo

**Este cadáver de gorgojo de la Amazonia ha sido víctima de _Ophiocordyceps_. El hongo toma el control de los insectos que infecta, los mata y crea cuerpos fructíferos que salen del cadáver para infectar más presas.**

_Ophiocordyceps_ es una de las muchas especies de hongos que proliferan en la selva tropical de la Amazonia, junto con 60 000 especies de insectos, 40 000 especies de plantas y más de 1000 especies de aves. El cálido y húmedo clima y la descomunal diversidad de fuentes de alimento son ideales para los hongos. La mayoría de las especies que habitan en la selva tropical todavía están por descubrir.

### CORNEZUELO
*Claviceps purpurea*
**Localización:** en cultivos de cereales como el trigo
**Cuándo:** de primavera a principio de otoño

El cornezuelo crece en las espigas de las gramíneas y puede contaminar los cultivos de cereales. En la Europa medieval era un problema enorme, ya que la harina afectada por el cornezuelo a veces intoxicaba pueblos enteros. Sus toxinas hacían temblar y retorcerse de dolor, y provocaban alucinaciones.

### SETA ESPÁTULA BLANCA
*Pleurocybella porrigens*
**Localización:** madera muy putrefacta en el suelo del bosque
**Cuándo:** verano y otoño

Este hongo descomponedor de la madera crece en tocones de coníferas y produce cuerpos fructíferos con sombreros ondeados parecidos a los de las gírgolas. Puede provocar daños cerebrales e incluso la muerte en algunas personas.

### SETA ENROLLADA
*Paxillus involutus*
**Localización:** bajo abedules y otros árboles de hoja ancha
**Cuándo:** verano y otoño

Este hongo muy habitual se alía a las raíces de los árboles. Es extremadamente venenoso para los humanos y otros animales, y puede ser mortal. No tiene antídoto conocido.

# ⚠ Hongos venenosos

**Buscar setas puede parecer algo divertido, pero a veces es complicado distinguir las setas venenosas de las comestibles. Las setas del bosque no deberían comerse.**

Muchos hongos producen unas sustancias venenosas conocidas como toxinas. Algunas de estas toxinas nos provocan malestar, mientras que otras pueden ser mortales, incluso en pequeñas cantidades. Es habitual que tras comer setas tóxicas se vomite, ya que es el mecanismo que tiene el cuerpo para deshacerse de la sustancia peligrosa. No obstante, si las toxinas llegan a la circulación, pueden provocar graves daños en los órganos internos, como el hígado y los riñones. Algunas toxinas fúngicas no tienen antídotos conocidos.

### CHAMPIÑÓN AMARILLEANTE
*Agaricus xanthodermus*
**Localización:** pradera
**Cuándo:** de finales de primavera a invierno

Los champiñones amarilleantes son peligrosos porque se parecen a los champiñones de prado. Su consumo provoca retortijones estomacales, vómitos y diarrea, pero no suele ir más allá.

Los cuerpos fructíferos de la seta espátula blanca parecen gírgolas comestibles.

Aparece un color amarillo chillón cuando se corta o presiona la seta.

En Estados Unidos se notifican unos **7500 casos de intoxicación por setas** al año.

**193**

## GALERINA REBORDEADA
*Galerina marginata*
**Localización:** bosque
**Cuándo:** verano y otoño

Este pequeño y letal hongo es muy habitual; normalmente se encuentra en madera en descomposición y astillas. Contiene una toxina, la alfa-amanitina, que causa vómitos, dolor de cabeza, dificultades respiratorias y daños en el hígado. Los casos graves pueden ser mortales.

## ORONJA VERDE
*Amanita phalloides*
**Localización:** bosque caducifolio
**Cuándo:** verano y otoño

Las oronjas verdes son las setas más mortales del mundo. Cuando son jóvenes parecen hongos polvera comestibles, pero tan solo la mitad de una oronja verde basta para matarte, gracias a los altos niveles de alfa-amanitina, la misma toxina que contienen las setas de galerina rebordeada.

El sombrero puede ser blanco, amarillento o verde tirando a marrón.

## ASPERGILLUS
*Aspergillus*
**Localización:** en forma de moho sobre alimentos
**Cuándo:** todo el año

Si los alimentos como el maíz, las judías, los cacahuetes, el arroz, las pipas de girasol o el trigo no se almacenan bien secos, puede que presenten hongos. Los hongos de *Aspergillus* crean aflatoxinas, unas sustancias que estancan el crecimiento en niños, daños que pueden ser letales en el hígado y provocar cáncer. La mayoría de los países tienen leyes estrictas para evitar la aparición de aflatoxinas en alimentos.

Moho sobre el maíz

## MOHO NEGRO
Especies *Cladosprium*, *Alternaria* y *Stachybotrys*
**Localización:** lugares húmedos de interior
**Cuándo:** todo el año

Los hogares que no cuentan con la calefacción y ventilación adecuadas presentan humedad; esta puede provocar que aparezca moho negro en las paredes y el techo. Cuando se respiran las esporas que libera el moho negro, pueden aparecer reacciones alérgicas como el asma, u otros efectos perjudiciales.

## AMANITA PANTERA
*Amanita pantherina*
**Localización:** bosque
**Cuándo:** verano y otoño

El hongo amanita pantera se alía con las raíces de plantas, especialmente con las de hayas y robles. Produce diversas toxinas diferentes y provoca todo tipo de efectos físicos y mentales si se come, que pueden incluir vómitos, diarrea, sudoración excesiva, alucinaciones, convulsiones y, a veces, incluso la muerte.

**Sombrero en cúpula**
El sombrero marrón con verrugas de color blanco crema presenta forma de cúpula, pero se aplana a medida que madura.

## CICUTA FÉTIDA
*Amanita virosa*
**Localización:** bosque caducifolio
**Cuándo:** verano y otoño

Esta seta letal es familiar de la oronja verde. Se puede confundir con una seta polvera cuando es joven, y con un champiñón de prado comestible cuando crece, aunque crece en bosques y no en prados. Es muy tóxica y provoca daños en hígado y riñones.

## Setas gigantes

Los hongos *Termitomyces* que viven en los termiteros producen las setas comestibles más grandes del mundo. Crecen al lado de los termiteros durante la estación lluviosa y a veces se venden como exquisiteces. No obstante, también existen setas venenosas que se parecen a *Termitomyces*, así que recuerda: no recojas ni comas setas silvestres.

## Hormigas cortadoras de hojas

Estas hormigas recolectoras cortan hojas a trocitos y se los llevan al hormiguero, donde las más pequeñas los recortan y aplastan para hacer bolitas y añadir hifas de hongos. Los hongos digieren las hojas y producen unas hifas especiales de las que se alimentan las hormigas.

## Escarabajos de la ambrosía

Las larvas de estos escarabajos viven en árboles muertos o moribundos. No digieren la madera, pero sí los hongos que recubren los túneles. Cuando las larvas se convierten en adultos, se van volando a nuevos árboles, llevándose a los hongos en bolsillos especiales.

**Chimenea**
El aire caliente y viciado de la colonia de termitas sube a través de la gran chimenea central para abandonar el termitero.

## Un termitero por dentro

Altas torres de barro construidas por termitas salpican las praderas del África tropical. Estos rascacielos de insectos cuentan con un aire acondicionado que les permite crear el clima perfecto para los hongos de su interior.

**Túnel de ventilación**
Por la chimenea entra aire fresco del exterior.

**Criadero**
En el criadero se cuidan las larvas.

**Cámaras adicionales**
Estas cámaras se pueden utilizar como almacén o para cuidar a las crías, según las necesidades.

**Reina**
La termita reina pone todos los huevos de la colonia en el interior de la cámara real.

El sombrero de las setas de *Termitomyces titanicus* puede llegar a **1 m de ancho**.

Con hasta 8 m de altura máxima, los termiteros son las **estructuras más altas construidas por los animales**, exceptuando los seres humanos.

**195**

**Control del clima**
Las termitas supervisan constantemente las chimeneas y los respiraderos para controlar el clima en el interior de la colonia. La temperatura diurna puede dispararse hasta los 40 °C en el África tropical, pero la temperatura en el interior del huerto de hongos se mantiene estable a 29-31 °C. El aire mantiene su humedad y el dióxido de carbono residual se evacúa.

**Paredes de barro**
Las termitas levantan el termitero bocado a bocado, usando barro, saliva y excrementos.

Un pangolín excava el termitero para ver si encuentra su alimento favorito: termitas.

# ¿Cultivar o servir?

**Termitas, hormigas y escarabajos son algunos de los muchos insectos que se han aliado con hongos para convertir materia vegetal no comestible en nutritivos alimentos.**

Los animales no pueden descomponer la celulosa de las células vegetales, a diferencia de los hongos. Por eso, las termitas y otros insectos forman alianzas con hongos para convertir material vegetal indigerible en alimento. Las termitas recogen todo tipo de residuos vegetales, se lo comen y dejan los excrementos en un «huerto de hongos», que acaban de digerir esa caca y la convierten en bolitas comestibles que alimentan a las termitas. Sería la primera forma de agricultura, con las termitas como campesinas. O bien los hongos habrían convertido a las termitas en sus sirvientes. Sea como sea, ambas partes salen beneficiadas.

**1 Recolectoras**
Las termitas obreras abandonan el termitero a través de túneles. Buscan fragmentos de madera y otros fragmentos vegetales, y los llevan de vuelta a su hogar subterráneo.

**2 Huerto de hongos**
Unas obreras más pequeñas se comen los trozos de planta que han traído las recolectoras, pero no los digieren por completo. Añaden sus excrementos al huerto de hongos. Un hongo conocido como *Termitomyces* digiere la caca.

**4 Bolitas de alimento**
El hongo produce unas bolitas blancas de alimento que comen las termitas.

**3 Desmalezado**
Las obreras cuidan el huerto de hongos y eliminan cualquier hongo externo que no tenga que crecer ahí dentro.

**196** el reino de los hongos ○ **CREAR HÁBITATS**

El roble ofrece hábitats a **más de 400 especies** de insectos y ácaros.

# Crear hábitats

**Cuando los hongos descomponen la materia muerta, cambian su composición y crean hábitats para otros organismos.**

Los árboles como el roble dan cobijo y alimento a todo tipo de animales, desde orugas hasta ardillas y pájaros. Las bifurcaciones de las ramas y los recovecos y las grietas de la corteza crean diminutos hogares para insectos y otros animales pequeños. Los hongos incluso llegan a crear más. Digieren la madera muerta, la ablandan y hacen que sea más fácil perforarla y entrar. Crean minúsculas rendijas por las que pueden penetrar los insectos, y grandes huecos en los que las aves crean sus nidos. Y muchos hongos descomponedores de la madera son un buen alimento para varios animales, desde insectos hasta ciervos.

## Belleza sin par

Algunos hongos solo se encuentran en la madera de bosques antiguos. *Hericium coralloides*, por ejemplo, solo crece en árboles muertos de hoja ancha. Sus bonitos cuerpos fructíferos se han ganado varios nombres populares, como diente de coral.

## Fealdad sin igual

El raro políporo del roble solo se encuentra en robles de varios siglos de edad. En todo el mundo solo hay 500 sitios con este hongo. El baluarte mundial de este hongo es un antiguo bosque de caza real en Windsor, Reino Unido.

**Vida de charca**
El escarabajo acuático, la rana y los sírfidos crían en los charquitos de la madera podrida.

**Escarabajo cardenal**
El escarabajo cardenal, la mosca xilófaga y la falsa mariquita comen hongos que crecen en la corteza.

**Políporos**
Los políporos son lugares de cría para los escarabajos.

**Mosquitos de los hongos**
Las setas y otros cuerpos fructíferos son el alimento de las babosas y de los mosquitos de los hongos.

Los árboles con el **centro podrido y hueco** desarrollan unas raíces que se alimentan de su propio interior en descomposición.

**El escarabajo del reloj de la muerte** debe su nombre al sonido que hace en la madera de las casas viejas en plena noche.

**197**

**Nidos de ardilla**
Las bifurcaciones son ideales para los nidos de aves y ardillas.

**Lechuza**
Las cavidades elevadas son idóneas para los nidos de lechuzas, moscas de estilete, escarabajos cardenales y tenebriónidos.

**Ciervos volantes**
La esponjosa madera producida por los hongos de las minas atrae a los ciervos volantes menores, los escarabajos rinocerontes y algunos tipuloideos.

**Pájaros carpinteros**
Los pájaros carpinteros buscan madera blanda y putrefacta, que sea fácil de perforar. Propagan esporas fúngicas cuando se desplazan de un árbol a otro.

Melena de león

**Escarabajos xilófagos**
Una rama rota colgando es un buen lugar para que los escarabajos xilófagos pongan sus huevos.

**Nidos de avispones**
Los huecos secos que quedan tras la descomposición son ideales para nidos de aves, de murciélagos y de avispones.

**Corteza estropeada**
La corteza estropeada por los ciervos deja penetrar los hongos de las minas, ciervos volantes, tipuloideos y sirfidos.

**Huecos**
Los huecos de la base, cuya madera se ha podrido, son madrigueras a punto para entrar a vivir para mamíferos como comadrejas y martas.

Los hongos descomponedores degradan las partes de las plantas muertas y las devuelven al suelo.

Bebés de comadreja en su madriguera

# Cómo nos ayudan

**En nuestro día a día, vemos que los hongos hacen que se nos estropee la comida, o que se pudra la madera de nuestro hogar o del seto del jardín. Pero también pueden ser extremadamente útiles.**

Nos sería imposible vivir sin hongos. Además de desempeñar una función crucial como recicladores en los ecosistemas naturales, los hongos nos ayudan para fabricar de todo, desde alimento y combustible hasta medicinas, materiales de construcción, envases e incluso telas.

## ○ MEDICINA VITAL

En la naturaleza, los hongos compiten entre ellos y con microorganismos como las bacterias. Algunos hongos matan bacterias creando unas sustancias químicas denominadas antibióticos. Cuando se descubrió que estas sustancias destruyen gérmenes, se utilizaron para crear nuevas medicinas.

### Antibióticos
Mientras estudiaba una bacteria conocida como *Staphylococcus*, el microbiólogo escocés Alexander Fleming observó que esta moría si en la placa crecía un tipo de moho (*Penicillium rubens*). Esto sucedía porque el moho había producido una sustancia que mataba las bacterias: un antibiótico. Actualmente usamos antibióticos como fármacos para curar enfermedades bacterianas y para que las intervenciones quirúrgicas sean más seguras.

### Fleming en el laboratorio
Alexander Fleming descubrió la penicilina por accidente en 1928. Se la ha denominado como un fármaco milagroso porque ha salvado muchísimas vidas. Aún continúa siendo el antibiótico más utilizado del mundo.

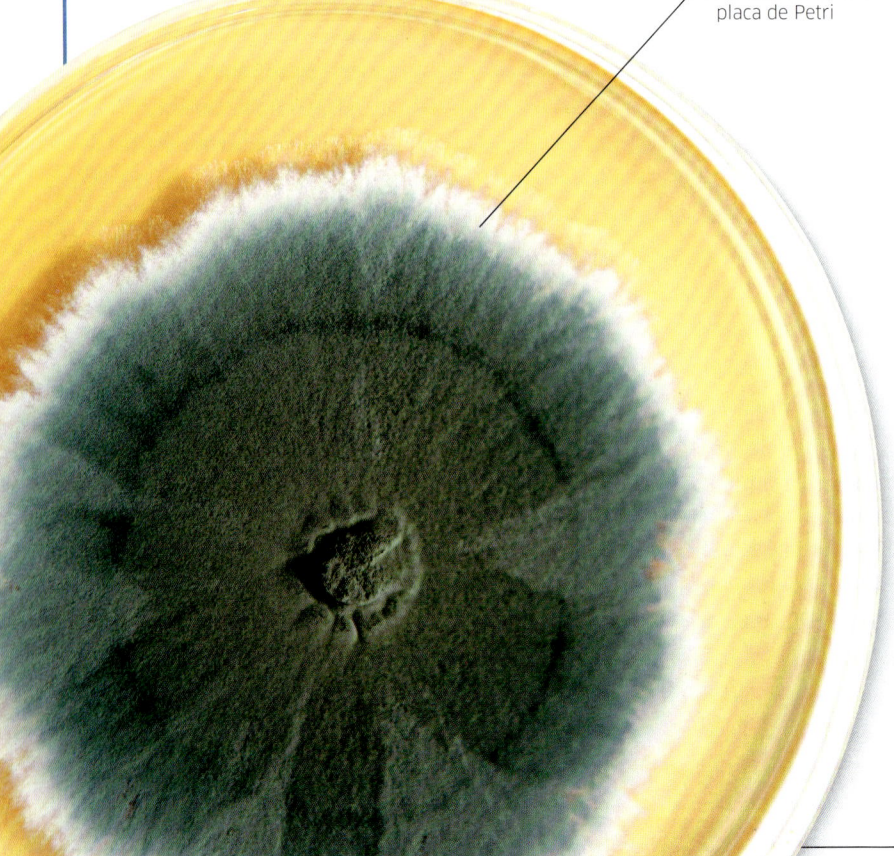

*Penicillium* en una placa de Petri

## ○ COMIDA Y BEBIDA

Incluso aunque no te gusten las setas comestibles, es probable que cada día comas o bebas productos hechos con hongos.

### Setas comestibles
Los seres humanos llevamos cultivando o comiendo setas desde el año 600 d. C. Las setas cultivadas más populares son los shiitake del sudeste asiático y los champiñones, que se venden por toda Europa y Norteamérica

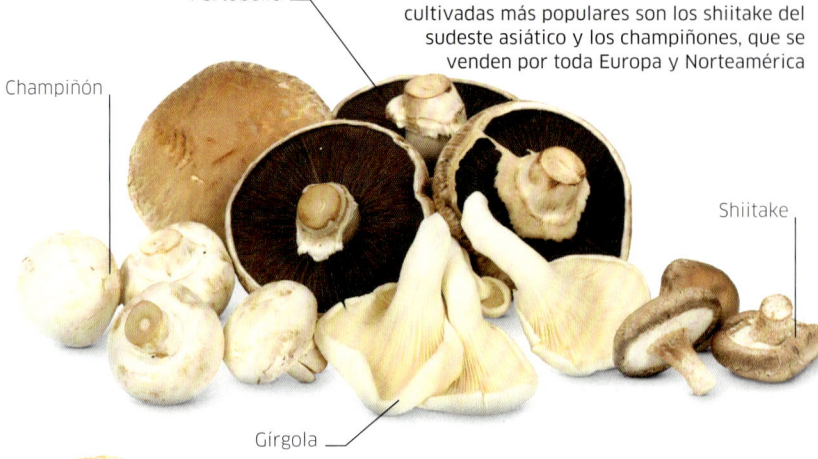

Portobello

Champiñón

Shiitake

Gírgola

### Pan
El pan sube al hornearse porque la masa contiene las diminutas burbujas de dióxido de carbono que ha creado la levadura, un hongo unicelular. Llevamos miles de años utilizando levadura para elaborar pan, cerveza y vino.

### Salsa de soja
Hace más de 2000 años que se inventó esta sabrosa salsa en China. Se elabora fermentando una mezcla de habas de soja, trigo y agua salada con el hongo *Aspergillus oryzae*.

### Sustitutos de la carne
El hongo *Fusarium venenatum*, autóctono del suelo de Inglaterra, se usa para elaborar sustitutos de la carne para hamburguesas, salchichas y otros alimentos. Se alimenta con azúcar cuando se cultiva en tanques. A continuación su micelio de alta proteína se procesa para darle la textura de la carne.

### Tempe
El alimento indonesio tempe se elabora añadiendo el hongo *Rhizopus oryzae* a habas de soja hervidas y dejando que la mezcla fermente. El hongo une las habas para formar una nutritiva torta salada.

### Queso azul
Cuenta la leyenda que un pastor francés se olvidó la comida en una cueva y que al volver la encontró toda mohosa, pero se la comió igualmente, y que así es como nació el queso roquefort. Hoy en día existen muchos quesos azules. La mayoría deben su distintivo color y sabor a los hongos *Penicillium*.

### Refrescos
Los refrescos obtienen su estimulante sabor gracias al ácido cítrico, que se fabrica en enormes cubas utilizando el hongo *Aspergillus niger*.

Los antibióticos han alargado unos **20 años** la esperanza de vida de los humanos.

Para buscar trufas suelen usarse **perros y cerdos**, que las detectan bajo tierra con su olfato.

**199**

## LADRILLOS DE MICELIO

Los materiales como el hormigón, el cemento y el plástico son perjudiciales para el medio ambiente. Hacen falta alternativas que respeten el entorno, y es posible que el micelio fúngico sea la solución. Para fabricar ladrillos de micelio, se aprovechan residuos de cultivos agrícolas, se ponen en moldes con forma de ladrillo y se añaden hongos para que se alimenten de estos residuos y crezcan hasta llenar el espacio. Esta misma técnica también sirve para producir paneles aislantes y envases; incluso se podría hacer crecer una casa entera a partir de una estructura hueca repleta de residuos vegetales.

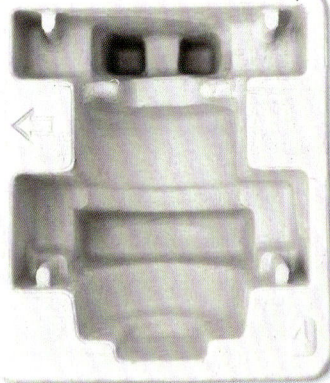

Los envases de micelio fúngico son biodegradables, al contrario que los de plástico.

**Envases de micelio**
Este envase seguro para el medio ambiente es una alternativa verde al poliestireno.

**El edificio Hy-Fi**
En 2014, se construyó este grupo de torres circulares de más de 12 m de altura en Nueva York, Estados Unidos, como instalación artística para promover la arquitectura sostenible. Las torres estaban compuestas por 10000 ladrillos de micelio fúngico alimentado con paja desechada. Al cabo de tres meses, se demolió el edificio entero y lo convirtieron en compost.

Ladrillos de micelio

## HONGOS PONIBLES

Hace mucho tiempo que utilizamos líquenes y cuerpos fructíferos de hongos para teñir telas o elaborar sustitutos para el cuero. Hoy, los diseñadores de moda están experimentando con hongos para hallar alternativas sostenibles a las telas sintéticas o a los materiales de origen animal.

**Cuero de hongos**
El hongo pata de caballo crece en los troncos de los árboles. Tradicionalmente se ha utilizado en Norteamérica y Europa oriental para elaborar un blando material esponjoso similar al fieltro o el cuero. Se conoce como amadou y se puede utilizar para elaborar sombreros, bolsas y otros productos.

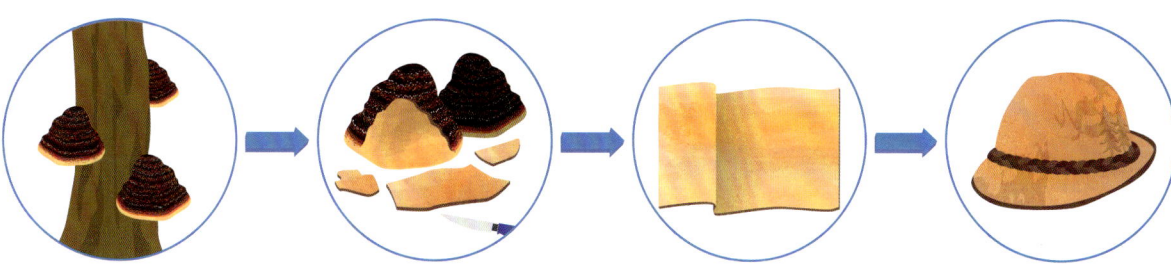

**1 RECOGIDA**
Se cortan los cuerpos fructíferos del pata de caballo del tronco de los árboles.

**2 RETIRADA DE LA CORTEZA**
Primero se retira la dura capa exterior del cuerpo fructífero.

**3 BATIDA**
El blando tejido interior del cuerpo fructífero se bate hasta obtener una lámina plana.

**4 ELABORACIÓN DE ACCESORIOS**
A continuación el material se hierve en agua salada y se estira en láminas, y ya está a punto para convertirlo en piezas de ropa o accesorios.

**Tintes fúngicos**
Los tintes de líquenes y cuerpos fructíferos de hongos se extraen hirviéndolos en agua durante horas, o remojándolos en agua de amoníaco durante mucho más tiempo. El hongo «seta herrumbrosa» produce tinte amarillo, verde oscuro, naranja y rojo teja, según el agente químico que se utilice para extraerlo. Otros hongos producen un solo color, a menudo como las hojas de los árboles en otoño.

# Glosario

## ADN (ÁCIDO DESOXIRRIBONUCLEICO)
Sustancia química que contiene toda la información necesaria para crear un ser vivo y mantenerlo con vida. Pasa a la siguiente generación con la reproducción.

## AISLAMIENTO
Reducción de la pérdida de calor con una capa de material que capture el aire, como los pelos.

## ALGA
Organismo acuático de aspecto vegetal que contiene el pigmento verde clorofila.

## AMADOU
Sustancia esponjosa de algunos hongos que se usa a modo de material similar al cuero, o también para encender el fuego.

## AMENTO
Grupo alargado de flores macho o hembra producido por algunos árboles y que normalmente poliniza el viento.

## ANGIOSPERMA
Planta que se reproduce produciendo flores, frutos y semillas.

## ANTERA
Parte de una flor que produce polen (células sexuales masculinas).

## ANTIBIÓTICO
Medicina que mata o reduce la proliferación de bacterias nocivas en humanos u otros animales.

## ANTOCIANINAS
Pigmentos vegetales responsables de los colores rojos, azules y púrpuras de hojas y flores.

## APICAL
En la punta de un tallo o una rama; suele hacer referencia a una yema o flor.

## AQUENIO
Fruto seco de una sola semilla. Las plantas de la familia de los ranúnculos los tienen.

## ASEXUAL
Producción de descendencia por parte de un único progenitor.

## AUXINA
Hormona vegetal que controla cómo crecen los brotes y las raíces, por ejemplo ante los estímulos de la luz o la gravedad.

## BASAL
En la parte inferior, o base, de una planta o parte de una planta.

## BIODEGRADABLE
Capaz de descomponerse de manera natural en el entorno.

## BIOLUMINISCENCIA
Producción de luz por parte de un ser vivo.

## BIOMA
Gran división del mundo de los seres vivos, como una selva tropical, un desierto o una pradera templada. Cada bioma tiene su clima, vegetación y fauna propia y distinta.

## BULBO
Tallo subterráneo corto con hojas carnosas o bases de hojas que sirven para almacenar alimento.

## CABEZUELA
Grupo de flores en un tallo que, juntas, parecen formar una única flor, como por ejemplo, un girasol.

## CADENA ALIMENTARIA
Serie de seres vivos por los que pasan los alimentos; por ejemplo, de una planta a un herbívoro y después a un carnívoro.

## CAPSAICINA
Agente químico de los chiles que provoca sensación de quemazón en la boca o la piel.

## CAROTENO
Sustancia de plantas y hongos que les aporta color amarillo, rojo o naranja. Las zanahorias y los rebozuelos contienen caroteno.

## CARPELO
Órgano reproductor femenino de una flor.

## CELULOSA
Hidrato de carbono duro y fibroso presente en todas las plantas. Es la principal sustancia que compone las paredes de las células vegetales.

## CIANOBACTERIAS
Bacterias que crean alimento a través de la fotosíntesis; también conocidas como algas verde azuladas.

## CICLO DE VIDA
Esquema de cambios que se produce en cada generación de una especie.

## CITOCININA
Hormona vegetal responsable del crecimiento celular en las raíces y los brotes de las plantas.

## CLOROFILA
Agente químico verde que aporta a las plantas su color típico. La clorofila captura la energía de la luz del sol que utilizan las plantas para crear su alimento.

## CLOROPLASTO
Estructura verde microscópica que contiene clorofila y se encuentra en las células vegetales. La fotosíntesis tiene lugar en los cloroplastos.

## COLONIA
Conjunto de seres vivos similares que viven juntos.

## CONÍFERA
Planta que se reproduce produciendo piñas. La mayoría de las coníferas son árboles o arbustos de hoja perenne.

## CORAL
Pequeño animal marino que atrapa la comida con tentáculos urticantes. Muchos corales viven en grandes colonias en los arrecifes de coral.

## COTILEDONES
Hojas de reserva de alimento en las semillas, también conocidas como hojas embrionarias. Los cotiledones son las primeras hojas que aparecen cuando germinan las semillas.

## CUERPO FRUCTÍFERO
Parte del hongo que produce las esporas. Las setas son cuerpos fructíferos.

## CULTIVADO
Producido en granjas, huertos o jardines.

## CÁMBIUM
Capa de tejido vegetal capaz de producir las nuevas células que aumentan el perímetro de tallos, troncos y raíces.

## CÁPSULA
Vaina de semillas que se abre cuando se seca. Las semillas se dispersan cuando el viento agita la vaina.

## CÉLULA
Unidad diminuta de materia viva. Las células son los elementos básicos de todos los seres vivos, salvo los virus.

## CÉLULA EN EMPALIZADA
Tipo de célula que se encuentra en la capa bajo la superficie superior de una hoja. Las células en empalizada son importantes para la fotosíntesis y tienen un gran número de cloroplastos.

## CÉLULA MADRE
Célula que se puede convertir en otro tipo de célula.

## CÉLULA SEXUAL
Célula especial dedicada a la reproducción sexual.

## DEFORESTACIÓN
Desaparición de bosques por talas o incendios.

## DESARROLLO
Formación de estructuras físicas más complejas al madurar un ser vivo.

## DESCOMPONEDOR
Ser vivo que obtiene su alimento descomponiendo los restos de otros. Muchos hongos son descomponedores.

## DICOTILEDÓNEA
Planta con flor que produce dos hojas embrionarias (cotiledones) cuando empieza a crecer.

## DIGESTIÓN
Proceso de descomposición de la comida en sustancias químicas que las células pueden absorber. En la mayoría de los animales, la digestión tiene lugar en un tubo que pasa por el interior del cuerpo.

## DURMIENTE
En estado inactivo. Muchas plantas quedan durmientes en invierno o en tiempos de sequía; continúan vivas pero se desactivan para conservar su energía.

## ECOSISTEMA
Comunidad de seres vivos y su entorno. Un ecosistema puede ser cualquier cosa, desde un charco hasta un gran bosque.

## ECUADOR
Línea imaginaria que da la vuelta a la Tierra por la mitad, a la misma distancia de cada polo. El ecuador tiene un clima caluroso porque el sol queda prácticamente vertical cada mediodía.

## EFECTO INVERNADERO
Captura de calor por parte de algunos gases, como el dióxido de carbono, en la atmósfera de la Tierra.

## ELEOSOMA
Estructura rica en grasas unida a una semilla que atrae a las hormigas, que después dispersarán la semilla.

## EMBRIÓN
Primera etapa de desarrollo de un animal o planta. El embrión de una planta con flor se forma en el interior de una semilla.

## ENDOSPERMO
Reserva de alimento de las semillas. El endospermo hace posible el primer crecimiento de las plántulas.

## ENTORNO
Lo que tiene un ser vivo a su alrededor. El entorno incluye materia inerte, como el aire y el agua, además de otros seres vivos.

## ENZIMA
Molécula, normalmente una proteína, que acelera una reacción química.

## EPIDERMIS
Capa externa protectora de células de una planta.

## EPIFITO
Planta que crece sobre otra y la usa solo para apoyarse, sin quitarle nutrientes.

## EROSIÓN
Desgaste del suelo, las rocas o la tierra firme por parte del mar, los ríos o el cllima.

## ESPECIE
Grupo de seres vivos que se pueden aparear en estado salvaje.

## ESPECIE FUNDAMENTAL
Especie que desempeña un papel importante en un ecosistema y cuya retirada alteraría o pondría en peligro todo el ecosistema.

## ESPERMATOZOIDE
Célula sexual masculina.

## ESPORA
Célula que produce un hongo o una planta y que puede crecer hasta convertirse en un nuevo individuo.

## ESPORANGIO
Estructura que produce esporas.

## ESPOROFITO
Etapa en el ciclo de vida de las plantas en la que se producen esporas. Todas las plantas tienen un ciclo de vida que alterna dos etapas: gametofito y esporofito.

## ESQUIZOCARPIO
Fruto seco, de aspecto similar al papel, que se divide en partes de una única semilla.

## ESTAMBRE
Órgano reproductor masculino de una flor. El estambre está compuesto por una antera y un tallo, el filamento.

## ESTIGMA
Punta del órgano reproductor femenino de una flor que recoge el polen.

## ESTOMA
Poro microscópico en la superficie de una hoja.

## EVAPORACIÓN
Paso de líquido a gas por calor. El agua se evapora hacia el aire cuando el sol la calienta.

## EVOLUCIÓN
Cambio gradual en una especie con el paso de muchas generaciones.

## EXTINCIÓN
Desaparición definitiva de una especie.

## FECUNDACIÓN
Unión de una célula sexual masculina y una célula sexual femenina que lleva a la formación de un embrión.

## FIJACIÓN DE NITRÓGENO
Conversión del gas de nitrógeno del aire en un agente químico que pueden absorber los seres vivos. El nitrógeno es una parte vital de todas las proteínas.

## FITOPLANCTON
Microorganismos de aspecto vegetal que viven en los océanos y el agua dulce.

## FLAGELO
Larga estructura pilosa unida a una célula y que sirve para desplazarse.

## FLOEMA
Sistema de tuberías microscópicas que transportan azúcares y otros nutrientes por las plantas.

## FLOTACIÓN
Fuerza hacia arriba de un objeto en un líquido, causado por la presión del líquido que tiene debajo.

## FOTOSÍNTESIS
Proceso por el que una planta utiliza la energía de la luz del sol para crear alimento para sí misma a partir del agua del suelo y el dióxido de carbono del aire.

## FOTOTROPISMO
Respuesta de las plantas a la luz. Por ejemplo, los brotes crecen hacia la luz (fototropismo positivo).

## FRONDA
Cada hoja separada de un helecho o una palmera

## FRUTO
Ovario maduro que contiene las semillas de una flor. Algunos tienen una pared jugosa para atraer a los animales.

## FÓSIL
Restos o rastros de un ser vivo conservado en roca.

## GAMETOFITO
Etapa en el ciclo de vida de las plantas en la que se producen gametos (células sexuales). Todas las plantas tienen un ciclo de vida que alterna dos etapas: gametofito y esporofito.

## GEN
Unidad básica de la herencia genética. Los genes pasan de los progenitores a la descendencia y determinan las características de cada ser vivo. La mayoría de los genes están compuestos por ADN.

## GEOTROPISMO
Respuesta de las plantas a la gravedad. Por ejemplo, un brote de planta que crece hacia arriba (contra la gravedad) presenta geotropismo negativo.

## GERMINACIÓN
Primer crecimiento de una semilla o espora.

## GIMNOSPERMA
Planta que produce semillas, pero no flores. La mayoría de las gimnospermas son árboles que producen sus semillas en piñas, como las coníferas.

## HEMIPARÁSITO
Planta parásita con hojas verdes y capaz de realizar la fotosíntesis, como por ejemplo, el muérdago.

## HEMISFERIO
Una de las dos mitades de la Tierra creadas por una división imaginaria siguiendo el ecuador. La Tierra se divide en los hemisferios norte y sur.

## HERBÍVORO
Animal que solo come plantas.

## HERMAFRODITA
Ser vivo con órganos reproductores masculinos y femeninos, como la lombriz.

**HESPERIDIO**
Fruto de corteza gruesa y resistente, como el limón o la naranja.

**HIBERNACIÓN**
Estado de reposo similar a un sueño muy profundo en el que entran algunos animales en invierno.

**HIDRATO DE CARBONO**
Sustancia energética que producen las plantas y que se halla en la mayoría de los alimentos. Entre los hidratos de carbono se encuentran el azúcar, de sabor dulce, y el almidón.

**HIDROTROPISMO**
Cambio en el crecimiento de una planta ante los estímulos del agua. Las raíces, por ejemplo, crecen hacia el agua (presentan hidrotropismo positivo).

**HIFA**
Filamento muy fino de un hongo.

**HOJA CADUCA**
Las plantas de hoja caduca pierden sus hojas al llegar el frío o la estación seca.

**HOJA PERENNE**
Las plantas de hoja perenne conservan las hojas todo el año.

**HOJA VARIEGADA**
Hoja con áreas de diferentes colores por falta de clorofila en algunas células.

**LEVADURA**
Hongo microscópico unicelular. La levadura se utiliza para elaborar cerveza y vino.

**HOLOPARÁSITO**
Planta parásita sin hojas que depende por completo de su huésped para conseguir alimento.

**HORMONA**
Molécula de señalización que produce un organismo multicelular y que se desplaza hasta otra parte del organismo para cambiar cómo funciona o actúa.

**HUÉSPED**
Organismo sobre el que vive un parásito o del que este se alimenta.

**HÁBITAT**
Hogar natural de una planta o un animal, como por ejemplo un bosque o un prado.

**HÍBRIDO**
Descendencia de progenitores de dos especies diferentes.

**INFLORESCENCIA**
Grupo de flores en un único tallo.

**LARVA**
Animal joven que sufre un cambio completo en la forma de su cuerpo (metamorfosis) antes de convertirse en adulto. Los escarabajos son unos insectos que nacen en forma de larva.

**LIANA**
Planta que trepa por encima de otras trampas o avanza por el suelo

**LIQUEN**
Asociación de aspecto vegetal entre un hongo y un alga verde o cianobacteria.

**MEIOSIS**
Forma de división celular que reduce a la mitad el número de genes en el núcleo de las células.

**MEMBRANA**
Barrera fina que separa una célula de su entorno.

**MERISTEMO**
Tejido vegetal compuesto por células en división capaces de crear cualquier parte de una planta, incluyendo raíces, tallos y hojas.

**MESÓFILO**
Tejido interno blando de una hoja, entre la epidermis superior y la epidermis inferior.

**MICELIO**
Cuerpo principal de la mayoría de los hongos, formado a partir de una red de hifas ramificadas.

**MICOPARÁSITO**
Hongo que vive sobre o dentro de otro hongo y del que obtiene su alimento.

**MICORRIZA**
Alianza entre un micelio fúngico y las raíces de alguna planta. La mayoría de las plantas tienen micorrizas.

**MICROORGANISMO**
Ser vivo que solo se puede ver a través de un microscopio, como una bacteria.

**MICROSCÓPICO**
Término que indica que algo es muy pequeño y tan solo se puede ver a través del microscopio.

**MICRÓN**
Millonésima parte de un metro; también se conoce como micrómetro.

**MIGRACIÓN**
Viaje de un animal hacia un nuevo hábitat. Muchas aves migran cada año entre sus hogares de verano e invierno.

**MINERAL**
Sustancia química inorgánica que necesitan los seres vivos.

**MITOCONDRIA**
Orgánulo del interior de las células de plantas, animales y hongos que participa en la producción de energía.

**MOHO**
Hongo que no produce grandes cuerpos fructíferos. Los mohos suelen tener micelios y esporas verdes, azules o negros.

**MOLÉCULA**
Unidad química compuesta por dos o más átomos unidos. Casi toda la materia está compuesta por moléculas.

**MONOCOTILEDÓNEA**
Planta cuyas semillas tienen un único cotiledón (hoja embrionaria). Las hojas de una monocotiledónea suelen tener nervios paralelos.

**MUTACIÓN**
Cambio repentino en un gen o un grupo de genes. Las mutaciones pueden ser perjudiciales, pero algunas también aportan ventajas accidentales.

**MUTUALISMO**
Relación estrecha entre dos especies que favorece a ambas partes.

**NECTARIO**
Glándula que segrega un líquido azucarado, el néctar. Los nectarios de las flores atraen a polinizadores como las abejas.

**NEUMATÓFORO**
Raíz que crece fuera del suelo cenagoso y ayuda a la planta a obtener oxígeno del aire.

**NUTRIENTE**
Cualquier material absorbido por un ser vivo para sustentar la vida.

**NÚCLEO**
Centro de control de la célula. Las moléculas de ADN del núcleo contienen los genes de la célula.

**ORGANISMO**
Ser vivo.

**ORGÁNULO**
Estructura minúscula del interior de una célula con una función concreta.

**OVARIO**
Órgano de un animal hembra que produce óvulos; también es la parte de una flor que contiene los óvulos.

**ÓVULO[1]**

Célula sexual femenina. Cuando un óvulo se une a una célula sexual masculina (espermatozoide), se crea un nuevo individuo.

**ÓVULO[2]**

Parte de la flor que se convierte en semilla tras la polinización. Cada óvulo contiene una célula sexual femenina.

**OXÍGENO**

Gas que ocupa el 21 por ciento de la atmósfera. Casi todas las plantas generan oxígeno con la fotosíntesis, y los seres vivos inhalan oxígeno durante la respiración.

**PALMEADO**

En forma de mano abierta con los dedos estirados. Algunas hojas se describen como palmeadas.

**PARÁSITO**

Ser vivo que habita encima o en el interior de otra especie, el huésped.

**PASTAR**

Comer vegetación, normalmente hierba u otras plantas bajas.

**PELIGRO DE EXTINCIÓN**

Riesgo de desaparición.

**PIGMENTO**

Sustancia química de color.

**PIÑA**

Estructura reproductora de las coníferas. Las piñas macho y hembra suele crecer por separado.

**PLANTA VASCULAR**

Planta con vasos de transporte para distribuir alimento y nutrientes.

**POLEN**

Sustancia en forma de polvo que producen las partes masculinas de las flores. Los granos de polen contienen células sexuales masculinas.

**POLINIZACIÓN**

Transferencia de polen de la parte masculina de una flor a la parte femenina de otra flor. La polinización es básica para la reproducción sexual con flores.

**POLÍMERO**

Gran molécula compuesta por muchas unidades idénticas encadenadas.

**PRESA**

Animal que otro animal mata y se come.

**PROBÓSCIDE**

Trompa u hocico largo y flexible. Las mariposas y las polillas utilizan la probóscide para libar el néctar de las flores.

**PROTEÍNA**

Sustancia que crean todas las células y que es esencial para la vida. Existen millones de proteínas diferentes. Algunas controlan procesos químicos en las células, mientras que otras sirven como materiales de construcción. Las telarañas, los músculos y el pelo están hechos con proteína.

**PROTISTA**

Organismo unicelular con núcleo celular diferenciado. Los protistas componen uno de los reinos de la vida.

**PÉTALO**

Parte en forma de hoja de una flor, a menudo grande y colorida para atraer a los animales polinizadores.

**RAÍZ PRIMARIA**

Gran raíz principal que crece recta hacia abajo.

**RECICLAR**

Utilizar algo otra vez o convertirlo en algo nuevo.

**RED ALIMENTARIA**

Conjunto de cadenas alimentarias conectadas.

**REGENERACIÓN**

Rebrote o recrecimiento de alguna parte de una planta o animal.

**REINO**

Categoría máxima en la que se clasifican los seres vivos. Algunos ejemplos de reinos incluyen el reino animal, el reino vegetal y el reino de los hongos.

**REPRODUCCIÓN**

Producción de descendencia.

**REPRODUCCIÓN SEXUAL**

Producción de descendencia por parte de dos progenitores.

**RESPIRACIÓN CELULAR**

Proceso químico de las células que implica la liberación de energía de las moléculas de alimento.

**RIZOMA**

Tallo horizontal que crece en el suelo.

**RIZOMORFO**

Estructura en forma de cordón formada a partir del micelio de un hongo.

**ROEDOR**

Mamífero con afilados dientes incisivos que utiliza para roer. Ratas, ratones y ardillas son ejemplos de roedores.

**SAVIA**

Líquido de las plantas que transporta nutrientes.

**SECUENCIA DE FIBONACCI**

Secuencia de números en la que cada número resulta de sumar los dos anteriores.

**SEMILLA**

Estructura reproductora que contiene un embrión vegetal y una reserva de alimento.

**SETA**

Cuerpo fructífero de un hongo con sombrero, pie y, a veces, láminas.

**SIMBIOSIS**

Relación estrecha entre dos organismos diferentes. Una relación simbiótica que beneficia a ambas partes se describe como mutualista.

**SUCULENTA**

Planta que almacena agua en hojas o tallos gruesos y carnosos. Los cactus son suculentas.

**SÁMARA**

Fruto seco de una única semilla con un ala que ayuda a que el viento la disperse. Los arces producen sámaras.

**SÉPALO**

Hoja exterior que protege el botón floral. La mayoría de los sépalos son verdes, pero algunas flores tienen grandes sépalos de color que parecen pétalos.

**TALO**

Estructura en forma de hoja de hepáticas y líquenes; también, estructura en forma de pelota de algunos hongos.

**TILACOIDE**

Bolsa aplanada del interior de los cloroplastos. Las moléculas de clorofila, el pigmento que captura la luz para realizar la fotosíntesis, se encuentran en la superficie de los tilacoides.

**TOXINA**

Sustancia venenosa.

**TRANSPIRACIÓN**

Pérdida de vapor de agua por parte de una planta a través de la evaporación.

**TREPADORA**

Planta que crece agarrándose a otras plantas u objetos, como paredes.

**TROPISMO**

Crecimiento de parte de una planta para acercarse o alejarse de la luz, la gravedad o el agua.

**TRUFA**

Cuerpo fructífero subterráneo de algunos tipos de hongos.

**TUBÉRCULO**

Órgano subterráneo de reserva de alimento formado a partir de un tallo o raíz abultados. Las patatas son tubérculos.

**TUNDRA**

Áreas frías de terreno sin árboles en las regiones polares de la Tierra.

**TÉPALO**

Parte exterior de una flor que no es claramente un pétalo ni un sépalo.

**VACUOLA**

Bolsa llena de líquido del interior de la célula. Las células vegetales suelen tener una única vacuola grande que contribuye a mantener firme el tejido vegetal.

**VESÍCULA**

Pequeña bolsa llena de líquido en el interior de la célula, más pequeña que una vacuola..

**XILEMA**

Tejido vegetal compuesto por células en forma de tubérculo que transportan agua. La madera está compuesta por células de xilema.

**YEMA**

Brote o flor sin desarrollar.

**ZARCILLO**

Crecimiento en forma de hilo en la punta de una hoja que utilizan las enredaderas para engancharse.

# Índice

Los números en **negrita** remiten a las entradas principales

# Agradecimientos

**Dorling Kindersley agradece a las siguientes personas su ayuda en la realización de este libro:** a Duur Aanen, Ali Ashby, Peter Crittenden, Jordan Cuff, Peter Mortimer, Meike Piepenbring y Tom Rhy-Bishop, por su ayuda con los contenidos del capítulo sobre el reino de los hongos; a Sam Atkinson, Sreshtha Bhattacharya, Virien Chopra, Upamanyu Das, Aman Kumar, Steve Setford y Amanda Wyatt, por su asistencia editorial; a Tory Gordon-Harris, Clare Joyce y Naomi Murray, por su colaboración; a Steve Crozier, por el retoque de imágenes; a Jaypal Chauhan, por su asistencia en la maquetación; a Subhashree Bharati y Simon Mumford, por su asistencia con la cartografía; a Saloni Singh, por la cubierta; a Katie John, por la revisión, y a Helen Peters, por el índice.

**Los editores agradecen a las siguientes personas e instituciones su amable permiso para reproducir sus fotografías:**

(Clave: a: arriba; b: bajo/debajo; c: centro; d: derecha; e: extremo; i: izquierda; s: superior)

**123RF.com:** fotoplanner 12cda (árbol), hmalny 13cda (DIOECIOUS), microgen 86cib (manglar), Sura Nualpradid 113sd, olegdudko 83sd, Vassiliy Prikhodko 95cib, schan 53bc, Pavel Timofeev / scorpp 133cia, Oksana Tkachuk 134sc, utima 83cib, Gert-Jan van Vliet 8c, 26sd; **Alamy Stock Photo:** agefotostock / J. M. Barres 178bc, 185sc, Keith Allen 26i, Sally Anderson 167sd, Anka Agency International / Anka Petrovic 140si, Auk Archive 43cdb, Eyal Bartov 94bc, BIOSPHOTO / Bruno Mathieu 193bd, David Massemin / Biosphoto 26bi, Denis Bringard / Biosphoto 85cd, Franco Banfi / Biosphoto 32cib, Frank Deschandol & Philippe Sabine / Biosphoto 190-191, Michel Loup / Biosphoto 32sd, Gerry Bishop 54-55, Sabena Jane Blackbird 159bd, blickwinkel / F. Fox 15cia, 15bi, blickwinkel / F. Hecker 108tc, 196cb, blickwinkel / Franz 140bi, blickwinkel / H. Bellmann / F. Hecker 33cb, blickwinkel / Hecker 197cdb, blickwinkel / Jagel 21bc (cono), blickwinkel / McPHOTO / HRM 136si, blickwinkel / McPHOTO / MAS 75ca, M. & J. Bloomfield 107ca, Maksym Bondarchuk 24ci (árbol), Charcrit Boonsom 147sc, Botanic World 24ci, Steffen Hauser / botanikfoto 31bi, 151bc, Botany vision 21bd, Mark Bourdillon 25bd, John Bracegirdle 107bc, Buiten-Beeld / Michel Geven 150cib, Stuart Burford 141cdb (Scotch bonnet), John Burnham 155ci, Nigel Cattlin 51bd, 129c, 185si, 192si, CharlinX USA Collection 11ci, Helmut Corneli 25si, Zoltn Csipke 117cdb, DanitaDelimont.com 148bc, Andrew Darrington 192bd, David Tipling Photo Library 105cdb, Barry Davis 137sc, Igor Dibrovin 155bd, Faris Fitrianto 193bi, David Fleetham 115cb, Florapix 149cb, Flowerphotos 30cd, Corey Ford 21ebd, Tim Gainey 21bi, 22bi, Bob Gibbons 116sd, Andreas Harbarth 25c, Frank Hecker 33sd, 108ca, Rieger Bertrand / Hemis.fr 41bd, Robert Henno 126cia, Brian Hird (flores silvestres) 87cd, Michael Holloway 25sd, Oliver Thompson-Holmes 159bc (excremento), Image Source / Gregory S. Paulson 122ci, imageBROKER / Adelheid Nothegger 23cd, imageBROKER / Christian Htter 27cd, imageBROKER / Fabian von Poser 194cia, imageBROKER / Farina Grassmann 166c, imageBROKER / FB-Rose 149bd, imageBROKER / Günter Fischer 99cdb, 177tc, imageBROKER / Hans Lang 192tr, imageBROKER / Jürgen & Christine Sohns 137bd, imageBROKER / Stefan Huwiler 116cib, Barbara Jean 178bd, Mark A. Johnson 94bd, Don Johnston 94cib, Dominic Jones 21ebi, Juniors Bildarchiv / R30 85bd, Juniors Bildarchiv GmbH / juniors@wildlife / Maier, R. 30bd, Juniors Bildarchiv GmbH / Schulz, H. 167bc, Olga Khomyakova 10d, Henri Koskinen 167c, 182bi, Lev Kropotov 20r, Nurlan Kulcha 87cdb, H. Lansdown 106ci, Henrik Larsson 21c, Ken Leslie 22cda, lophius 127cda, Wanda Lotus 75bd, Johnny Madsen 117sd, mauritius images GmbH / David & Micha Sheldon 17c, mauritius images GmbH / Gabi Wolf 182cia, John McKenna 136bi, migstock 148bd, MigstockRF 91cib (patata), Ch'ien Lee / Minden Pictures 124bi, Mark Moffett / Minden Pictures 119cda, 194bi, 195bc, Mitsuhiko Imamori / Minden Pictures 194bd, Norbert Wu / Minden Pictures 115bd, Paul Bertner / Minden Pictures 195cda, Piotr Naskrecki / Minden Pictures 120cib (hormiga), Sean Crane / Minden Pictures 117sc, Sumio Harada / Minden Pictures 197sd, Ben Molyneux 24bi, Monkey Biscuit 146ca, Dawn Monrose 129bi, Graham Moon 155sc, William Mullins 77sc, Nature Picture Library / Alex Hyde 69bc (escarabajo), 150bd, Nature Picture Library / Chris Mattison 27bc, 28i, 91cdb, Nature Picture Library / Kim Taylor 194cib, Nature Picture Library / Nick Upton 15cdb, Roberto Nistri 29bc, Panther Media GmbH / emer 150bi, Shaun Pascoe 112bi, Stefano Paterna 129cib, Alberto Perer 111ca, Picture Partners 17cib, 134bd (planta), Morley Read 120ci, REDA &CO srl / Paroli Galperti 148sd, robertharding / Tony Waltham 130cd, 149sd, Gina Rodgers 118-119, Manfred Ruckszio 8ci, 22si, Elsa dos Santos 73cb, Nigel Sawyer 22bc, Science History Images 198ca, Science History Images / Photo Researchers 49cda, Alfio Scisetti 23bd, 140d, Andy Selinger 147bc, Adrian Sherratt 141cdb (Naga Viper), Martin Shields 129bd, Hakan Soderholm 171bc, Vincius Souza 120bi, Matthew Taylor 82ca, tbkmedia.de 17ci, Erich Teister 31bc, The Picture Art Collection 61sc, P. Tomlins 149bc, Universal Images Group North America LLC / DeAgostini / C. Dani 21bc, Universal Images Group North America LLC / Medicimage 129cib (beleño), Greg Vaughn 176bd, Deborah Vernon 84cia, Valery Voennyy 24cia, Dimitrios Volovotsis 193sd, Jon G. Fuller / VWPics 99ca, WaterFrame_fba 33cda, Kuki Waterstone 87cda, Tony Watson 155sd, Chris Howes / Wild Places Photography 179bc, Robert McGouey / Wildlife 104bc, Ray Wilson 17cd, Robert Wyatt 27i, Zoonar / Manfred Ruckszio 141bc, Zoonar / Tarabalu 155sc (coliflor), 193cda; **Bill Anderson:** 138-139; **Avalon:** Luca Invernizzi Tettoni 30bc; **Steve Axford:** 166ci, 167sc; **Jacobus J Boomsma:** 195bi; **Depositphotos Inc:** Ale-ks 69bd; **Dorling Kindersley:** Chris Gibson 144bd, Paolo Mazzei 197cda, Ruth Jenkinson / RGB Research Limited 39ca, 39cb, 39bd, 39bc (hierro), Frank Greenaway / Royal Botanic Gardens, Kew 144bi; **Dr. Ernesto Weil, Dept. Marine Sciences, U. of Puerto Rico:** 186cd; **Dreamstime.com:** Aga7ta 106cra, Alexan24 91c, John Anderson 11tsd, Andreusk 13cda (hierba), 24cda (hierba), 24cib, 136cdb, Anest 16cia, Arttrongphap8 141bi, Paul Atkinson 137ci, Atman 24cda, Aviahuismanphotography 123cb, Dmytro Balkhovitin 13cda (uvas), Bat09mar 144cib, Arpan Bhatia 86bi, Thomas Biegalski 13cda (arce), Karen Black 75bc, Maciej Bledowski 147bi, Maksym Bondarchuk 136cd, Olga Bosharova 87cb, Marc Bruxelle 53bd, Buriy 13cda (caléndula), Oksana Byelikova 108bi, Cameramannz 95bd, Wagner Campelo 33cia, Carmentianya 129ci, Cathywithers 75cia, Przemyslaw Ceglarek 193c, Chabkc 195cdb, Jean Paul Chassenet 72bc, Chernetskaya 83cb, 132cib (aguacate), Jim Cumming 105bc, Cynoclub 151sd, Denicamp 104sc, Design56 83c, Nadiia Diachenko 56cib, Dndavis 28bc, Dndavis 69bi, Le Thuy Do 13cda (piña), Domnitsky 132cdb, Dtvphoto 23bi, Jinying Du 113bd, Alena Dudaeva 13cb, Oleg Dudko 56cia, Catherine Eckert 184bi, 184cib, Elenarostunova 25cda, Empire331 155ca (*Exidia*), Flynt 90bd, Sergey Frolov 24cdb, Peter Hermes Furian 24bi (hayucos), 39bi, Brian Glowacki 94cd, Elena Grishina 90c, Helga11 20cdb, Jeffrey Holcombe 12ca, 107bi, Artem Honchariuk 134bd, Hotshotsworldwide 98sc, Irinaroibu 12cda, Jdmfoto 106cda (ballotas), Jessicahyde 155ca, Juliengrondin 95br (árbol), Sirirak Kaewgorn 31bd, Venus Kaewyoo 13cda (dedalera), Kagab4 151cia, Evgeny Karandaev 141cda, Katerynabibro 83cd (frambuesa), Kato000008 111cb, Khaofofa 136bc, Sergey Kichigin 170bc, Tomasz Klejdysz 196cib (hongo), Kateryna Kon 186cda, Alexandr Kornienko 145bd, Yuriy Kovtun 116cb, Kpalimski 95cdb (árbol), Lev Kropotov 144cda, Ksena2009 13bc (trigo), Ksushsh 38cb, Anna Kucherova 133cb, Vera Kudareva 179bc (roca), Tamara Kulikova 22bd, 24ca, Nikolai Kurzenko 167cd, Lcswart 31ca, Lenazajchikova 90sd, Lianem 147cda, Luckydoor 13cia, Robyn Mackenzie 143sd, Paul Maguire 56c, Mahira 82cda, Lyudmila Makhova 184cb, Martingraf 104cdb, Matauw 79cdb, Jim Mcdowall 150bc, Mursalin. 185cdb, Nanthm 198cdb (zumo), Natador 11cd (setas), Nbvf 140cia, Carlos Neto 136bd, Inga Nielsen / Inganielsen 111bi, Npdotcom 148c, Nurmahidah - 99bc, Febrika Nurmalasari 12ca (funaria), Okemppainen 179bd, Iuliia Panova 199cia, Iuliia Panova 146bi, Nipaporn Panyacharoen 144cdb, Paulpaladin 141cdb (chile), Simona Pavan 151cib, Tomas Pavelka 39bc, Martin Pelanek 196ca, Edward Phillips 95cb, Phive2015 198ca (pan), Photodynamx 158cib, Anna Kucherova / Photomaru 144bc, Jay Pierstorff 103cda, Karunakaran Parameswaran Pillai 140cib, Cornelia Pithart 52bi, Pixura 133cib, Pnwnature 178bc (crustoso), Pawel Potemkowski 13cda (avellana), Pproman 12cb (musgo), Ppy2010ha 198cdb, Glenn Price 141cdb (Jolokia), Frans Rombout 28bd, 82bc, 134ca, Manfred Ruckszio 15bc, Ghassan Safi 135bi, Saletomic 83cia, Galina Samoylovich 164sd, Elena Schweitzer 132cd, 132cb, Alfio Scisetti 22be (guisantes), 30ci, 145ci, Seawaters 140ca, Victoria Shibut 12cb, Serhiy Shullye 135c, Benjamin Simeneta 135ci, Olya Solodenko 29bd, Sommaiphoto 13bi, Spaxia 83ca, Srekap 104sd, Bidouze St¥_phane 94bi (bosque), Anton Starikov 82bi, 141bc (comino), Andreea Stefan 140bc, Strixcode 133cib (cola), suriya silsaksom khunaspix@yahoo.co.th 148-149b, Viroj Suttisima 132cd (caña de azúcar), Abdelmoumen Taoutaou 184ca, Maxim Tatarinov 141bd, Thawats 69bc, Thecrossroads 133ca, Tissiana 11ci (algas), Jamlong Tunkaew 135bd, Valentyn75 132cdb (aceite), Serg_velusceac 21sd, Vily6075 151bd, Joao Virissimo 141cdb, Vasiliy Vishnevskiy 106bi, Ostancov Vladislav 15sc, Volodymyrkrasyuk 141ca, Han Van Vonno 135d, Jürgen Wackenhut 31ci, Christian Weinktz 166-167c, Willypd 155cd, Wirestock 133bc, Wojphoto 31d, Bjrn Wylezich 39cib, Yuryz 185bd, Zayacskz 128sd, Zerbor 144c, Zerbor 13cda; **Jørgen Eilenberg:** Jørgen Eilenberg 189sd; **First Nature:** Elaine Hagget, Coedpoeth, N. Wales 177ci; **FAO, Naciones Unidas:** FAOSTAT. All Land Use Data, 2019. Última actualización: 2019. Consultado: 2023 Hannah Ritchie y Max Roser, Noviembre de 2019 / Our World in Data | https:// ourworldindata.org/ 133cd, FAOSTAT. Producción mundial de cultivos por tipo. Última actualización: 2020. Consultado: 2023. https: / / doi.org / 10.4060 / cb1329en-fig21 133sd; **Getty Images:** Cavan Images 20I, Eskay Lim / EyeEm 82cdb, Robert Kneschke / EyeEm 150si, imageBROKER / Joachim Moebes Claudino 145cd, imageBROKER / Peter Giovannini 32-33b, ds3ann / Imazins 145sd, Moment / ak_phuong 151ca, Moment / MirageC 83bd, Moment / Pakin Songmor 129ca, Darrell Gulin / Photodisc 29bi, Stone / Ed Reschke 16bd, Stone / Rosemary Calvert 82bd, Andia / Universal Images Group 109sc; **Getty Images / iStock:** ALEAIMAGE 133cia (cacao), Khalid Alhelali 94bd (desierto), ArendTrent 113cda, Petar Belobrajdic 168-169, CathyDoi 95cdb, CathyKeifer 123cda, Czgur 129cia (chile), designsstock 83cd, Devonyu 199cdb, DigiTrees 8cd, 24sd, domnicky 198cb (queso), E+ / JohnGollop 198cda, E+ / Ron and Patty Thomas 102cia, E+ / Schroptschop 146cia, E+ / slobo 83bi, E+ / Yoela 132bd, frank600 11cd, lamraffnovais 91cib, Pannarai Nak-im 33bd, Jaap2 170bd, Chidanand M. 24bd, magicflute002 12bd, Marccophoto 133cb (campo), marekuliasz 94bi, Ivan Marjanovic 116bi, MortenChr 196bi, myshkovsky 82cb, proxyminder 118cda, robynmac 198cda (Mushrooms), Elizabeth M. Ruggiero 94ca, Cristi Savin 185cda, schulzie 159bc, studiocasper 133ca (café), Tanja_G 154sd, visual7 141cd, wwing 79cda; **Kenneth Wurdack:** 177bc; **The Met Office:** UK © British Crown copyright 107sd; **Michael D. Guiry, seaweed.ie:** 15cra; **naturepl.com:** Ross Hoddinott / 2020VISION 107cia, Neil Anderson 107cda, Sylvain Cordier 186sd, Adrian Davies 182ci, Paul Harcourt Davies 27sc, 177bc (orquídea), Georgette Douwma 114bi, Jürgen Freund 116cia, Alex Hyde 70-71, 115sc, 172-173, Chien Lee 100-101, Thomas Marent 177sd, Chris Mattison 126bi, Chris O'Reilly 17sd, Andy Sands 109bi, Warwick Sloss 112cib, Nick Upton 192bi, Staffan Widstrand / Wild Wonders of China 75bi; **Dr. Scot Nelson:** www.flickr.com / photos / scotnelson / 15521494223 / in / photostream 184cda; **Photos © 2022 Kenji Matsuura:** 177cdb; **Photo Scala, Florence:** Digital Image 2021 © MOMA, New York / Kris Graves 199s; **Science Image, CSIRO:** Dr. Alex Hyatt, CSIRO Livestock Industries' Australian Animal Health Laboratory (AAHL) 155cib; **Science Photo Library:** Biophoto Associates 43cda, Dr. Jeremy Burgess 90cb, 128cd, 150cda, Dennis Kunkel Microscopy 46cib, Eye Of Science 123ca, Frank Fox 12cib, Frank Fox 18-19, Steve Gschmeissner 14si, 14bi, 14cda, Gerd Günther 120cib, Tommaso Guicciardini 146bc, Lewis Houghton 198bi, Steve Lowry 124cia, Merlintuttle.org 117sd (murciélago), Dennis Kunkel Microscopy 171cdb, Marek Mis 129sd, Mona Lisa Production / Thierry Berrod 112ci, Andy Sands / Nature Picture Library 156-157, Emanuele Biggi / Nature Picture Library 187sd, Lawrence Naylor 114cib, Susumu Nishinaga 66sd, Martin Oeggerli 118ci, Power And Syred 14bd, 123si, 129cia, Dr. Morley Read 189cdb, Bjorn Rorslett 66bc, 66bc (*Argentina*), Viktor Sykora 137bi, Us Fisheries And Wildlife Service / Ryan Von Linden, New York Department Of Environmental Conservation 186ci, Dr. Keith Wheeler 43cd, Paul Whitehill 23s; **Shutterstock.com:** Setiani Antari 134bc, Yuriy Bartenev 16sd, Jon Benedictus 193ci, Gerry Bishop 189cd, BridgetSpencerPhoto 84cla (ave), Chutima Chaimratana 141sc, CKHatten 154-155b, COLOA Studio 134cd, conscarsch 26-27b, Ethan Daniels 86cib, Denys.Kutsevalov 98c, Fotofermer 198cdb (lata), Petr Ganaj 13bc, Petr Ganaj 104cib, Güntermanaus 27bd, Bess Hamitii 108cb, hvoya 91bd, juerginho 29sd, Henri Koskinen 171bi, Marina Lohrbach 13cda (ficus), Dusan Matousek 167bd, mbarredo 99sc, John Navajo 166bi, perfectloop 198cb, Supee Purato 34-35, Peter Rockstroh 149si, Vitalina Rybakova 137cd, scubaluna 111si, SIM ONE 11cia, Spalnic 198cda (salsa), Akepong Srichaichana 141c, Super Prin 118sd, susanto art 13cdb, Tristan Tan 29cb, Pond Thananat 13cda (cereza), Vadvenn 129si, Tom Viggars 90ci, weinkoetz 196cib, Mike Workman 166cb; **TurboSquid:** 3d_molier International 1, 2-3, 122-123, 124-125, 160-161 (rama), asag3D 4-5, 162-163, macrox 98-99c, NiceModels 72-73, 200, Tornado Studio 158-159, 160-161; **U.S. Geological Survey:** Debra A. Willard 79bd; **Ian R. Walker:** 177c; **Our World in Data | https://ourworldindata.org/:** Hannah Ritchie y Max Roser, November 2019 133cd; **WorldClimate (www.worldclimate.com):** 98bi

Resto de las imágenes © Dorling Kindersley